思 想 的 轨 迹

哲学文集

刘明贵

著

 暨南大学出版社

JINAN UNIVERSITY PRESS

中国·广州

图书在版编目（CIP）数据

思想的轨迹：哲学文集/刘明贵著. —广州：暨南大学出版社，2016.12
ISBN 978 - 7 - 5668 - 2021 - 1

Ⅰ. ①思… Ⅱ. ①刘… Ⅲ. ①哲学—文集 Ⅳ. ①B - 53

中国版本图书馆 CIP 数据核字（2016）第 306358 号

思想的轨迹：哲学文集
SIXIANG DE GUIJI：ZHEXUE WENJI
著　者：刘明贵

出 版 人：徐义雄
策划编辑：张仲玲
责任编辑：王雅琪
责任校对：邓丽藤　李林达
责任印制：汤慧君　周一丹

出版发行：暨南大学出版社（510630）
电　　话：总编室（8620）85221601
　　　　　营销部（8620）85225284　85228291　85228292（邮购）
传　　真：（8620）85221583（办公室）　85223774（营销部）
网　　址：http：//www. jnupress. com　http：//press. jnu. edu. cn
排　　版：广州市天河星辰文化发展部照排中心
印　　刷：深圳市新联美术印刷有限公司
开　　本：787mm×1092mm　1/16
印　　张：19.5
字　　数：338 千
版　　次：2016 年 12 月第 1 版
印　　次：2016 年 12 月第 1 次
定　　价：60.00 元

目 录
CONTENTS

唯物史观研究

关于唯物史观的理论来源

一

长期以来，在我们的哲学教学和哲学宣传中，存在着一个非常奇怪的现象，就是对唯物史观的创立意义大谈特谈，而对唯物史观的理论来源却避而不谈。我们讲，马克思主义的政治经济学，它的理论来源是英国古典政治经济学，科学社会主义的理论来源是法国空想社会主义。虽然认为马克思主义哲学的理论来源是德国古典哲学，却又认为只是辩证唯物主义的理论来源。一讲到历史唯物主义，就认为它是马克思和恩格斯思想理论的全新创造，是和以往的一切历史观根本对立的，没有理论上的继承关系。在许多包括苏联的和中国的马克思主义哲学教科书中，就很少或根本没有论述到历史唯物主义的理论来源问题。久而久之，就造成了一种假象，似乎历史事实就是这样，唯物史观没有其理论的来源。

难道事实果真如此吗？回答是否定的。人类思想发展史告诉我们，任何一种真正的理论都要继承前辈们的思想成果，都是前人思想发展的必然结果。也就是说，任何一种理论都是在借鉴前人的思想资料，吸收前人的合理思想的基础上结合现实而产生和发展的。唯物史观的创立纵然是人类思想史上一次最伟大的变革，但它也具有人类思想发展的一般特性，不能脱离人类思想发展史的轨道。就是说，它同样体现了继承性和变革性的统一。

恩格斯曾经指出："如果不是先有德国哲学，特别是黑格尔哲学，那末德国科学社会主义，即过去从来没有过的唯一的科学社会主义，就绝不可能创立。"① 而我们知道，科学社会主义是以历史唯物主义为理

---

① 马克思，恩格斯. 马克思恩格斯全集：第十八卷［M］. 中共中央马克思恩格斯列宁斯大林著作编译局，译. 北京：人民出版社，1964：565.

论基础的，因此，也可以说，没有德国哲学就没有历史唯物主义的创立。在 1890 年 10 月 27 日给康·施米特的信中，恩格斯提及："每一时代的哲学作为分工的一个特定的领域，都具有由它的先驱者传给它而它便由此出发的特定的思想资料作为前提。"① 每一个时代的哲学是这样，马克思主义哲学的历史唯物主义就更是这样，它也要以特定的思想资料作为自己的理论前提。恩格斯后来在回忆费尔巴哈的《基督教的本质》一书对他和马克思的影响时曾说："这部书的解放作用，只有亲身体验过的人才能想象得到。那时大家都很兴奋：我们一时都成为费尔巴哈派了。马克思曾经怎样热烈地欢迎这种新观点，而这种新观点又是如何强烈地影响了他（尽管还有批判性的保留意见），这可以从《神圣家族》中看出来。"② 列宁也说："大家知道（也许巴札罗夫不知道？），费尔巴哈是一个唯物主义者，并且大家也知道，马克思和恩格斯是通过他而从黑格尔的唯心主义进到自己的唯物主义哲学的。"③ 费尔巴哈对马克思和恩格斯的影响是如此之大，难道在唯物史观创立的过程中，马克思和恩格斯就没有从费尔巴哈那里得到些什么吗？

列宁在《卡尔·马克思》中对马克思评价道："马克思是 19 世纪人类三个最先进国家里三个主要思潮的继承人和天才的完成者。"④ 在《共青团的任务》中，列宁在谈到马克思的学说为什么能掌握革命阶级的千百万人的心灵时说："这是因为马克思依靠了人类在资本主义制度下所获得的全部知识的坚固基础，马克思研究了人类社会发展的规律，了解到资本主义的发展必然会走向共产主义，更主要的是他完全依据对资本主义社会所做的最确切、最缜密和最深刻的研究，借助于充分领会以往的科学所提供的全部知识而证实了这个结论。"⑤ 在《马克思主义的三个来源和三个组成部分》中，列宁还讲道："在马克思主义里绝没有与'宗派主义'相似的东西，它绝不是离开世界文明发展大道而产生的故步自封、僵化不变的学说。恰巧相反，马克思的全部天才正在于

---

① 马克思，恩格斯. 马克思恩格斯全集：第三卷［M］. 中共中央马克思恩格斯列宁斯大林著作编译局，译. 北京：人民出版社，1960：489.
② 马克思，恩格斯. 马克思恩格斯全集：第四卷［M］. 中共中央马克思恩格斯列宁斯大林著作编译局，译. 北京：人民出版社，1972：218.
③ 中共中央马克思恩格斯列宁斯大林著作编译局. 列宁选集：第二卷［M］. 北京：人民出版社，1960：86.
④ 中共中央马克思恩格斯列宁斯大林著作编译局. 列宁选集：第二卷［M］. 北京：人民出版社，1960：580.
⑤ 中共中央马克思恩格斯列宁斯大林著作编译局. 列宁选集：第四卷［M］. 北京：人民出版社，1972：337.

他问答了人类先进思想已经提出的种种问题。他的学说的产生正是哲学、政治经济学和社会主义的最伟大代表的学说的直接继续。……马克思的学说是人类在 19 世纪所创造的优秀成果——德国的哲学、英国的政治经济学和法国的社会主义的当然继承者。"① 在《论无产阶级文化》一文中，列宁特别指出："马克思主义这一革命无产阶级的思想体系赢得了世界历史性的意义，是因为它并没有抛弃资产阶级时代最宝贵的成就，相反地却吸收和改造了两千多年来人类思想和文化发展中一切有价值的东西。"② 列宁的上述论述充分说明，马克思主义是人类优秀思想的集大成者，而作为其中一部分的历史唯物主义难道与人类优秀文化遗产就没有继承关系吗？

从唯物史观的发展史上，也可以清楚地看到马克思和恩格斯对人类优秀思想的继承。早在大学时期，马克思就对希腊晚期哲学产生了浓厚的兴趣，并作了深入的研究，其研究成果就是《博士论文》（1841）。1843 年 5 月至 10 月，马克思从科伦移居莱茵省的小城克罗茨纳赫，在那里研究了大量的历史著作。如亨利希的《法国史》、拉彭贝尔格的《英国史》、施密特的《法国史》、瓦格斯穆特的《革命时代的法国史》、路德维希的《近五十年代史》、哈密尔顿的《北美洲》、马基雅弗利的《君主论》、卢梭的《社会契约论》、孟德斯鸠的《论法的精神》和费尔巴哈的《关于哲学改造的临时纲要》等，马克思将这些研究记录下来，著成了《克罗茨纳赫笔记》。同时，他对黑格尔的法哲学进行了极为深入的研究，写下了《黑格尔法哲学批判》。正是借助于丰富的历史知识，才使马克思做出了运用唯物主义观点研究国家和法的问题的最初尝试。同样，青年恩格斯在其思想转变过程中也曾阅读了大量的历史文献。1839 年 10 月给威廉·格雷培的信中他曾说黑格尔的《历史哲学》写出了他的心里话。③ 他深入地钻研了黑格尔的《历史哲学》，每晚必读，完全被他的宏伟思想吸引住了。④

从唯物史观的一些基本原理也可看出它对人类优秀思想的吸收和继

---

① 中共中央马克思恩格斯列宁斯大林著作编译局．列宁选集：第二卷［M］．北京：人民出版社，1960：441－442．

② 中共中央马克思恩格斯列宁斯大林著作编译局．列宁选集：第四卷［M］．北京：人民出版社，1972：362．

③ 马克思，恩格斯．马克思恩格斯全集：第四十一卷［M］．中共中央马克思恩格斯列宁斯大林著作编译局，译．北京：人民出版社，1982：540．

④ 马克思，恩格斯．马克思恩格斯全集：第四十一卷［M］．中共中央马克思恩格斯列宁斯大林著作编译局，译．北京：人民出版社，1982：544－546．

承。譬如阶级斗争理论，马克思在 1852 年 3 月 5 日给魏德迈的信中曾明确指出："无论是发现现代社会中有阶级存在或发现各阶级间的斗争，都不是我的功劳。在我很久以前，资产阶级的历史学家已叙述过阶级斗争的历史发展，资产阶级的经济学家也已对各个阶级作过经济上的分析。"[①] 再如，关于家庭、私有制和国家起源的学说，正是借鉴了摩尔根的研究成果才得以丰富和发展。恩格斯在讲到为什么要写《家庭、私有制和国家的起源》一书时曾说："在某种程度上是执行遗言。不是别人，正是卡尔·马克思曾打算联系他的——在某种限度内我可以说是我们两人的——唯物主义的历史研究所得出的结论来论述摩尔根的研究成果，并且只是这样来阐明这些成果的全部意义。"[②] 恩格斯对摩尔根的研究成果作了高度评价。

历史唯物主义不仅唯物主义地解决了以往人们没有能够解决的社会历史领域里的问题，而且是辩证地解决了。没有辩证法贯穿其中，历史唯物主义就不彻底。而马克思主义的辩证法正是对黑格尔辩证法的批判继承。当有人要全面否定黑格尔哲学并把它当作一条"死狗"对待的时候，马克思挺身而出，公开宣称他是黑格尔的学生。他说："我要公开承认我是这位大思想家的学生，并且在关于价值理论的一章中，有些地方我甚至卖弄起黑格尔特有的表达方式。"[③] 在这里继承关系是显而易见的。

从历史唯物主义产生的必然性和它产生的社会历史条件来看，发现唯物史观的时机已经到了，它的出现是以往历史理论的必然的逻辑的结果，它产生的社会历史条件也已经具备。关于这一点，恩格斯在 1894 年 1 月 25 日致符·博尔吉乌斯的信中曾说："如果说马克思发现了唯物史观，那末梯叶里、米涅、基佐以及 1850 年以前英国所有的历史学家就证明……做到这点的时机已经成熟了，这一观点必将被发现。"[④] 倘若说唯物史观是马克思和恩格斯天才的独创，对以往的思想理论没有丝毫的继承，岂不等于说如果没有马克思和恩格斯，唯物史观就永远不会

---

① 中共中央马克思恩格斯列宁斯大林著作编译局．马克思恩格斯选集：第四卷［M］．北京：人民出版社，1972：332．

② 中共中央马克思恩格斯列宁斯大林著作编译局．马克思恩格斯选集：第四卷［M］．北京：人民出版社，1972：1．

③ 中共中央马克思恩格斯列宁斯大林著作编译局．马克思恩格斯选集：第二卷［M］．北京：人民出版社，1972：2178．

④ 中共中央马克思恩格斯列宁斯大林著作编译局．马克思恩格斯选集：第四卷［M］．北京：人民出版社，1972：507．

出现？那么历史的必然性又从何谈起呢？

综上所述，结论只能是，历史唯物主义也是对人类优秀思想文化的继承，它也不能脱离世界文明的发展大道，对它的理论来源问题必须作进一步的、深入的研究。

二

既如上述，为何长期以来我们忽视甚至否认唯物史观的理论来源呢？其原因可作如下分析：

第一，唯物史观的创立是人类思想史上一次最伟大的革命，它宛如一轮东升的朝阳，与它的灿烂光辉相比，一切以往的历史理论在它面前都显得黯然失色了。唯物史观的创立具有划时代的意义。列宁曾经指出：“马克思的历史唯物主义是科学思想中的最大成果。人们过去对于历史和政治所持的极其混乱的和武断的见解，为一种极其完整严密的科学理论所代替。”① 它廓清了社会历史领域中的迷雾，使得对社会历史的研究真正成为科学，并能以自然科学的精确眼光来考察历史，“历史破天荒第一次被安置在它的真正基础上”②。它的创立为社会主义奠定了科学的理论基础。“第一次把社会主义从空想变成科学，给这个科学奠定了巩固的基础，规划了继续发展和详细研究这个科学所遵循的道路。”③ 正是由于它的创立，使得唯心主义从它的“最后避难所”被赶了出去，唯物主义才完全地占据了统治地位。唯物史观创立的意义之伟大，其理论体系之完整、严密和科学，其内容之丰富和深刻，是以往的任何一种历史理论都无法与之比拟的。它所实现的变革如此深刻和全面，竟是一种崭新的历史观，它的光芒是如此耀眼，在它面前，旧的历史观似乎完全失去了昔日的光彩。于是乎，历史的联系模糊了，理论上的继承关系被特别突出的变革的伟大意义遮掩。

第二，正因为唯物史观在人类思想史上所实现的变革的意义如此重大，它在马克思和恩格斯的学说中的地位如此之高，也因为它使得马克思主义哲学彻底地贯彻了辩证唯物主义的一元论，从而使其和所有的唯

---

① 中共中央马克思恩格斯列宁斯大林著作编译局. 列宁选集：第二卷［M］. 北京：人民出版社，1960：443.

② 中共中央马克思恩格斯列宁斯大林著作编译局. 马克思恩格斯选集：第三卷［M］. 北京：人民出版社，1972：41.

③ 中共中央马克思恩格斯列宁斯大林著作编译局. 列宁选集：第一卷［M］. 北京：人民出版社，1972：202.

心主义及所有的旧的唯物主义区别开来。所以，维护它的崇高地位，维护它的纯洁性，便成了马克思主义者的共同任务。马克思主义哲学在传播过程中，总是尽力指出历史唯物主义同以往历史观的区别和对立，自觉不自觉地否认它们之间的联系。人们担心，如果承认唯物史观有其理论来源，就会妨碍把唯物史观看成是崭新的历史观，就会低估唯物史观创立的伟大意义，降低唯物史观在人类思想发展史上的崇高的科学地位，从而低估马克思和恩格斯在科学上的伟大贡献，这就有损于马克思和恩格斯的光辉形象。因而，对唯物史观的理论来源问题避而不谈。这种担心是没有必要的。他们不懂得避而不谈唯物史观的理论来源，不仅不会突出唯物史观创立的伟大意义，而且适得其反，会引起种种疑问，给马克思主义的反对派提供口实。马克思和恩格斯之所以伟大，不在于他们与以往的理论没有联系，而恰恰在于他们解决了前人没有能够解决的问题。前人在理论上所达到的顶点，恰恰是他们理论的出发点。列宁在谈到为什么马克思主义赢得了世界历史性的意义时曾说，这"是因为它并没有抛弃资产阶级时代最宝贵的成就，相反地却吸收和改造了两千多年来人类思想和文化发展中一切有价值的东西"[①]。不谈唯物史观的理论来源，会给马克思主义的反对派提供攻击马克思主义哲学的口实，这在马克思主义哲学的发展史上就一度出现过。大家知道，俄国早期的马克思主义者普列汉诺夫在许多著作，如《论一元论历史观之发展》《唯物主义史论丛》《无政府主义和社会主义》以及《黑格尔逝世六十周年》中都对唯物史观的理论来源作过充分的论述。而问题的缘由就是以米海洛夫斯基为首的民粹派否认"经济唯物主义"（这是他们对历史唯物主义的歪曲）与"一般哲学意义上"的唯物主义的联系，认为唯物史观不是人类优秀思想的继续，应该将之抛弃。因此，否认唯物史观的理论来源对正确说明唯物史观创立的伟大意义并无益处。

第三，马克思和恩格斯生前虽然也对唯物史观的理论来源作过论述，但这些论述都只是原则性的，没有专门或系统地加以分析。一些原则性的论述又统指马克思主义哲学，在更多的地方提到的是唯物主义和辩证法，没有直接涉及历史唯物主义。这种情况也使人们忽视了历史唯物主义的理论来源，在客观上造成了人们只提辩证唯物主义的理论来源而不提历史唯物主义的理论来源的现象。

[①] 中共中央马克思恩格斯列宁斯大林著作编译局. 列宁选集：第四卷［M］. 北京：人民出版社，1972：362.

第四，受列宁对黑格尔历史哲学评价的影响。列宁在《哲学笔记》中曾这样评价过黑格尔的历史哲学，他说："一般说来，历史哲学所提供的东西非常之少——这是可以理解的，因为正是在这里，正是在这个领域中，在这门科学中，马克思和恩格斯向前迈进了最大的一步。而黑格尔在这里则已经老朽不堪，成了古董。"① 有人就依此为据认为，既然黑格尔的历史哲学"所提供的东西非常之少……黑格尔在这里则已经老朽不堪，成了古董"，那就当然没有什么可值得继承的了。这种观点没有看到在《哲学笔记》中，列宁多次指出黑格尔的某些关于社会历史问题的见解"接近历史唯物主义"，"已经有历史唯物主义的萌芽"。② 恩格斯也曾经这样来评价黑格尔的历史哲学："他是第一个想证明历史中有一种发展、有一种内在联系的人，尽管他的历史哲学中的许多东西现在在我们看来十分古怪，如果把他的前辈，甚至把那些在他以后敢于对历史作总的思考的人同他相比，他的基本观点的宏伟，就是在今天也值得钦佩。在《现象学》《美学》《哲学史》中，到处贯穿着这种宏伟的历史观，到处是历史地、在同一历史的一定的（虽然是抽象了的、歪曲了的）联系中来处理材料的。"③ 显而易见，恩格斯对黑格尔的历史观作了高度的评价。难道列宁的评价是自相矛盾并和恩格斯不一致吗？完全不是。问题在于有些同志对列宁的评价作了片面的、机械的理解。恩格斯的评价是就黑格尔历史观的积极方面来说的，是把黑格尔与前人相比较而言的。因此说黑格尔的历史观是"宏伟"的，是"值得钦佩"的。而列宁的评价是就黑格尔的历史观与唯物史观相比较而言的。与唯物史观相比，在马克思和恩格斯创立了唯物史观之后，黑格尔的历史观确实是"提供的东西非常之少"，确实是"老朽不堪，成了古董"。因此，绝不能以列宁的片断评价为依据而否定唯物史观的理论来源，否定它与以往历史观的继承关系。

第五，受斯大林历史唯物主义是辩证唯物主义推广说的影响。斯大林在《论辩证唯物主义和历史唯物主义》一文中曾指出："历史唯物主义就是把辩证唯物主义的原理推广去研究社会生活，把辩证唯物主义的

---

① 列宁．列宁全集：第三十八卷［M］．中共中央马克思恩格斯列宁斯大林著作编译局，译．北京：人民出版社，1959：351.

② 列宁．列宁全集：第三十八卷［M］．中共中央马克思恩格斯列宁斯大林著作编译局，译．北京：人民出版社，1959：344 - 348.

③ 中共中央马克思恩格斯列宁斯大林著作编译局．马克思恩格斯选集：第二卷［M］．北京：人民出版社，1972：121.

原理应用于社会生活现象，应用于研究社会，应用于研究社会历史。"①
这种观点既影响着苏联哲学界，也影响着中国哲学界。既然历史唯物主
义是辩证唯物主义的推广和运用，那么讲了辩证唯物主义的理论来源，
也就是讲了历史唯物主义的理论来源。因此，也就出现了在马克思主义
哲学教材中，只讲辩证唯物主义的理论来源而不讲历史唯物主义的理论
来源的现象。

第六，普列汉诺夫早在1895年写《论一元论历史观之发展》等著
作时就对唯物史观的理论来源作过深入的探讨。可是，长期以来，由于
我们对普列汉诺夫的不公正的评价，使得我们对他的探讨也没有给予应
有的评价和充分的重视。以中国来说，从20世纪50年代至今，唯物史
观的理论来源问题被忽视了三十多年，在根源上是与"左"的思想的
影响分不开的。一些同志认为，讲马克思主义哲学，就一定要特别地突
出其革命性，对历史唯物主义这门党性尤强的科学就更是如此，以至于
用革命性来代替它的科学性。我们只能用历史唯物主义去批判唯心主义
历史观，批判资产阶级的学说。似乎只有大讲历史唯物主义与历史唯心
主义的对立才能充分体现历史唯物主义的革命性、党性、阶级性。如果
承认历史唯物主义有其理论来源，岂不是说，历史唯物主义与历史唯心
主义、资产阶级的东西发生了联系？岂不是抹杀了历史唯物主义的阶级
性？岂不是为资产阶级的学说评功摆好？这是一个政治问题、立场问
题。因此，在"左"的思想影响下，在那种不宽松的学术环境中，要
研究历史唯物主义的理论来源问题又谈何容易！

第七，从理论工作者本身来说，迷信权威、固守成见也使得唯物史
观的理论来源长期被忽视。中国的马克思主义哲学是从苏联引进的，以
至于有些人把苏联讲的马克思主义哲学看成了不可移易的。既然苏联没
有讲唯物史观的理论来源，我们也就不能讲，既然权威人物没有提出，
我们也就不能提出。在这种观念的支配下，人们就唯权威之命是从，不
去对唯物史观的理论来源作深入的探讨。

---

① 斯大林. 斯大林选集：下卷［M］. 中共中央马克思恩格斯列宁斯大林著作编译局，
译. 北京：人民出版社，1979：424.

三

从上述论述中，我们可以得到哪些启示呢？

第一，人类社会是一个发展过程，人类思想同样是一个发展过程，在这个过程中不可以将任何一个阶段加以割裂。任何一种真正的思想理论的产生和发展都有其历史必然性，都是以往的理论发展的逻辑的完成和继续，都是以前人所达到的思想高度为自己理论的起点，都要对前人的思想成果进行批判性的继承。作为思想领域中的最大科学成果的历史唯物主义就更是如此。正是有这种理论上的继承关系，才体现了人类思想史的连续性及其内在联系，对人类思想发展史的研究也才有规律可循，从而才能真正地理解人类社会发展史。

第二，对马克思主义经典作家的论述，一定要放到特定历史条件下、特定的环境中去理解，切不可以偏概全、断章取义。任何一种真正的理论、任何一位严肃的思想家都会保持理论上逻辑的一贯性，如果不能保持其逻辑的一贯性，就证明其理论的不彻底性。马克思主义的理论是保持了逻辑的一贯性的，是彻底的。这种理论不仅对他事物、对他人适用，对自己本身照样适用。马克思和恩格斯关于任何理论都要批判继承前人思想遗产的思想对其理论组成部分的历史唯物主义也适用。在经典作家的著作中，在只言片语上是会找到字面上的"矛盾"。但是，一定要考察经典作家们的基本观点和一贯思想，要考察他们是在怎样的历史条件下，在怎样的语言环境中来加以论述的，绝不能把一贯的思想、系统的思想加以割裂，不能把一定条件下的论述绝对化、片面化。否则，不仅会带来理论上的混乱，而且会造成实践上的失误。

第三，理论的发展需要一种安定团结的环境和民主和谐的气氛，要使从事理论探讨的人有一种安全感，才能使他们具有信心和理论上的勇气，才能促进理论的繁荣和发展。在"左"的影响下，那种人人自危的现象，只能挫伤理论工作者的积极性，扼杀理论发展的勃勃生机。我们党的十二届六中全会通过的《关于社会主义精神文明建设指导方针的决议》就对这个问题给予了充分的重视。它指出："加强精神文明建设，就要牢记历史教训，正确处理社会主义社会中的各种矛盾，坚持对思想性质的问题采取讨论的方法、说理的方法、批评和自我批评的方法，就是说，用教育和疏导的方法去解决。"① 它着重指出，"必须坚决执行'百花齐放，百家争鸣'的方针，支持和鼓励以科学研究为基础的大胆探索和自由争论，使马克思主义的理论研究大大活跃起来"，"学术和艺术问题，要遵守宪法规定的原则，实行学术自由，创作自由，讨论自由，批评和反批评自由。这样做的目的，是正确发挥马克思主义对学术和艺术的指导作用，造成科学文化发展所必需的安定团结的环境和民主和谐的气氛，使它们更好地为人民服务、为社会主义服务"。② 可以说，这是我国三十多年来学术理论发展的经验教训的正确总结。

第四，必须破除迷信权威的心理，以促进理论的发展。迷信权威不仅是长期以来人们忽视唯物史观理论来源的一个原因，在某种意义上完全可以说，这也是我国学术不够繁荣、理论发展缓慢的一个重要原因。权威是应该有的，但对权威的迷信和崇拜，必然会使我们跪在权威的脚下，对权威的观点进行诠释，述而不作。这样，理论的研究就难以获得突破性的进展。这方面的教训，尤其值得牢记。

[原文发表于《信阳师范学院学报（哲学社会科学版）》，1987 年第 1 期]

---

① 中国共产党第十二届中央委员会第六次全体会议. 中共中央关于社会主义精神文明建设指导方针的决议［M］. 北京：人民出版社，1986：6.
② 中国共产党第十二届中央委员会第六次全体会议. 中共中央关于社会主义精神文明建设指导方针的决议［M］. 北京：人民出版社，1986：20－21.

再谈唯物史观的理论来源

唯物史观的理论来源是一个长期被忽视的问题，开展对这一问题的研究很有必要。在近来的探讨中，笔者又形成了一些粗浅的意见，现整理出来以就教于大方。

1. 理论来源应追至何处？

在拙著《关于唯物史观的理论来源》一文中，笔者已经指出：在我们的哲学教学和哲学宣传中，"虽然认为马克思主义哲学的理论来源是德国古典哲学，却又认为只是辩证唯物主义的理论来源"①，这是失之偏颇和带有简单化倾向的。

为了克服这种倾向，近来又有人提出，唯物史观的理论来源应追至古希腊罗马哲学。这种观点似乎在马克思主义经典作家那里得到了印证。列宁曾经多次讲过马克思主义继承了整个人类优秀思想文化遗产，如他在《论无产阶级文化》一文中指出：马克思主义"吸收和改造了两千年来人类思想和文化发展中一切有价值的东西"②。但是，列宁在另一篇文章中又说："马克思的学说是人类在 19 世纪所创造的优秀成果——德国的哲学、英国的政治经济学和法国的社会主义的当然继承者。"③ 显然，在前一段文字里列宁认为马克思主义是自古希腊以来两千多年来的人类优秀思想文化的继承者，而在后一段文字里又指出马克思主义是对 19 世纪所创造的优秀思想成果的继承，并且明确地指出了德国的哲学，对此应作何理解？

我认为，所谓"理论来源"指的是一种理论的发源地，是被这种理论吸收、继承和发展了的理论及其运用的研究方法。称一种观点为理

---

① 刘明贵. 关于唯物史观的理论来源 [J]. 信阳师范学院学报（哲学社会科学版），1987（1）.

② 中共中央马克思恩格斯列宁斯大林著作编译局. 列宁选集：第四卷 [M]. 北京：人民出版社，1972：362.

③ 中共中央马克思恩格斯列宁斯大林著作编译局. 列宁选集：第二卷 [M]. 北京：人民出版社，1960：441－442.

论，一般说来是被系统化了的，构成了它的体系。这种理论体系所包含的内容却不是单一的，而是多方面的，甚至是综合的。这样，理论体系就其内容和方法的来源来说，不会也不可能是单一的。另外，更为重要的是，人类思想本身就具有历史继承性。没有最初的粗糙，就没有后来的精致；没有最初的肤浅，就没有后来的深刻。人类思想就是由简单到复杂、由低级向高级发展的。低级理论形态是高级理论形态的基础，高级理论形态内在地包含并扬弃了低级理论形态。就前后相继的关系来说，前人的深刻思想不只影响了下一代，并且影响了几代人，甚至产生了长久的影响。这样，下一代人在创立其理论观点的时候就既受到上一代的直接影响，又要受到历史上的理论观点的间接影响。或者以历史上的某一种观点为其理论基础，对某一观点的某一方面加以改造、吸收并发挥，以建立自己的理论体系，而受上一代思想影响的可能较小。因此，一种思想理论的来源既有主流，又有支流；既有直接的来源，又有间接的来源。我们可以将间接的理论来源称为"理论渊源"。

作为理论思想中最大成果的唯物史观也不例外。它的理论来源指的是被它吸收、继承和发展了的理论以及分析事物、研究社会历史的方法论。历史唯物主义体系包含了多方面的内容，既吸收了 19 世纪的优秀思想成果，也吸收了 19 世纪以前的优秀思想成果。因此，它的理论来源也是多方面的，既有主流又有支流，既有直接来源又有间接来源。

基于上述分析，笔者认为上述所征引的列宁的两段话并不矛盾，只是在一定的意义上对马克思主义理论来源问题的不同表述。在一种比较宽泛的意义上（在理论渊源上）可以说马克思主义是人类优秀思想文化的结晶，而在较为严格的意义上，它就是对 19 世纪优秀思想成果的继承。这一点，完全适合于唯物史观。

2. 唯物史观的直接理论来源是什么？

我赞成普列汉诺夫对唯物史观理论来源的深刻论述。他指出，要深刻地、准确地理解唯物史观，就"应当记住，直接先行于马克思而出现的哲学和社会科学已经得到了什么样的结果"[①]。他认为，18 世纪法国唯物主义者的历史观、19 世纪空想社会主义者的历史观、复辟时期法国历史学家的历史观和黑格尔的历史观就是直接先行于马克思的光辉思想，是唯物史观的直接理论来源。

---

① 普列汉诺夫. 普列汉诺夫哲学著作选集：第一卷 ［M］. 曹葆华，译. 北京：生活·读书·新知三联书店，1959：676.

18 世纪法国唯物主义者提出了一个在后来颇具影响力的重要命题——"人是环境的产物"。他们认为，人一生下来，无所谓善恶，只是由于所处的环境不同才形成了各不相同的性格、情感和思想等。这种思想含有革命的因素：要改变人的缺点，就必须改变造成缺点的社会环境。由此，应该研究环境的历史并进而研究社会发展的客观规律。遗憾的是，他们不仅没有完成这个任务，甚至也没有提出这样的任务。他们认为，决定人及其意见的环境是法律及政治制度，而法律和政治制度又是由理性决定的，理性是教育的结果。法律、理性、教育又都属于"意见"的范畴，这样就又提出了"意见支配一切"的唯心主义命题。马克思对这种观点进行了研究，他在《关于费尔巴哈的提纲》中批评道："有一种唯物主义学说，认为人是环境和教育的产物，因而认为改变了的人是另一种环境和改变了的教育的产物，……这种学说忘记了：环境正是由人来改变的，而教育者本人一定是受教育的。"同时，他也十分正确地指出："环境的改变和人的活动的一致，只能被看作是并合理地理解为革命的实践。"①

19 世纪空想社会主义的主要代表人物是法国的圣西门、傅立叶和英国的欧文。他们在社会历史领域里的一些唯物主义见解，为马克思和恩格斯阐述唯物史观提供了重要的材料。以圣西门为例，他承认社会历史的发展是有规律可循的，并试图揭示这些规律。他看到了所有制对社会制度的决定作用，用经济因素来解释社会现象。恩格斯评价道："我们在圣西门那里看到了天才的远大眼光，由于他有这种眼光，后来的社会主义者的几乎一切并非严格地是经济的思想都以萌芽状态包含在他的思想中。"② 这同 18 世纪唯物主义者的历史观相比，已经前进了一大步。

复辟时期的历史学家，主要代表人物是梯也里、米涅和基佐。他们在历史观上的主要贡献，一是他们看到了人民群众的伟大作用和阶级斗争在社会发展中的作用，二是他们看到了财产关系是一个国家的政治制度和统治思想的深刻基础。马克思在一封通信中曾经指出："无论是发现现代社会中有阶级存在或发现各阶级间的斗争，都不是我的功劳，在

---

① 中共中央马克思恩格斯列宁斯大林著作编译局. 马克思恩格斯选集：第一卷［M］. 北京：人民出版社，1972：17.
② 中共中央马克思恩格斯列宁斯大林著作编译局. 马克思恩格斯选集：第三卷［M］. 北京：人民出版社，1972：300.

我很久以前，资产阶级的历史学家已叙述过阶级斗争的历史发展。"①
这指的就是复辟时期的历史学家。

这里，我们着重要谈的是黑格尔的历史观与马克思的唯物史观的关系。在笔者看来，黑格尔的历史观是唯物史观的主要的、直接的理论来源。在一定意义上可以说，没有黑格尔的辩证法和他的历史观就不可能有马克思的唯物史观。恩格斯曾称赞黑格尔的历史观为"宏伟"的历史观，它"在今天也值得钦佩"。②

1843 年 5 月至 10 月，马克思从科伦移居莱茵省的小城克罗茨纳赫。他对黑格尔唯心史观的批判正源于这一时期，重要的研究成果就是《黑格尔法哲学批判》。他以国家和法为重点，展开了对黑格尔唯心主义哲学的清算和批判。首先，他认为，不是国家的理念产生出家庭和市民社会，而是家庭和市民社会把自己变成国家，得出了市民社会决定国家的明确结论。这个结论对马克思思想的发展起着很重要的作用。其次，他还分析了私有财产和国家的关系，得出了私有财产是国家的支柱和基础的结论。这一时期，虽然马克思还受费尔巴哈人本主义哲学的影响，但是，他已经力图用唯物主义的观点来分析国家和法的思想，产生出了具有发展前途的历史唯物主义的萌芽。这一时期对创立唯物史观具有的意义，在后来马克思的回忆中可以看得出来。③

《经济学手稿》（后文简称为《手稿》）对于黑格尔辩证法实质的剖析和批判，向创立历史唯物主义迈出了决定性的一步。黑格尔的巨大功绩在于，他恢复了辩证法这一最高思维形式，使辩证法重新占据了统治地位。但是，他的辩证法是头足倒置的。在《手稿》中，马克思对这种头足倒置的辩证法进行了深入的分析和批判，第一次十分明确地提出了"历史就是人类自己的发展史"这一重要观点，这就从根本上否定了黑格尔把世界历史看作是"世界精神"的发展史这种唯心主义的历史观。在《手稿》中，马克思认为人的本质是人的自由自觉的活动，即改造对象世界的劳动、物质生产。马克思从人的本质出发去说明一切，实际上就是从劳动、物质生产出发去说明一切，这使马克思的观点十分接近唯物史观。

---

① 中共中央马克思恩格斯列宁斯大林著作编译局. 马克思恩格斯选集：第四卷 ［M］.
北京：人民出版社，1972：332.
② 中共中央马克思恩格斯列宁斯大林著作编译局. 马克思恩格斯选集：第二卷 ［M］.
北京：人民出版社，1972：121.
③ 中共中央马克思恩格斯列宁斯大林著作编译局. 马克思恩格斯选集：第二卷 ［M］.
北京：人民出版社，1972：82.

继《手稿》之后，1844 年 9—11 月马克思、恩格斯合著了《神圣家族》，这一著作是批判黑格尔哲学的历史唯物主义著作。在《神圣家族》中，马克思、恩格斯已经实现了从抽象的人的观点向现实的人的观点的转变，并从人类概念向生产关系概念的转变和从异化史观向实践观点的转变，且已经越来越逼近历史唯物主义。他们抛弃了黑格尔唯心主义历史观的出发点——异化史观，走向了新的历史理论的出发点。"新哲学的出发点是历史地和社会地被规定了的现实的人，是人们的为一定的历史发展所制约，同时又制约着历史发展的实践活动。这种活动的规律构成了历史科学的主要内容。"①

1845 年春，马克思制定了"包含着新世界观的天才萌芽的第一个文件"——《关于费尔巴哈的提纲》（后文简称为《提纲》）。《提纲》批判了机械唯物主义，把实践引入认识论，得出了社会生活在本质上是实践的科学结论。

1845—1846 年的《德意志意识形态》完成了对黑格尔唯心主义辩证法的批判和改造。马克思、恩格斯抛弃了以"异化劳动"为中心概念的历史理论，紧紧抓住了人的能动本质，把人类历史看作是由于人的内在动力而自行发生和发展的过程。这样，就坚持了黑格尔的辩证法，也根据唯物主义的观点批判和改造了它。马克思、恩格斯还对新的世界观——唯物主义历史观的一系列基本原理作了第一次充分阐述。在《德意志意识形态》中，马克思、恩格斯已经完成了对于唯物主义历史观的发现，这标志着历史唯物主义的诞生。

1847 年 6 月，马克思《哲学的贫困》发表，其是为批判蒲鲁东的《贫困的哲学》而写的经济哲学著作。这一著作对历史唯物主义的原理作了进一步的阐发。马克思对黑格尔的历史哲学又一次进行了批判，深刻地指出："黑格尔认为，世界上过去发生的一切和现在发生的一切，就是他自己思维中发生的一切。"因此，黑格尔的"历史哲学仅仅是哲学的历史，即他自己的哲学的历史。没有'适应时间秩序的历史'，只有'观念在理性中的顺序'。他以为他是在通过思想的运动建设世界；其实，他只是根据自己的绝对方法把所有人们头脑中的思想加以系统的改组和排列而已"②。马克思进一步研究了社会的内部经济结构，在分析批判蒲鲁东的经济范畴时，对"生产关系"这一术语的内容作了科

① 孙伯鍨. 探索者道路的探索 [M]. 合肥：安徽人民出版社，1985：231.
② 马克思，恩格斯. 马克思恩格斯全集：第四卷 [M]. 中共中央马克思恩格斯列宁斯大林著作编译局，译. 北京：人民出版社，1972：143.

学的规定。从此，"交往关系""交往形式""交往方式"就被科学的"生产关系"概念代替了。这样，在《哲学的贫困》中，刚刚建立起来的历史唯物主义的内容不仅得到了进一步的丰富和发展，而且其思想和概念也进一步完善和精确化了。

1848年《共产党宣言》问世了。它向全世界宣告了无产阶级的科学世界观——辩证唯物主义和历史唯物主义的诞生。

从上述简略的历史考察中，可以清楚地看到，马克思、恩格斯是怎样通过对黑格尔唯心主义历史观的继承与批判而逐步走向唯物史观的。这个过程是极其艰难而复杂的。对黑格尔唯心主义历史观的批判改造每深入一步，对唯物史观也就逼进一步。完全可以说，唯物史观是通过对黑格尔历史哲学的批判改造而结出的丰硕之果，唯物史观的产生过程也就是对黑格尔历史哲学的批判和改造的完成过程。完成这个任务的是伟大的马克思和恩格斯。

因此，我们完全有理由说，黑格尔的历史哲学是唯物史观最主要、最直接的理论来源。

3. 唯物史观有没有横向的理论来源？

如果对唯物史观的产生过程作全面的考察，就会发现，与马克思、恩格斯同时代人的思想对他们创立唯物史观起了相当大的作用。马克思、恩格斯在其思想转变的过程中，在制定新的历史观的过程中对同时代人的思想也进行了批判、改造和吸收。有人据此认为，唯物史观还有横向的理论来源。对此，应该怎么看？还是让我们先回顾一下历史。

大家知道，青年马克思、恩格斯曾经是青年黑格尔主义者。在马克思还是"博士俱乐部"成员的时候，他的思想与其他成员的思想并没有本质的区别。1843年《曼海姆晚报》上所载马克思小传中说："马克思是布鲁诺·鲍威尔的朋友，鲍威尔先前在波恩时曾欲同他合编一份哲学宗教杂志，该杂志是以鲍威尔《对观福音书作者批判》一书的观点作为基础的。"[①] 从马克思的《博士论文》中也可以看出该文的思想与鲍威尔同一时期关于基督教史的批判著作有着联系，都极为重视古希腊的自我意识哲学。而施特劳斯对青年恩格斯思想的影响也是很大的。"恩格斯只是由于深入研究大卫·弗里德里希·施特劳斯的著作，才克服了宗教的踌躇。施特劳斯还引导恩格斯从'青年德意志'运动走向

---

① 戴维·麦克莱伦. 青年黑格尔派与马克思 [M]. 夏威仪，陈启伟，金海民，译. 北京：商务印书馆，1982：72.

青年黑格尔运动。"（马特豪斯·克莱恩语）

但是，在此后马克思、恩格斯思想转变的过程中，我们可以清楚地看到他们是如何批判鲍威尔、施特劳斯、施蒂纳、费尔巴哈以及蒲鲁东的。

《手稿》表明，马克思是怎样深受费尔巴哈的影响又怎样发展了费尔巴哈的唯物主义观点的。从中还可以看到，马克思是怎样在内容上对费尔巴哈的唯物主义进行批判改造，从而形成了这样的前提：使他能够在这种前提下把哲学的唯物主义从内容与形式上继续发展为历史唯物主义。从《神圣家族》中可以看到他们是如何批判鲍威尔及其伙伴的。《德意志意识形态》指出，施特劳斯、鲍威尔、费尔巴哈和施蒂纳都没有脱离旧哲学的基地，这就使马克思、恩格斯实现了和德国哲学的最后决裂。

魏特琳的空想主义对马克思、恩格斯也有很大的影响。魏特琳的著作体现了无产阶级在政治、理论和组织上独立性地迈出了第一步。他指出私有制是一切社会罪恶的根源，不仅把无产阶级当作受苦受难的阶级，而且把它当作行动的社会力量。因此，马克思称赞魏特琳的著作是"天才著作"，并且指出："资产阶级及其哲学家和科学家哪里有一部论述资产阶级解放（政治解放）的著作能和魏特琳的'和谐与自由的保证'一书媲美呢？只要把德国的政治论著中的那种俗不可耐畏首畏尾的平庸气拿来和德国工人的这种史无前例光辉灿烂的处女作比较一下，只要把无产阶级巨大的童鞋拿来和德国资产阶级的矮小的政治烂鞋比较一下。我们就能预言德国的灰姑娘将来必然长成一个大力士。"① 可见，马克思对魏特琳的著作评价甚高。

在 1845 年以前，马克思对于蒲鲁东的评价也是持肯定态度的。马克思曾经把蒲鲁东的作品称为"智慧的作品"②。认为连魏特琳的"天才著作"在论述技巧方面也不如蒲鲁东。③ 恩格斯对蒲鲁东的《什么是财产》一书给予了很高的评价，指出："这是共产主义者用法文写的所有著作中最有哲学意义的作品"，"表现了非凡的智慧和真正科学研究精神，这种把智慧和科学研究精神二者结合在一本书里的范例，是我从

---

① 马克思，恩格斯. 马克思恩格斯全集：第一卷［M］. 中共中央马克思恩格斯列宁斯大林著作编译局，译. 北京：人民出版社，1956：483.

② 马克思，恩格斯. 马克思恩格斯全集：第一卷［M］. 中共中央马克思恩格斯列宁斯大林著作编译局，译. 北京：人民出版社，1956：134.

③ 马克思，恩格斯. 马克思恩格斯全集：第一卷［M］. 中共中央马克思恩格斯列宁斯大林著作编译局，译. 北京：人民出版社，1956：483.

来没有见过的。此外，作者对于各种政体还提出了非常重要的意见"。①
很明显，蒲鲁东的思想无论是对马克思还是对恩格斯都曾经产生过很大
的影响。但是，在《德意志意识形态》中马克思就对蒲鲁东的经济哲
学观点做出了完全不同的评价。认为蒲鲁东的《什么是财产》一书的
"一切论据都是错误的"，他的平等观点只是"法学家和经济学家的幻
想"。"共产主义者从他那里所接受的除他对所有制的批判外，没有其
他任何东西了。"在《哲学的贫困》中，马克思又对蒲鲁东的唯心主义
和形而上学思想进行了极为严厉的批判。指出蒲鲁东的哲学观点是法学
唯心主义和歪曲了的思辨辩证法，是对黑格尔的笨拙的仿效。

从上面的考察可见，马克思、恩格斯在创立新的世界观的时候确实
接受过同时代人的部分思想，在对旧哲学的批判改造过程中利用了同时
代人提出的思想材料。但是，马克思、恩格斯从来没有无原则地接受同
时代人的思想，对他们的思想始终保持着批判和改造的态度。创立新的
世界观的过程同时也是和同时代人的思想逐渐分手的过程。可以说，与
同时代人的思想决裂是马克思、恩格斯创立新的世界观的关键所在。

因此，我认为，对同时代人的思想与马克思、恩格斯创立新世界观
的关系进行深入的研究是十分必要的。过去在这方面我们做得十分不
够，弥补这方面的不足实属重要的工作。但是，笔者不赞成把同时代人
的思想看作是唯物史观的横向理论来源的观点。因为：

第一，一般说来，讲理论来源，都有前后相继的关系。只有前后相
继的关系才能称得上是来源，因源在流之上。

第二，从我们研究唯物史观理论来源的目的来看，主要是为了揭示
马克思、恩格斯对前人有价值的思想观点的继承，对前人的理论所进行
的批判和改造，指出前人在历史观上达到了一个怎样的高度，马克思、
恩格斯是怎样解决了前人没有能够解决的问题的。

第三，与马克思、恩格斯同时代人的思想，就其社会历史观点而言
都还没有能够脱离黑格尔唯心主义历史观的窠臼，没有离开旧哲学的基
地。不仅如此，拿青年黑格尔派的一些成员来说，有的虽然批判了黑格尔
客观唯心主义却又回到了费希特的主观唯心主义的老路上去了。这不能不
说是理论上的倒退行为。马克思、恩格斯对黑格尔历史哲学所做的批判继
承在一定意义上也就意味着对他们的同时代人的思想的批判和继承。

① 马克思，恩格斯. 马克思恩格斯全集：第一卷 [M]. 中共中央马克思恩格斯列宁斯
大林著作编译局，译. 北京：人民出版社，1956：583 - 584

基于上述原因，我认为，对马克思、恩格斯同时代人的思想和唯物史观的关系还是不提"横向理论来源"为好，提"影响作用"就足以说明问题。

4. 研究唯物史观的理论来源有何意义？

首先，研究唯物史观的理论来源可以使我们更加深刻地理解唯物史观创立的伟大意义。要把握一种理论的意义，认识它的深刻性，就必须弄清这种理论的前身，了解前人在这种理论上达到了怎样的高度，还必须对这种理论的萌芽、产生的过程进行广泛系统的研究，对唯物史观这种划时代的理论发现就更需要如此。我们只有通过对其理论来源的研究才能够看清这种历史观是怎样以前人在理论上所达到的顶点为自己的理论起点的，又是怎样解决了以往的理论所没有解决的问题，从而实现整个历史观的伟大变革的。

其次，研究唯物史观的理论来源，可以使我们更好地学习马克思、恩格斯在对待前人的理论遗产这个问题上所持的科学态度。马克思、恩格斯的前人特别是黑格尔留下了一笔巨大的理论遗产。黑格尔的门徒——与马克思、恩格斯同时代的人没有任何一个能够知道怎样利用这笔巨大的理论遗产，更不知道它批判的、革命的辩证方法究竟能够用来做些什么，他们不是停留在黑格尔哲学的范围内，用它的残渣剩饭来营造神秘主义的所谓的"新体系"，就是从右的方面对它进行批判，从而回到费希特的主观唯心主义的老路上去。马克思、恩格斯则不然，他们对这笔理论遗产采取了十分辩证的态度。他们既没有作历史虚无主义的否定，也没有被它的庞大的理论体系迷惑。而是在沙砾之中发现了闪光的珍珠，敲开了它唯心主义体系的神秘外壳，把它的"合理内核"拯救出来，置于唯物主义的基础之上，并将它运用于社会历史问题的考察，经过巨大的理论研究工作，从而创立了历史唯物主义，把唯心主义从它的最后避难所——社会历史领域彻底地赶了出去。

最后，研究唯物史观的理论来源可以使我们正确地对待现代西方哲学的历史理论。现代西方哲学在社会历史理论方面也提出了个别有价值的思想，对此，我们也要批判地加以吸收，用来丰富唯物史观。不仅如此，研究唯物史观的理论来源还可以使我们从理论上揭露现代资产阶级哲学对唯物史观的诬蔑和攻击，回应他们的挑战。

无论是新康德主义弗赖堡学派的文德尔班、李凯尔特，还是以波普为代表的所谓批判理性主义，或者新黑格尔主义者克罗齐等，他们都站在其阶级的立场上对唯物史观进行大肆攻击，其中一个最主要的内容就是否认历史发展的客观规律性，诬蔑唯物史观是臆造的、杜撰的，不是科学。为了达到这个目的，他们不仅否定唯物史观，而且对黑格尔的历史哲学进行指责和攻击。因此，通过对唯物史观的理论来源的研究，我们可以看出，承认历史发展的规律性正是黑格尔历史哲学的伟大功绩。他提出了这一问题，由于其唯心主义的局限性不能正确地解决这一问题，解决这一问题的任务就历史地落到了马克思和恩格斯的肩上。马克思、恩格斯不仅揭示了历史发展的客观规律性，而且找到了历史发展的最根本动力，从而创立了与以往的历史观在本质上完全不同的崭新的历史观。它的创立是对前人的思想成果的批判继承，是对无产阶级革命运动的正确总结，它的正确性、科学性已被历史的发展进程证明，并将继续得到证明。

[原文发表于《信阳师范学院学报（哲学社会科学版）》，1988 年第 1 期]

政治上层建筑应属于社会存在范畴

政治上层建筑是属于社会存在还是属于社会意识，在我国学术界存在着争议。有的认为应属于社会意识，有的认为应属于社会存在。介于这二者之间的一种观点则认为既不能简单地归属于社会存在，也不能简单地归属于社会意识，并提出了新的范畴来概括社会现象。我们认为政治上层建筑应属于社会存在的范畴。本文以分析持相反观点者的主要"论据"为线索，并结合这种分析正面阐述笔者的观点和看法。

第一，他们认为把政治上层建筑归属于社会存在混淆了存在（物质）与社会存在的区别。政治、法律等政治上层建筑的设施、机构之所以被部分同志当作社会存在，就是因为它们有着人们通常所说的思想的"物质外壳"，或被称为"物质的附属物"。比如军队，枪支弹药是其重要因素。枪支弹药是物质，是客观存在，所以，军队应属于社会存在。这样，就把自然物质与社会存在等同起来了。他们认为"对社会存在，我们也不能从字面上来理解，认为社会上的一切存在都是社会存在"①。其实，我们并不是从字面上来理解社会存在，即把社会上的一切存在都称为社会存在的。所以，我们既要看到社会存在与存在（物质）的区别，也应该看到它们之间的联系，否则就无法正确理解恩格斯的"世界的真正统一性是在于它的物质性"的科学论断。存在（物质）是对包括自然界和人类社会在内的整个世界的本质的科学抽象。世界是统一于物质的，人类社会是统一于社会存在的，它在本质上也是物质的。但我们并不能把一切物质都归结为社会存在。社会存在的物质性就在于它不以社会意识为转移，而为社会意识所反映。那么，究竟什么是社会存在呢？马克思和恩格斯指出"人们的存在就是他们的实际生活过程"②，即只有纳入人类生活过程的存在才是社会存在。人们的实际生活过程不

① 张云勋. 再论社会存在和社会意识范畴：兼与邹永图等同志再商榷 [J]. 学术研究，1982（5）：51 – 56.

② 中共中央马克思恩格斯列宁斯大林著作编译局. 马克思恩格斯选集：第一卷 [M]. 北京：人民出版社，1972：30.

仅仅包括物质生活，还包括政治生活。政治上层建筑属于社会存在并不在于它是思想的"物质外壳"或者它是思想的"物质附属物"，而在于国家政权等无可怀疑地是整个存在阶级的历史时期中被纳入人类生活过程的存在，是人们的实际生活过程的重要内容。诚然，军队里的枪支弹药等物质如果不被纳入人的有意识的活动只不过是废铁一堆。但是，我们说军队是社会存在，并不仅仅指的是枪支弹药，我们指的是军队整体，指的是作为历史发展过程的产物和内容的军队。军队作为这里的研究对象，把它分解开来考察是没有意义的，也是不应该的。比如，我们说生产方式是社会存在，生产力中的生产工具如果不被纳入人的有意识的活动不也是一些自然物质吗？难道能因此否认生产方式是社会存在吗？更何况，之所以有社会存在与自然存在的区别，不就在于前者被纳入了人们的实际社会生活吗？

马克思还指出：社会生活在本质上是实践的。实践是具有客观物质性的活动。新的国家政权、法律设施都是通过人们的物质活动即阶级斗争实践建立的，并不能归结为主观的，即人们意识的结果。这与社会存在之外的存在也不同，社会存在之外的存在，根本没有经过实践的改造，也没有被纳入人类的生活过程。因此，把国家政权、法律设施归属于社会存在是言之成理的，也根本没有把存在（物质）与社会存在等同起来。

第二，他们认为国家政权是通过人的自觉活动建立的，因此它就是依赖于社会意识的，是由思想产生的。不能把政治上层建筑归属于社会存在。为了弄清这个问题，我们有必要考察一下国家机构的产生和发展，以及有关社会革命的一些问题。

我们知道，在原始社会里并没有国家机构，因为社会的公共事务是靠氏族组织来管理的，不需要凌驾于他们之上的外来强制力量的干预。但随着生产力的不断发展，剩余产品不断增多，私有财产出现，侵占别人劳动的条件开始具备，于是阶级产生了。从此，社会成员就划分为奴隶和奴隶主两大对立的阵营。奴隶主对奴隶的不断剥削和压迫，激起了奴隶的反抗，随着反抗斗争的激烈，原来的氏族组织失灵了，已经没有能力按照原有的办法来管理公共事务了。阶级矛盾的不可调和，就需要一个强有力的第三者——表面上代表全民利益的机构来维持整个社会生活，其实质就是维护奴隶主阶级的统治。这个机构的出现就是国家的产生。列宁曾经指出："当专门从事管理并因此而需要一个强迫他人意志服从暴力的特殊强制机构（监狱、特殊队伍及军队等）的特殊集团出现时，国家就出现了。"① 国家是阶级矛盾不可调和的产物，是阶级压迫的工具。

由此可见，国家的产生虽然有人的意识的参与，但它并不是根源于意识的，而是植根于经济的事实中，主要依赖于生产关系。有的同志说"思想必然先于国家等上层建筑设施存在"。不错，在没有国家等上层建筑存在的时候，思想无疑是存在的。因为，人是由类人猿进化而来的，人之为人的时候就有了思想，而漫长的原始社会却没有国家的存在。难道原始社会的人们就有国家观点、法律思想了吗？难道凭着人们的"思想"就可以任意地决定国家的产生了吗？社会上的一切事物都是变化发展的，社会存在范畴也并不是一旦形成，就会天长地久永远不变的。随着实践的发展，人类活动范围的逐渐扩大，必将产生新的社会存在。在一种新的社会存在产生之前，思想存在着，但这并不妨碍社会存在成为社会存在。认识不到这一点就看不到社会的发展、历史的前进。关于国家的产生，恩格斯在《家庭、私有制和国家的起源》一书中作了详尽的阐述，我们从中却找不到一点儿"国家依赖于意识"或"国家是思想的产物"的观点。相反，恩格斯始终阐明国家根源于经济的事实中，依赖于生产关系。国家的产生当然有意识的参与，但是建立什么样的国家，建立什么样的政治法律制度，却又不是以人的意志为转移的。从更深的意义上来说，这是一个自然历史过程，有它自己历史发展的规律性，是任何人都不能改变的。因此，我们不能把国家的产生有人的意识的参与这一点作为否认国家政权属于社会存在的理由。恰恰相反，社会存在之所以是社会存在就在于它被纳入了人类的实际生活过程中，从而也就不可能与人的意识完全绝缘。否则，它就不能是社会存在而只能是社会存在之外的自然存在了。

在无产阶级专政的国家产生之前的资本主义社会就有关于无产阶级专政的国家思想了，这能否证明国家观点是先于国家政权而存在的呢？不能。问题在于我们应当用什么方法来分析这一现象。诚然，无产阶级专政的国家是在无产阶级专政的思想指导下建立的。然而，为什么在资本主义社会产生了无产阶级建立无产阶级专政的国家而不建立其他形式的国家的要求呢？从根本上说在于这种思想是对资本主义社会的"社会存在"的一种能动的反映，无产阶级专政的国家政权所保护的生产关系

---

① 中共中央马克思恩格斯列宁斯大林著作编译局. 列宁选集：第四卷［M］. 北京：人民出版社，1972：45.

是和生产力的发展趋势相适应的。无产阶级专政的思想之所以能够指导无产阶级建立新型专政的国家，这正是基于对历史发展规律的正确认识，也是先进理论的预见作用之所在。再则，在无产阶级专政的国家政权没有建立之前，无产阶级专政的思想还不够丰富、充实和完整，这种思想理论也不能完全设计好无产阶级专政国家的一切具体细节。只有在无产阶级专政的国家建立之后，这种思想才真正逐渐完善起来，并根据新的特点、新的情况不断加以充实、丰富和发展，原先的个别观点则需要修正。这说明国家产生的根源不在于思想，而在于经济，不是依赖于意识，而是依赖于生产关系的。

我们再通过社会革命来看一看国家制度的变更。我们知道，社会革命的根本问题就是国家政权问题，社会革命的根源就在于社会基本矛盾的尖锐化。社会基本矛盾是通过阶级矛盾表现出来的。社会革命能不能成功，其决定性的因素就是引起革命的条件是否具备以及革命的阶级和反动阶级的阶级力量对比如何。两大敌对阶级所进行的你死我活的斗争，最终是革命阶级取得了胜利，从而掌握国家政权，社会形态也就从低级向高级发展了。革命的阶级之所以能够取得胜利，其根本原因在于它代表了生产力发展的客观要求使自己的力量强大到足以战胜反动阶级的地步。当然，在革命的过程中，革命阶级要有一套理论观点，即从理论上来论证自己行动的正确性、合理性，揭露批判旧的社会制度，宣传鼓舞革命群众。但正如马克思所说："批判的武器当然不能代替武器的批判，物质力量只有用物质力量来摧毁。"[1] 在这里，马克思指出国家政权是一种物质力量。恩格斯也曾经指出："暴力（即国家权力）也是一种经济力量！"[2] 没有物质力量来摧毁国家政权这种物质力量，社会革命就不会成功。理论的批判只能在精神上驳倒旧的制度，但我们的任务是要消灭旧的制度。马克思在论述到这个问题时曾说："它的对象就是它的敌人，它不是要驳倒这个敌人，而是要消灭这个敌人，因为这种制度的精神已经被驳倒。这种制度本身并不是值得重视的对象，它是一种按照应当受到蔑视的程度而受到蔑视的存在物。"[3] 其中，马克思所说的"批判"，就是理论上的批驳；"这种制度"指的是当时德国腐朽

---

[1] 中共中央马克思恩格斯列宁斯大林著作编译局．马克思恩格斯选集：第一卷［M］．北京：人民出版社，1972：9.

[2] 中共中央马克思恩格斯列宁斯大林著作编译局．马克思恩格斯选集：第四卷［M］．北京：人民出版社，1972：486.

[3] 中共中央马克思恩格斯列宁斯大林著作编译局．马克思恩格斯选集：第一卷［M］．北京：人民出版社，1972：4.

的国家制度，所以说它是"应当受到蔑视的"。在此，一方面，告诉我们国家政权这种东西单靠理论上的批驳是不能被"消灭"的，充其量只能在精神上"驳倒"它，我们的任务是要靠物质的力量来摧毁国家政权；另一方面，尽管"这种制度本身并不是值得重视的对象"，但它毕竟是"存在物"。马克思和恩格斯还说："由于私有制摆脱了共同体，国家就获得了和市民社会并列的并且在市民社会之外的独立存在。"①综合上述思想，可见，马克思和恩格斯都认为国家政权是一种具有物质力量的社会存在物。

通过上述对国家政权的产生和变更的考察，我们可以看到，无论是从理论上还是从实践上，都有理由把国家政权归属于社会存在范畴。

第三，不承认国家政权等政治上层建筑属于社会存在的同志还认为，生产方式最终决定着社会的政治生活和精神生活，而被决定者是不能属于社会存在的。可以说，这是把政治上层建筑归属于社会意识的一个最主要的论据。我们认为，社会存在的结构不是单一的、同一层次的，它有着高低不同的复杂的层次。生产方式和国家政权相比，显然属于更深的层次，即生产方式决定国家制度。生产方式当然最终决定着整个社会生活。但是，对此我们应该"辩证地思考"（列宁语），绝不能认为属于同一范畴的东西就不存在决定与被决定的问题，也不能认为决定与被决定的因素就不能属于同一个范畴。打个比方来说，生产力是决定生产关系的，但二者并不是不能同属于生产方式范畴、社会存在范畴。同样的道理，生产方式决定国家程度，并不意味着非把国家政权排斥在社会存在范畴之外不可，而是可以和生产方式一起共属于社会存在范畴。只不过它是另一层次的罢了。正因为这样，所以我们说社会意识归根到底将由社会存在的最主要的内容——生产方式所决定，但这也只是"归根到底"。恩格斯在晚年曾经申明："根据唯物史观，历史过程中的决定性因素归根到底是现实生活的生产和再生产。无论马克思和我都从来没有肯定过比这更多的东西。如果有人在这里加以歪曲，说经济因素是唯一决定性因素，那么他就是把这个命题变成毫无内容的、抽象的、荒诞无稽的空话。"② 他还说："国家一旦成为社会的独立力量，马

① 中共中央马克思恩格斯列宁斯大林著作编译局. 马克思恩格斯选集：第一卷［M］. 北京：人民出版社，1972：69.
② 中共中央马克思恩格斯列宁斯大林著作编译局. 马克思恩格斯选集：第四卷［M］. 北京：人民出版社，1972：477.

上就产生新的意识形态。"① 可见，人要理解社会意识的根源，要使一定的理论观点得到正确的说明，不仅要注意到这个社会的经济状况，而且要注意到这个社会国家政权的性质、形式。"每一历史时期的观念和思想同样可以极其简单地由这一时期的生活的经济条件以及由这些条件决定的社会关系和政治关系来说明。"②

第四，不同意把政治上层建筑划归社会存在的同志还认为：把政治上层建筑划归社会存在与经济基础决定上层建筑相矛盾。俄国早期的马克思主义者普列汉诺夫在对历史唯物主义理论进行理论概括时提出的著名的"五项论"，对我们探讨政治上层建筑的归属问题有很大的帮助。这个著名的"五项论"公式就是："（一）生产力的状况；（二）被生产力所制约的经济关系；（三）在一定的经济基础上生长起来的政治制度；（四）一部分由经济直接所决定的，一部分由生长在经济上的全部社会政治制度所决定的社会中的人的心理；（五）反映这种心理特性的各种思想体系。"③"五项论"公式在《论一元论历史观之发展》《唯物主义史论丛》中已基本形成，并在 1908 年的《马克思主义基本问题》中明确提出。这个公式是对历史唯物主义基本内容的概括和总结，是对社会结构层次的明确而又完整的表述，正确地体现了马克思和恩格斯的思想。列宁看了《唯物主义史论丛》后，在一次通信中说："我非常满意地一再阅读了它。"在《哲学笔记》中他摘录了这段话，并在旁边画了竖线，以示重视。④ 按照普列汉诺夫的划分，我们认为，如果从社会存在和社会意识来看，前三项即生产力的状况、经济关系和政治制度构成社会存在，后两项即社会中的人的心理和思想体系构成社会意识。如果从经济基础和上层建筑的关系来看，前两项属于经济基础，后三项属于上层建筑。这样来理解是符合普列汉诺夫的原意的。从"五项论"的内容来看，后一项是以前一项为基础的，生产力状况决定生产关系；政治制度是在经济基础（生产关系）之上生长起来的。社会中的人的心理可以分为两个部分：一部分是由经济关系所直接决定的，另一部分

① 中共中央马克思恩格斯列宁斯大林著作编译局. 马克思恩格斯选集：第四卷［M］. 北京：人民出版社，1972：249.

② 中共中央马克思恩格斯列宁斯大林著作编译局. 马克思恩格斯选集：第三卷［M］. 北京：人民出版社，1972：41.

③ 普列汉诺夫. 普列汉诺夫哲学著作选集：第三卷［M］. 曹葆华，译. 北京：生活·读书·新知三联书店，1962：195 – 196.

④ 列宁. 列宁全集：第三十八卷［M］. 中共中央马克思恩格斯列宁斯大林著作编译局，译. 北京：人民出版社，1959：460.

是由政治制度所直接决定的，但归根到底仍是由经济关系决定的。思想体系比社会心理更高，是系统化、理论化和深化了的社会心理。很明显，政治制度是决定着一部分社会心理的，把它归属于社会存在也是合理的。普列汉诺夫还明确指出："一定的生产关系适应一定的生产力状况，而一定的社会制度适应一定的生产关系，社会制度的性质却影响着人们的心理，同时决定着人们的智力、道德和一般所谓整个精神的发展。"[①] 长期以来，我国哲学界的部分同志在谈到决定作用时就理解为"派生"或"第一性"的意思。我们认为这种理解是片面的。诚然，决定作用有这方面的含义，甚至是主要的，但它还有另一方面即对立统一关系中的主导作用的意思。政治制度决定社会意识就同时具有这两方面的含义。把"社会中的人的心理"与"思想体系"看作社会意识，这正是社会意识的两个高低不同的层次。事实上，目前有的教科书已经作了这样的区分。如果把政治上层建筑划归社会意识，它是应属于低层次的社会心理还是应属于高层次的思想体系呢？可见，不把政治上层建筑划归社会存在，在逻辑上也是讲不通的。而把政治上层建筑划归社会存在并不会与经济基础决定上层建筑相矛盾。

不同意把政治上层建筑划归社会存在的同志还认为，马克思主义经典作家在谈到社会领域里的"物质"时，总是将之和经济联系起来，并不和政治联系起来。而政治生活、国家关系、法律制度等是和精神生活、理论观点联系起来的。这种说法是不符合历史事实的。

从上面的考察我们可以清楚地看出，马克思主义经典作家们在谈到社会领域里的"物质"时并不是没有和经过人们的客观物质性的实践活动所建立的国家政权、法律设施等联系起来。相反，他们在阐述国家的起源和变更时，总是从经济中寻找它的根源。诚然，有时他们在谈到社会领域里的"物质"时是将之和经济联系起来的，但没有把它与国家政权联系起来不等于就把国家政权排斥在社会存在之外。联系起来谈的东西不一定就只能属于同一个范畴，所以也不能因他们把政治生活、国家关系、法律制度等和理论观点联系起来就认为国家政权是社会意识。马克思主义经典作家在这样做的时候，只不过是为了叙述上的方便，因为国家政权等政治上层建筑对理论观点的作用最为直接，它们的关系也最为接近。并且，他们也不经常是在社会存在与社会意识这个关

---

① 列宁. 列宁全集：第二卷［M］. 中共中央马克思恩格斯列宁斯大林著作编译局，译. 北京：人民出版社，1984：550.

系上来论述的，在大多数情况下是在经济基础和上层建筑这个关系上来论述的。这样来谈是无可非议的，也并没有把国家政权等政治上层建筑归属于社会意识的意思。

总之，我们认为，政治上层建筑应属于社会存在范畴。这既不违背生产方式最终决定整个社会生活的原理，也不违背经济基础决定上层建筑的原理，而是和这些原理相符合的。

政治上层建筑的归属问题不仅是理论上需要弄清的非常重要的问题，而且在实践上也有着极其重大的意义。政治上层建筑特别是其中的国家政权，是整个上层建筑的核心。社会革命的根本问题也就是国家政权问题。把国家政权归属于社会存在范畴，看作是不以人的意志为转移的，就要正视现实，立足于实际，从国情出发。要夺取政权，必须靠暴力，而不能靠主观臆想或者幻想，即用空洞的说教去获得政权。要巩固政权不能仅仅依赖理论的力量，而更要依靠强大的物质基础，即大力发展生产力。国家机构、法律设施的消亡更不能凭主观的设想，它有自己的发展规律。任何任意地、人为地改变这个规律都要受到它的惩罚。把政治上层建筑划归社会存在也不会导致政治决定论，因为我们是在承认生产方式对整个社会生活最终起决定作用的前提下来肯定政治上层建筑对社会意识的决定作用的。如果把政治上层建筑归属于社会意识，在理论上则可能导致唯心主义，在实践上也是十分有害的。坚持政治上层建筑属于社会存在的观点对于进一步认清社会历史的发展规律，深刻地揭示社会意识的根源，把人类社会的发展视为一个自然历史过程，对于指导无产阶级夺取和巩固国家政权都有着十分重要的意义。

[原文发表于《信阳师范学院学报（哲学社会科学版）》，1985 年第 1 期]

地理环境不是社会存在吗?

——与焦凤贵同志商榷

对社会存在范畴的理解,目前我国学术界是极不一致的。焦凤贵同志在《河北师大学学报(哲学社会科学版)》1984 年第 1 期上所著《试论社会存在》一文,认为社会存在仅仅指生产力和生产关系,不包括其他因素。因此,地理环境和人口不能归属于社会存在。如果把它们归属于社会存在,那么就会使历史唯物主义一元论变为三元论。把地理环境归属于社会存在,必然要混淆人类社会和自然界的差别,会把"地理环境"说成是人造的,从而导致唯心论;在社会生产之外提出地理环境对社会发展的作用,实质上是一种外因论等。这些观点,笔者不敢苟同。仅就"地理环境"是否属于社会存在提出如下的商榷意见,以就教于同行。

笔者认为,"地理环境是指社会周围的自然条件,包括土壤、气候、山脉、河流、海洋、矿藏、动植物以及其他自然资源等,也就是构成人们生活和活动基础的那部分自然"[①]。如此给地理环境下定义,学术界基本上是没有什么异议的。但是,当我们这样说的时候,我们首先要明确历史唯物主义中的"地理环境"是社会的地理环境,指的是人们能够利用的、对社会生产有直接影响的自然条件,不包括那些未被人们认识、未被人们利用、对社会生产没有影响的那部分自然界。只有在对概念的认识上统一起来,争论才会有结果。

在明确了历史唯物主义的"地理环境"概念之后,我认为,地理环境应该包含在"社会物质生活条件"之中。焦凤贵同志持相反的观点,他认为"在马克思主义经典著作中,'社会生活物质条件'仅仅指经济关系,不包括其他因素"。焦凤贵同志为了证明自己观点的正确性,引用了经典作家们的话。是的,马克思、恩格斯在《共产党宣言》中

---

① 韩树英. 马克思主义哲学纲要 [M]. 北京:人民出版社,1983:286.

是说过"物质生活条件即经济关系"，但是在经济关系中是包括地理环境的。焦凤贵同志文章论述的好像是生产力之外的"地理环境"，不属于社会存在。我认为，把地理环境分为生产力之内的和之外的，是不恰当的。因为实际上是很难把它们区别开来的。焦凤贵同志这种分法的依据是恩格斯的一段话："我们视为社会历史的决定性基础的经济关系是指一定社会的人们用以生产生活资料和彼此交换产品（在有分工的条件下）的方式说的。……包括在经济关系中的还有这些关系赖以发展的地理基础。"① 之后，焦凤贵同志作了引申："不包括在'经济关系中'的地理环境，对社会发展不产生直接影响，不应当属于社会存在。"焦凤贵同志的引申和结论是直接违背他所引用的恩格斯的观点的。在恩格斯的这段话里，"包括在经济关系中的还有这些关系赖以发展的地理基础"一句，可缩写为"包括在经济关系中的还有地理基础"，这就十分明确地告诉了我们"地理基础"是包括在经济关系之中的，根本不存在什么经济关系之外的地理基础。斯大林也曾明确指出："社会物质生活条件这一概念无疑包括社会所处的自然环境，即地理环境。"② 地理环境属于社会物质生活条件，属于经济关系。因此，把它归属于社会存在是完全应该的。

坚持地理环境属于社会存在，会不会把历史唯物主义的一元论变为多元论呢？焦凤贵同志认为，把"所谓'地理环境'和'人口'包括在社会存在之中，把社会意识说成由生产、'地理环境'和'人口'三项决定的，社会发展的根本动力不是一个，是三个。其中虽然有主要和次要之分别，但是终究在生产力和生产关系之外另加了两个因素，使历史唯物主义一元论变成了三元论"。我认为焦凤贵同志的这种理解是形而上学的。决定与被决定的关系有多种层次，在不同的程度上，在不同的范围内，决定与被决定的因素就可以是不同的方面。如相对于整个社会来说，可以认为生产方式是其决定性因素。但相对于生产关系来说，生产力又是其决定性因素。生产方式中包含着生产力和生产关系，我们都承认生产方式是社会发展的决定力量，但能因此说这是二元论吗？对于社会意识来说，包括地理环境的社会存在就是其决定性因素，这并不是什么多元论，而是坚持了历史唯物主义的一元论。如果像焦凤贵同志

---

① 中共中央马克思恩格斯列宁斯大林著作编译局. 马克思恩格斯选集：第四卷［M］.北京：人民出版社，1972：505.

② 斯大林. 斯大林选集：下卷［M］. 中共中央马克思恩格斯列宁斯大林著作编译局，译. 北京：人民出版社，1979：440.

那样去理解"一元论",就永远也不会有"一元论"。

焦凤贵同志认为,把"地理环境包括在社会存在之中,必然混淆人类社会和自然界的差别"。"人类的社会存在也必然是由人造成的。把生产力之外的所谓'地理环境'包括在社会存在之中,也就把它说成由人造成的,是地道唯心论。"问题真的这么严重吗?尽管焦凤贵同志也同意我们给地理环境下的定义,但他的理解却是不正确的。在他看来,"地理环境"包括了地球上的一切,也就是整个自然界,甚至还包括其他天体。这种看法忽视了我们定义里的"自然条件"四个字。我们说的"地理环境"指的是社会周围的"自然条件"。"自然条件"和"自然界"是两个不同的概念。自然界包括两大类,一类就是自然条件,另一类是与人类生活无直接关系的自然(如天体、地核等)。显然我们说的地理环境不包括后一类。这并没有把整个地球都看作是社会存在。虽然普列汉诺夫说过:"历史唯物主义根本原理的内容是历史是由人造成的"①,但是,一定要正确理解是怎样由人造成的,它并不是在没有任何自然基础的情况下被凭空制造出来的。社会存在是人"制造的",是说自然存在有人的意识的参与才成为社会存在的。在这个意义上,可以说"地理环境"也是"由人造成的"。这并不是"地道唯心论"。我们承认的只是成为社会存在的地理环境是人造的,即有人的意识参与才能成为社会存在,并没有说在它成为社会存在之前也是由人造的。再则,在自然界的两大类中,自然条件在宇宙中仅仅是沧海之一粟,而另一类即天体、地核等却布满广阔的宇宙。因此,不能认为在土壤、气候、河流、山脉、海洋、矿藏、动植物以及其他自然资源之外就没有独立的自然界存在了。

焦凤贵同志还认为,把地理环境归属于社会存在,很难同旧唯物主义者的历史观划清界限。诚然,旧唯物主义者总是在生产力之外寻找社会发展的决定力量,寻找地理环境对社会发展的决定作用。对于这种做法,马克思主义经典作家们给予了彻底的批判。但是,他们批判的是地理环境决定论者把地理环境看作是历史发展的决定力量,并对指出地理环境作用的观点给予了肯定,指出地理环境对社会发展的作用,并不是什么外因论。焦凤贵同志认为:"从动物进化到人类的过程中,'自然地理环境'的变化起了决定性的作用。……这是人类的史前时期。人类

① 普列汉诺夫. 普列汉诺夫哲学著作选集:第三卷 [M]. 曹葆华,译. 北京:生活·读书·新知三联书店,1962:192.

脱离这个阶段后才有自己的社会历史。此后'自然地理环境'对人类的作用是制约肉体组织的发展。……但是不再制约社会发展。"事实绝非如此。生产力越是向前发展，人类利用自然条件的深度和广度越是不断扩大，地理环境对社会的影响至少有四个方面。第一，它是社会生产不可缺少的条件，没有生产场所就无法生产；没有自然界供给的劳动对象，生产也无法进行。第二，它对劳动生产率和产品质量有很大的影响。较优越的地理位置和丰富的、高质量的矿产资源，会极大地提高劳动生产率和产品质量，从而提高人民的生活水平。第三，它对生产力的分布有很大的影响。交通发达、资源丰富的地方更有可能成为经济文化的中心。第四，它还通过上层建筑对经济产生间接的影响。一个国家必须根据自己的自然条件的特点制定相应的经济政策，发展相应的经济。马克思曾经十分明确地指出："撇开社会生产的不同发展程度不说，劳动生产率是同自然条件相联系的。这些自然条件都可以归结为人本身的自然（如人种等等）和人的周围的自然。外界自然条件在经济上可以分为两大类：生活资料的自然富源，例如土壤的肥力，渔产丰富的水等等；劳动资料的自然富源，如奔腾的瀑布、可以航行的河流、森林、金属、煤炭等等。在文化初期，第一类自然富源具有决定性的意义；在较高的发展阶段，第二类自然富源具有决定性的意义。"① 其中，马克思不仅指出了自然条件所包含的内容，而且指出了不同的自然条件在不同的历史发展阶段的不同意义。斯大林也曾指出："……地理环境是社会物质生活必要的和经常的条件之一，它当然影响到社会发展——加速或者延缓社会发展进程。"② 由此可见，不论是从理论上还是从实践上都可以证明地理环境对社会的发展起着一定的作用。

但是，焦凤贵同志又认为："如果把它说成制约社会发展的因素，就会提出'地理环境'和生产力的关系。是二者并行还是前者决定后者？第一种回答是二元论，第二种回答是外因论。"在焦凤贵同志看来，不论什么关系，总要找出决定者与被决定者。生产力和地理环境的关系，在地理学中也就是人地关系问题。对这个问题的回答有一个历史的发展过程，有各种不同的回答。从神怪论到意志论、地理宿命论、决定论、交互作用论（相关论）再到或然论。当然这些回答是可以归结为

① 马克思，恩格斯. 马克思恩格斯全集：第二十三卷［M］. 中共中央马克思恩格斯列宁斯大林著作编译局，译. 北京：人民出版社，1972：560.

② 斯大林. 斯大林选集：下卷［M］. 中共中央马克思恩格斯列宁斯大林著作编译局，译. 北京：人民出版社，1979：440.

焦凤贵同志所列举的两种答案的。但是在焦凤贵同志所列举的人地关系的两种答案这个选言判断中，选言肢是不穷尽的。形式逻辑告诉我们：如果一个选言判断的选言肢是不穷尽的，即没有包括事物的各种可能情况，并且该选言判断所遗漏的可能情况恰好是唯一的真实情况，那么，这个选言判断就是假的。焦凤贵同志的判断是遗漏了哪一种情况呢？即马克思主义对人地关系正确解决的"人定胜天"论。生产力越发展，人们就越能够充分地利用自然条件，驾驭自然条件，为人类造福。

还有一点应该指出：我们说地理环境不起决定性作用，这是针对整个社会形态的发展是与生产方式、上层建筑相对而言的。但绝不能无限制地扩大说地理环境在任何场合、任何情况下都不起决定作用。在一定的生产方式之下，对具体的生产力布局问题就不能任意地搬用这个结论。对于生产力的布局，地理环境往往是起着决定性作用的。

[原文发表于《河北师范大学学报（哲学社会科学版）》，1985 年第 4 期]

试论丰富和发展马克思主义哲学

——从黑格尔对"质"和"量"的分析谈起

黑格尔在逻辑学的"存在论"部分对"质"和"量"进行了深入的分析，这是哲学史上对质和量所做的第一次系统的考察，其中包含着许多精辟的思想。这些思想不仅为马克思、恩格斯在创立辩证唯物主义时所继承和吸收，而且在今天对于我们丰富和发展马克思主义哲学提供了十分有益的启示。

黑格尔按照他的三段论原则，把"质"区分为三个层次，即"纯有"（"纯存在"）、"限有"（"定在"）和"自为之有"（"自为存在"）。纯有是整个逻辑学的开端。作为开端的东西，是不能够用其他的东西来说明的，"不能是任何间接性的东西，也不能是得到了进一步规定的东西"①。纯有是撇开事物的一切特性仅仅提出它的存在，纯有"最抽象也最空疏"，"这种'有'是不可感觉，不可直观，不可表象的"。② 而限有是具有一定规定性的存在，是具有一定性质的存在。黑格尔指出："定在或限有是具有一种规定性的存在，而这种规定性，作为直接的或存在着的规定性就是质。"③ 他还指出，规定性在一定的意义上也就是否定，说某物之为某物，就是意味着它不是别物。所以，规定性也就是一种限度、界限。可见，凡定在即特定的存在，也就是内在地包含着"非彼"的内容。自为之有呢？自为之有是否定之否定，是对纯有和限有的扬弃。它扬弃了定在，扬弃了质，质使得定在是此而非彼，自为存在则扬弃了此与彼的外在关系，使彼成为此的内在的有机内容。因此，黑格尔说："自为存在是完成了的质，既是完成了的质，故包含存在和定在于自身内，为其被扬弃了的理想的环节。"④

---

① 黑格尔．小逻辑［M］．贺麟，译．北京：商务印书馆，1980：189．
② 黑格尔．小逻辑［M］．贺麟，译．北京：商务印书馆，1980：190．
③ 黑格尔．小逻辑［M］．贺麟，译．北京：商务印书馆，1980：202．
④ 黑格尔．小逻辑［M］．贺麟，译．北京：商务印书馆，1980：211．

从上面黑格尔对质的论述中可以清楚地看出，质的三个层次也就是质自身发展的三个阶段，这三个阶段都是质的不同发展阶段的表现。这种分析方法，符合人类认识的规律，既贯彻了从抽象上升到具体的原则，又贯彻了逻辑和历史相一致的原则。

再看黑格尔对量的分析。黑格尔把量也分为三个层次：纯量、定量和程度。所谓"纯量"，是指没有规定性的、笼统的量，即不用具体数字表现的量，如时空、无限大、无限小等。定量与纯量不同，它是具有一定规定性的量。黑格尔指出："量本质上具有排他的规定性，具有这种排他性的量就是定量，或有一定限度的量。"① 也就是说，定量是有区别性的具体的量，是此量就不是他量。所谓"程度"，是指数之间的关系，它已经初步具有了质和量的统一。黑格尔说："量的无穷进展最初似乎是数之不断地超出其自身。但细究起来，量都被表明在这一进展的过程里返回到它自己本身。因为从思想看来，量的无穷进展所包含的意义一般只是以数规定数的过程，而这种以数规定数的过程便得出量的比例。"② 量的比例，就是纯量和定量之统一的程度。总之，黑格尔对量的三个层次的考察，实际上也就是论述了量本身的发展阶段。

不仅如此，黑格尔在对量的分析过程中还从不同角度把量分为"连续的量"和"分离的量"、"外延的量"和"内涵的量"，深刻地阐发了这些量各自的含义及其相互关系，从而进一步揭示了量自身的辩证法，也为"量"到"度"的过渡作了准备。

综上所述，尽管黑格尔对质和量的分析蒙着一层唯心主义的阴影，在许多地方显得十分晦涩甚至牵强附会，但是，我们不能不承认黑格尔的分析又是十分精辟、透彻和详尽的，自始至终坚持了辩证法的观点。他不仅对质和量的一般规定作了分析，而且对质和量的特殊性也作了分类研究，在揭示质和量的内涵的基础上，对其发展阶段及外延作了一定程度的概括，说明了人类认识事物的质和量都经历了一个由浅入深、由简单到复杂、由抽象到具体的过程。这样就大大丰富了人们对质和量的认识。

黑格尔对质和量的这种分析方法，被马克思主义经典作家们批判地继承了下来。

马克思在《资本论》中所使用的质量分析法就是一个光辉的范例。

---

① 黑格尔. 小逻辑 [M]. 贺麟，译. 北京：商务印书馆，1980：222 – 223.

② 黑格尔. 小逻辑 [M]. 贺麟，译. 北京：商务印书馆，1980：232.

马克思曾多次谈到必须明确区分物的自然的（天然的）质和超自然的（社会的）质，如马克思在分析等价物时曾写道："在塔糖的重量表现中，铁代表两个物体共有的自然属性，即它们的重，而在麻布的价值表现中，上衣代表两种物的超自然属性，即它们的价值，某种纯粹社会的东西。"① 马克思第一次发现了物的社会的质，发现了物的质的这种二重性，并为这一发现感到自豪："商品中包含的劳动的这种二重性，是首先由我批判地证明了的。这一点是理解政治经济学的枢纽。"② 进而马克思又把社会的质本身分为两类："第一类"社会的质，即人们通过自己的劳动使各种自然物质发生变化，自然物质由此变为有用之物；"第二类"社会的质，即表现为社会整体的质。就商品而言，"第一类"社会的质为使用价值，"第二类"社会的质为交换价值。关于二者的关系，马克思写道："不论财富的社会形式如何，使用价值总是构成财富的物质内容。在我们所要考察的社会形式中，使用价值同时又是交换价值的物质承担者。"③ 在资本主义社会，商品生产是建立在价值规律和剩余价值生产规律的作用之上的，因而，价值是商品的最高的社会的质。

由此可见，正是由于马克思对物的具体的质作了详尽的分析才使我们获得了对商品概念的深刻认识。

马克思在《资本论》中使用的质量分析法给予我们的启示并不仅仅在这里，更在于马克思从质的两个方面来考察同一对象，即从质的本性的角度和从质的特殊性的角度来考察。换句话说，也就是马克思不仅考察了质的一般性、普遍性，而且深入地考察了质的特殊性。从质的本性即质的一般规定性揭示该现象职能方面或结构方面的一般的质，是就该现象本身而论。从质的特殊性揭示该现象的具体历史的形态变化，是把现象作为系统的一个要素或组成部分，作为系统方面的形象来考察的。

在《资本论》中，马克思多次指出，把这两种质的规定性分开来考察是很重要的。如此，我们在确定现象的本性，现象的具体的历史的实际内容时就不致陷入混乱。资产阶级古典政治经济学家所犯错误的根

---

① 马克思，恩格斯. 马克思恩格斯全集：第二十三卷 [M]. 中共中央马克思恩格斯列宁斯大林著作编译局，译. 北京：人民出版社，1972：72.

② 马克思，恩格斯. 马克思恩格斯全集：第二十三卷 [M]. 中共中央马克思恩格斯列宁斯大林著作编译局，译. 北京：人民出版社，1972：55.

③ 马克思，恩格斯. 马克思恩格斯全集：第二十三卷 [M]. 中共中央马克思恩格斯列宁斯大林著作编译局，译. 北京：人民出版社，1972：48.

源，就在于混淆了现象的一般的质和特殊的质，把复杂的质归结为简单的质，忽视或否定多质性，否认具体的历史的系统方面的质。研究现象的普遍的（抽象的）质或"质的本性"，在马克思那里仅仅是科学认识的一个要素，仅仅是完满的真正的知的前提，而不是全部的科学认识，不是完满的真正的知。马克思在批判庸俗资产阶级政治学家只研究资本主义生产过程的一些普通的质时曾指出："商品生产和商品流通是极不相同的生产方式都具有的现象，尽管它们在范围和作用方面各不相同。因此，只知道这些生产方式所共有的抽象的商品流通的范畴，还是根本不能了解这些生产方式的不同特征，也不能对这些生产方式做出判断。任何一门科学都不像政治经济学那样，流行着拿浅显的普通道理来大肆吹嘘的风气。"① 因此获得对生产方式的深刻认识，就不仅要把握生产方式的抽象的、一般的质，还要进一步把握生产方式的特殊的质。其实早在《黑格尔法哲学批判》中马克思已经表明了这种思想，他说："对现代国家制度的真正哲学的批判，不仅要揭露这种制度中实际存在的矛盾，而且要解释这些矛盾；真正哲学的批判要理解这些矛盾的根源和必然性，从它们的特殊意义上来把握它们。但是，这种理解不在于像黑格尔所想象的那样到处寻找逻辑概念的规定，而在于把握特殊对象的特殊逻辑。"② 所以，从这种意义上说，特殊的、具体的东西表现为最有内容的、最富有规定性的知识，是最符合现实的实际形式的知识。

马克思对"量"的分析在《资本论》中也十分突出，正如对"质"的分析一样，马克思既分析了一般的量、普通的量，也分析了特殊的量，如"外延的量"和"内涵的量"等。

综上所述，对任何现象都可以从质和量的统一方面去分析，其中，要分清一般的质和特殊的质，不能用对一般的质的分析去代替对特殊的质的分析。这是马克思《资本论》中带有一般方法论的问题，在《资本论》中，马克思对每一个范畴的分析都使用了这种方法。这种方法正是对黑格尔的质量分析法的继承和改造。在《资本论》第二版的跋中马克思公正地指出："辩证法在黑格尔手中神秘化了，但这决不妨碍他第一个全面地有意识地叙述了辩证法的一般运动形式。在他那里，辩证

---

① 马克思，恩格斯．马克思恩格斯全集：第二十三卷［M］．中共中央马克思恩格斯列宁斯大林著作编译局，译．北京：人民出版社，1972：133.

② 马克思，恩格斯．马克思恩格斯全集：第一卷［M］．中共中央马克思恩格斯列宁斯大林著作编译局，译．北京：人民出版社，1956：359.

法是倒立着的。必须把它倒过来，以便发现神秘外壳中的合理内核。"①这个"合理内核"就包括了对"质"和"量"所做的深入分析的合理方面。

如果说马克思的这一思想方法在《资本论》中是对政治经济学的具体概念进行具体分析时体现出来的话，那么，其他经典作家们则进一步把这种方法应用于对哲学概念的分析研究上。恩格斯在《自然辩证法》中不仅揭示了"运动"的一般意义，而且研究了"运动"的基本形式，把"运动"分为机械运动、物理运动、化学运动、生命运动和社会运动五种形式，深化和丰富了人们对"运动"的认识。毛泽东同志在《矛盾论》中，在分析了矛盾一般含义的基础上，把矛盾分为主要矛盾和次要矛盾、对抗性矛盾和非对抗性矛盾等，丰富了人们对矛盾的认识，从而为在现实中正确地认识矛盾和解决矛盾提供了理论指导。毛泽东还在《实践论》中把"实践"分为生产斗争、阶级斗争和科学实验三种基本形式，这对具体实践活动的指导作用更是显而易见的。

然而，遗憾的是，被马克思主义经典作家们批判继承了的黑格尔的这一具普遍意义的方法论原则并没有在当今的哲学体系中加以彻底的贯彻，我国现行的哲学教科书对"质"和"量"的分析比起黑格尔这个唯心主义者的论述来显得更加空洞和贫乏。我们除了给质和量下了一个一般性的甚至不很严谨的定义外，还作了哪些分析呢？我们对质的分析体现不出质自身的发展，对量的分析也看不出量的形式的多样性，关于"连续的量""分离的量""内涵的量""外延的量"，现行的哲学原理教科书很少提及。按照现行的哲学教科书的论述，我们对质和量的认识只能停留在十分肤浅和空泛的水平上。事实上，对其他概念和范畴的分析也大抵如此。

列宁在《哲学笔记》中指出，"哲学应当证明和推论一切，而不应当局限于下定义"②。我们的哲学教科书却仅仅满足于给哲学范畴下一个普遍性的界说。诚然，马克思主义哲学是关于自然界、人类社会和思维发展的一般规律的科学，它的一系列概念和范畴都具有普通的意义。但是，唯物辩证法所讲的普遍性并不是脱离了特殊性的抽象的普遍性，而是包含着特殊性的普遍性，所讲的共性是在自身中包含着个别的丰富

---

① 马克思，恩格斯．马克思恩格斯全集：第二十三卷［M］．中共中央马克思恩格斯列宁斯大林著作编译局，译．北京：人民出版社，1972：24.

② 列宁．列宁全集：第三十八卷［M］．中共中央马克思恩格斯列宁斯大林著作编译局，译．北京：人民出版社，1959：255.

内容的。列宁在其《哲学笔记》中曾经转引黑格尔的论述来说明这个问题："不只是抽象的普遍，而且是自身体现着特殊的、个体的、个别的东西的丰富性的这种普遍。"而要使具有普遍意义的哲学范畴包含丰富的特殊内容，就必须进行具体的、特殊的研究。只给哲学范畴下一个空洞的定义，几乎等于什么也没有说。事实上，将哲学范畴所反映的对象的普遍性和特殊性割裂看待，只满足于研究其一般规定性，不去进一步考察各个侧面的复杂性、多样性，具体的特殊性被抛在一边，而抽象的普遍性却恶性膨胀，这正是我国现行哲学教科书内容贫乏、空洞，也是我们的哲学理论跟不上时代发展的一个重要原因。

认识世界是为了指导实践、改造世界，马克思主义哲学是指导我们革命实践的理论武器。但是，仅对哲学范畴所反映的对象作抽象的、普遍性的研究能否达到指导实践的目的呢？答案是否定的。对某一事物的概念仅仅局限于定义上，而不能够研究其特殊性，揭示其外延，那么，我们的认识只能是笼统而模糊的，这就谈不上对实践进行指导。再则，特殊是普遍与个别的中间环节，对范畴只是作了普遍性的研究而不对其特殊性进行研究，这样普遍性就不能够和具体实践这种个别性联系起来，普遍性对个别性的指导作用也就无从体现。可见，只有把普遍性和特殊性结合起来研究，才能真正发挥哲学理论对实践的指导作用，从而也会使"哲学无用论"者闭口无言。

党的十三大报告中指出："世界在发生巨大变化，人类文明在突飞猛进，工人阶级和劳动人民的事业展现了新的前景。这一切都要求马克思主义者开拓新视野，发展新观念，进入新境界。……中国正在进行现代化建设和改革的伟大事业。如此丰富生动的实践，为我们进行创造性的理论概括提供了取之不竭的源泉。"我们哲学理论工作者对于丰富和发展马克思主义哲学负有义不容辞的责任，应该在马克思主义基本原理的指导下，对新的实践进行新的理论概括。这不仅对于克服目前哲学体系本身的弊端，而且对于指导当前改革的具体实践，对于建设有中国特色的社会主义，都具有不可低估的重要意义。这就要求我们的哲学工作不能仅仅停留在对一般性、普遍性的分析上，应当像黑格尔对"质"和"量"所做的分析那样，像马克思主义经典作家们对质量分析法的具体运用那样，注重对哲学范畴反映的对象进行分类研究，并把这种特殊性的研究和普遍性的研究有机结合起来，从而指导当前的改革实践，丰富和发展马克思主义哲学，把马克思主义哲学向前推进。

综上所述，要克服我们哲学的弊端，就应该像黑格尔对"质"和

"量"所做的分析那样重视和加强对特殊性的研究。那么，具体如何去做呢？由于哲学范畴是最高的抽象，具有最大的概括性和普遍性，要详尽地研究各个范畴所反映的每一个别的对象，每一具体的形式是不可能的，也是不必要的。但对每一范畴所反映的对象，根据不同的特点进行归纳分类则是可能的。这样就可以深化我们对范畴的认识，摆脱"抽象的普遍"而达到丰富的具体，就可有效地防止把含义广泛、内容丰富的哲学范畴归结为某一种形式，并避免流于荒谬，从而更好地去指导实践。

其实，这一问题已引起理论界部分同志的注意，他们对此进行了有益的探索，取得了一些初步的成果，例如：

（1）将"自然"分为天然自然、人化自然、人造自然、人工智能四类。

（2）将物质分为实物和场两种基本形式。

（3）将解决矛盾的形式分为四种：①矛盾一方克服另一方；②矛盾双方经过斗争同归于尽，为新的矛盾所代替；③矛盾双方斗争的结果是产生了适合于矛盾双方在其中运动的适当形式；④对立面向它的对方发展，达到对立面的融合。（有的同志还作了别的划分，此不赘述）

（4）将质变分为结构质变和功能质变。

（5）将生产力分为物质生产力和精神生产力。

……

所有这些，都从不同的方面深化了我们的认识，丰富和发展了马克思主义哲学。但这方面的工作做得还很不够，已经被研究的范畴，还有待进一步完善和系统化（同一个范畴可以依据不同的标准，进行多种分类）。更为重要的是，很多范畴还未进行这方面的研究，还停留在抽象的定义上，如上面提到的"质"和"量"的范畴等。因此，我们应当将这方面的工作更深入、更扎实地进行下去。倘若，我们对每一个概念和范畴都进行了这样的分类研究，不仅透彻地了解其本质属性而且真正地把握了它的质的多样性，那么我们哲学的内容必定会丰富得多、具体得多，从而真正成为我们"时代精神的精华"。

[该文与孙宏典合著，原文发表于《信阳师范学院学报（哲学社会科学版）》，1988 年第 2 期]

注意对哲学范畴所反映的对象进行分类研究

我们认为，结合现代科学成果，在确切把握哲学范畴含义的基础上，对其所反映的对象进行分类研究，也是哲学改革的一个重要途径。

马克思主义哲学是关于自然界、人类社会和思维发展的一般规律的科学，它的一系列概念和范畴都具有普遍的意义。但是，唯物辩证法所讲的普遍性并不是脱离特殊性的抽象的普遍性，而是包含着丰富的特殊性的普遍性，即列宁在《哲学笔记》中所说："不只是抽象的普遍，而且是自身体现着特殊的、个体的、个别的东西的丰富性的这种普遍。"唯物辩证法之所以不同于唯心主义辩证法，就在于它不仅从普遍性来把握自然界、人类社会和思维，而且从特殊性上来把握它们。可以说，过分注意普遍性而没有充分注意特殊性的研究是我们的哲学贫乏的一个极为重要的原因。

那么怎样去研究特殊性呢？由于哲学范畴是高度的抽象，具有最大的概括性和普遍性，要详尽地研究各个范畴所反映的每一个别的对象、每一具体的形式是不可能的，也是不必要的。但对每一对范畴所反映的对象根据不同的特点进行归纳分类则是可能的，这样就可以深化我们对范畴的认识，摆脱"抽象的普遍"而达到丰富的具体，就可以有效地防止把含义广泛、内容丰富的哲学范畴归结为某一种形式而流于荒谬。经典作家曾经根据当时实践的需要作过这样的研究，例如，恩格斯曾把"运动"区分为机械运动、物理运动、化学运动、生物运动和社会运动五种基本形式；毛泽东同志在《矛盾论》中曾把"矛盾"分为主要矛盾和次要矛盾、对抗性矛盾和非对抗性矛盾等，在《实践论》中把"实践"分为生产斗争、阶级斗争和科学实验三种基本形式。遗憾的是，多年来，我们的哲学教科书只限于重复导师们的研究成果，对于其余大量的范畴则很少进行这样的分类研究。

近年来，一些同志已经开始注意到了这一点，并且在这方面进行了有益的探索，例如：

（1）将"自然"分为天然自然、人化自然、人造自然、人工智能四类。

（2）将物质分为实物和场两种基本形式。

（3）将解决矛盾的形式分为四种：①矛盾一方克服另一方；②矛盾双方经过斗争同归于尽，为新的矛盾所代替；③矛盾双方斗争的结果是产生了适合于矛盾双方在其中运动的适当形式；④对立面向它的对方发展，达到对立面的融合。（有的同志还作了别的划分，此不赘述）

（4）将质变分为结构质变和功能质变。

……

所有这些，都从不同的方面深化了我们的认识，丰富和发展了马克思主义哲学。但是，这方面的工作做得还很不够，很多范畴还未涉及。如"量"，现代科学越来越重视量的研究，可是我们对量，除了说它是"表示事物存在和发展的规模、程度、速度等的规定性"以外，还有什么呢？再如"质""度""否定"等都是如此。因此，我们应当将这一工作更深入、更扎实地进行下去。倘若我们对每一概念和范畴都进行这样的分类研究，我们的哲学内容必定会丰富得多，具体得多，也必定会使我们的哲学真正地成为我们"时代精神的精华"。

（该文与孙宏典合著，原文发表于《国内哲学动态》，1986 年第 5 期）

《太阳城》的教育思想

《太阳城》①一书是 16 世纪末意大利著名的思想家和爱国者、空想社会主义的奠基人托马佐·康帕内拉（Tommaso Campanella，1568—1639）于 1601 年在狱中写成的。三百余年来，《太阳城》一书广泛流传，拥有众多的读者和景仰者。康帕内拉在《太阳城》中憧憬美好的未来，描绘了自己理想中的社会制度，十分明确地提出了许多共产主义原则。同时，此书也表达了他的教育思想。在教育的性质、目的、任务、制度和教学原则等方面都有许多独到之处，我们今天读之也颇受启发。本文就其教育思想和教学原则谈点粗浅的看法。

1. 尊重知识，重视教育

太阳城人生活幸福美满。不仅生产资料公有，而且生活消费品也公有。劳动时间短，每天只工作四小时，其余时间进行娱乐和学习。劳动时间虽短，但农作物长得好、产量高，因为他们借助"巧妙机械"进行耕作。太阳城人能够预防和治疗各种疾病，其海运船舶"完全靠一种非常精巧的机器行驶"，太阳城人甚至想到了"发明航空术"等。所有这些都离不开科学知识，离不开教育。

太阳城人对有知识、懂技术的人极为敬重，因为精通技艺的人能够比一般人创造出更多的财富，做出更大的贡献。"凡是精通技艺和手艺的人，凡是能很熟练地应用它们的人就会最受人重视和尊敬。"只有尊重知识、尊重有技艺的人，才能发挥劳动者的积极性和主动性。太阳城人对轻视知识、鄙视有技艺的人的现象感到不解并加以谴责，他们嘲笑那些"鄙视工匠，反而尊崇那些不懂任何手艺、游手好闲、役使大批奴仆过寄生和腐化生活的人"。他们认为："这样的社会就好像一所培养罪恶的学校，培养出那样多的懒汉和恶棍，以致使国家濒于灭亡。"这不仅是对太阳城人尊重知识的描写，也是对当时社会的谴责和鞭挞。康

---

① 本文《太阳城》中的文本引自托马佐·康帕内拉. 太阳城［M］. 陈大维，黎思复，黎廷弼，译. 北京：商务印书馆，1980.

帕内拉所处的时代正是宣传人文主义文艺复兴的时代，中世纪的黑暗统治使科学变成了神学的婢女，轻视知识，违反科学的现象比比皆是。康帕内拉高举尊重科学、尊重知识的旗帜，提出了如不尊重知识、尊重有技艺的人，将会使"国家濒临灭亡"的警告。

太阳城人对知识的尊重还表现在对该城统治者的要求方面。在太阳城，有四个统治者，即"太阳""威力""智慧"和"爱"。"太阳"是最高的统治者，掌管着最主要的权力，因此，他应该具备更加丰富的知识。太阳城人要求获得"太阳"称号的人，"一定要熟悉各民族的历史，他们的一切风俗、宗教礼仪和法律，要熟悉各个共和国和君主国的情况，以及立法者、科学和手工业的发明家，也要了解天体的结构和历史。为此，他也必须了解各种手工业（只需两天的时间就能了解其中的一种，虽然实际上不能精通它，但可以懂得如何应用和说明它）。同时，也应该懂得物理学、数学和占星学"。可见，统治者"太阳"应该是了解各门科学、各项技术的人。因为"太阳"是领导者、指挥者，而不是实际从事科学研究和进行工作的人，所以不需要他去精通每一门科学、每一项技术，只需要有一个大致的了解，懂得如何应用它就行了。"太阳"作为统治全局、掌握全权的人"主要的是要懂得形而上学、神学、各种艺术和科学的起源、原理和论证，万物的异同关系、世界的必然性、命运和和谐、万物和神的威力、智慧和爱、存在物的等级，它同天上、地面上和海中的东西以及神所理想的（凡人也能了解的）东西的类似关系"。这说明，"太阳"主要应该懂得的是抽象的、神秘的、关系重大的、凡人无法把握的东西，也只有掌握了这些，才能够起到运筹帷幄、通观全局的领导作用。太阳城人对"太阳"手下的三位统治者也都有具体要求，他们"必须比其他任何人更精通各种东西。例如'威力'就必须精通骑术，建军，安营，各种武器和军械的制造。必须精通军事诈术以及一般的军事学。而且，这些统治者还必须是哲学家、历史学家、政治家和物理学家"。由此可见，主管某项事业的统治者必须是本部门的内行，在学识和技艺上要高出本部门的人。只有如此，才能领导好本部门的工作。

尊重知识就必须重视教育。太阳城人非常重视对青年的教育，他们"对于生育和教育子女是密切注意的"。由于实行了完全的公有制，因此能够在全社会普及义务教育。任何人，无论是男是女都必须接受教育，进行科学研究是每个人的权利。他们的教育目的是培养出有知识、有技艺的劳动者。教育由国家兴办，教育设施由国家设立。由于每天的劳动时间只有四个小时，所以人们可以有充裕的时间来从事科学研究。残疾人也必须接受教育，因为在太阳城没有游手好闲者，人人都参加劳动，残疾人也干力所能及的工作。要干好工作就必须接受教育，学习各种知识。人人既是体力劳动者，又是脑力劳动者。人类所积累的知识在这里已不再是剥削别人的手段和工具，而是人人的应得之物。正如列宁所指出的："过去，全部人类的智慧，全部人类的天才创造，只是让一部分人独掌技术和文化的一切成果，而让另一部分人连切身需要的东西——教育和发展也被剥夺了。然而现在一切技术奇迹、一切文化成果都成为全国人民的财产，而且从今以后，人类的智慧和天才永远不会变成暴力手段，变成剥削手段。"①

2. 教育同生产劳动相结合

列宁在《民粹主义空想计划的典型》一文中指出："没有年轻一代的教育和生产劳动的结合，未来社会的理想是不能想象的。无论是脱离生产劳动的教学和教育，或是没有同时进行教学和教育的生产劳动，都不能达到现代技术水平和科学知识现状所要求的高度。这个思想还是伟大的老空想家们提出来的。"② 教育和生产劳动相结合的思想在社会主义思想史上最早由莫尔在《乌托邦》一书中提出。康帕内拉在《太阳城》中继承并发扬了教育和生产劳动相结合的思想，使这一思想更加完备和具体，在他设计的整个教育过程中处处体现着这一思想。

从太阳城的教育目的来看：在太阳城，每一个人都有权利也必须接受教育。因为，在太阳城里，人人都参加劳动，没有无所事事的人，要参加劳动就必须学习各种技艺，而只要学到了知识，就可以在生产实践中加以运用。可见，太阳城的教育目的是为了培养有知识、懂技艺的劳动者，从而为社会做出更大的贡献。

从太阳城的教学过程来看，孩子们在七岁时，就被"送到一些作坊去学着当鞋匠、面包师、铁匠、木匠和画师"，这说明太阳城人已经注意在孩子们的童年时期就使他们养成劳动的习惯，并在劳动中教给他们必要的知识，这不仅是十分必要的，而且是切实可行的。关于这一点，科学社会主义的创始人马克思把它提到了十分重要的地位。马克思在《哥达纲领批判》中指出："生产劳动和教育的早期结合是改造现代社

---

① 列宁. 列宁全集：第二十六卷［M］. 中共中央马克思恩格斯列宁斯大林著作编译局，译. 北京：人民出版社，1959：451.

② 上海师范大学教育系. 列宁论教育［M］. 上海：人民教育出版社，1979：18.

会的强有力的手段之一。"① 在《临时中央委员会就若干问题给代表的指示》中，又指出："现代工业吸引男女儿童和少年参加伟大的社会生产事业，是一种进步的、健康的和合乎规律的趋势，虽然在资本主义制度下它是畸形的。在合理的社会制度下，每个儿童从九岁起都应当像每个有劳动能力的成人那样成为生产工作者，应当服从普遍的自然规律，这个规律就是：为了吃饭，他必须劳动，不仅用脑劳动，而且用双手劳动。"② 列宁在《俄共（布）党纲草案》中当谈到苏维埃面临的最迫切的任务时曾指出，要"把教学工作和儿童的社会生产劳动紧密结合起来"③。所有这些都充分说明了教育和生产劳动相结合是十分必要的。这种思想在《太阳城》中已经被清楚而完整地表述出来并且具体化了。

3. 德、智、体全面发展

在《太阳城》中，德、智、体全面发展的教育思想提得十分明确。

第一，关于德育。在太阳城，有着十分优良的社会风气，这不能不与良好的教育有关。太阳城人非常重视对儿童的思想品质的教育，从小就让儿童生活在集体之中，培养他们的集体主义观念。要他们热爱劳动，热爱自己的国家。因此，康帕内拉写道：太阳城人"是那样令人难以想象地热爱祖国，正如根据传说大家都知道的那样，罗马人是甘愿为祖国牺牲生命的，可是，太阳城的人民比罗马人更加热爱祖国"。为了保卫自己的国家，"太阳城人绝不怕死"，他们愿意为自己的祖国献出自己的一切。凡是在战争中立下功劳的人，都要受到"太阳"的奖励，这种奖励在太阳城人看来是一种至高无上的荣誉，这不仅激励人民更好地保卫祖国，而且使年青一代从中受到了深刻的教育。太阳城人"对于忘恩负义、仇恨、彼此不尊重、懒惰、沮丧、狂暴、小丑行为和撒谎都加以谴责"。他们还认为，"骄傲是一种最可憎的毛病，所以极端鄙视各种骄傲的行为"。太阳城人具有"宽大、勇敢、纯洁、慷慨、刑事的公正裁判，民事的公正裁判、热心、诚实、慈善、殷勤、朝气、节制"等美德。"他们是那样有礼貌，仪表优雅和亲切，就像朋友、兄弟、儿子和父母生活在一起一样。"在太阳城，人与人之间十分友好亲切，互

① 中共中央马克思恩格斯列宁斯大林著作编译局. 马克思恩格斯选集：第三卷［M］. 北京：人民出版社，1972：24.

② A. A. 阿巴库莫夫. 马克思恩格斯论教育［M］. 郑文樾，译. 上海：人民教育出版社，1985：126.

③ 中共中央马克思恩格斯列宁斯大林著作编译局. 列宁选集：第三卷［M］. 北京：人民出版社，1960：765.

相帮助。他们的友谊更"表现在战争和生病的时候以及进行科学竞赛的时候，那时他们都彼此帮助，互相启发，要不然，就表现在颂扬和提意见上，在执行义务时，也表现在必要的互助上"。当然，在这样的社会里，就"没有什么骗子、冷酷无情的人，好吹牛的人以及器量小的人"。受过良好教育的儿童们也"总是互助互爱，而使这个国家呈现一片和谐的景象"。

第二，关于智育。智育是太阳城人教学的中心内容，不论是在知识墙上通过绘画，还是在房屋周围通过游戏学到的，也不论是在劳动之余讨论的，还是专门进行研究的，都有智育的内容，这一点，下面我们在论述它的教学原则时都将提到，所以，在此就不再详述。

第三，关于体育。太阳城的人尤其注意人的体格的健壮。为了使下一代有一个强壮的身体，他们"把整个主要的注意力集中地放在生育子女的问题上"，非常注意优生，关于男女结合的许多规定，无非是想使下一代有一个健壮和优美的体格。在孩子们小的时候，教他们各种游戏和体操，特别注意增强他们的体质，男孩十二岁以前，要受角力、赛跑、掷石等训练，有些设有体育学校，他们的体育学校是古雅典式的。十二岁以后，"男孩开始学习同敌人搏斗，同马和象搏斗，学习击剑，使用标枪和矛，学习射击、掷石和骑术、训练进攻和退却"。就是妇女也不例外，妇女也在她们的男女指导员的指导下受这一切训练。并且，每天早晨都要做早操，从不间断。此外，"他们每天都在野外（受骑兵训练时）或在城里接受军事训练"，而且"每个月检阅一次部队"。公民们所进行的军事训练是由专门受过训练和学习的大力士来领导的。太阳城的四个主要领导人之一的"威力"就是专管军事的，他对军事十分在行，懂得各种军事理论和战术，"还领导负责对全体公民进行军事训练的大力士"。不仅如此，他们还"学习军事理论，阅读有关摩西、耶稣·纳文、大卫王、马卡比、凯撒、亚历山大、西庇阿和汉尼拔等人的历史。阅读之后，每个人都根据自己的理解提出意见"。这里所列举的人物都是历史上和传说中的英雄人物。阅读之后，就互相讨论、启发，从而加深理解。在外敌入侵时，他们勇敢战斗，"还携带一队武装的儿童骑兵出征，为的是使这些儿童能养成战争的习惯，养成像狮狼一样的勇猛习性，以及对敌厮杀的习惯"。太阳城人这样重视军事教育，不仅增强了公民的体质，也提高了对敌作战的能力。因此，他们在对敌作战中，总是每战必胜。

此外，康帕内拉在《太阳城》中还提出了职业教育、美育等教育思想。

4. 《太阳城》的教学原则

康帕内拉在《太阳城》中依据太阳城的社会生活情况，结合人的身心发展等，提出了许多行之有效的教学原则。其中最主要的有四条。

第一，教学符合学生年龄特点和接受能力的原则。

在太阳城，小孩在断乳后就应过集体生活，由首长对孩子进行教育。教育的内容随年龄的增长和理解能力的增强而不断变化。教育过程是一个由浅入深、由易到难、由具体到抽象的复杂过程。太阳城人根据学生的年龄特点和智力发展水平，把对学生的教育分为几个时期，每个时期都有与之相应的教育内容。

二至七岁：这一时期是儿童身心发育的一个最重要的阶段。为了开发他们的智力，促进他们的身体发育，并使之习惯于集体生活，"断乳后，小孩便按性别交给男首长或女首长抚育。于是他们就和其他儿童在一起轻松地学习字母、看图、赛跑、游戏和角力，并根据图画认识历史和各种语言"。"孩子们从两岁到三岁时就在房屋墙壁的周围游玩，并学习和读念字母，他们分为四组，由四位领导他们的有学问的老人来照管。稍大以后这些老人就教他们体操、跑步、掷铁饼和其他可以平均发展四肢的体操和游戏。"这一时期，儿童刚刚进入启蒙阶段，首先要教他们学习字母，了解语言。学习方式是由老人照管并教他们各种游戏活动，在游戏活动中学习浅显的知识。这一阶段的主要任务就是学习语言和促进身体的成长。

七至八岁：由于前一阶段的教育，孩子们的智力水平有了一定程度的提高。随着年龄的增长，他们的活动范围也越来越大，接触到的事物也越来越多，为进一步学习打下了良好的基础。所以"到了七岁就开始学习自然科学"，"同时，把他们送到一些作坊去学着当鞋匠、面包师、铁匠、木匠和画师等"。实际上，是根据儿童的兴趣进行教育，并观察一下他们各自的爱好。"到八岁时，在他们根据墙上的字画学完初等数学以后，就让他们去听各门自然科学的课。"学习这些自然科学知识，是为日后参加工作做好准备。在掌握了一些初级的自然科学知识之后，"大家开始研究比较抽象的科学：数学、医学和其他学术"，这主要是一些理论知识，在学习这些知识的同时，还需要根据首长的鉴定去学习一门手艺，然后就可直接进入生产部门。"天分比较差的儿童被送到乡下去，但其中知识比较发展的，又可以接回城市"，专门从事学术研究。人们在取得了一些必备的生产知识之后，便可以"在各个科学或手工业部门中获得职务"。

至此，一代青年直接受教育的过程便告一段落。美好的社会制度培养了他们，使他们从一无所知到掌握各门科学，掌握先进的生产技术，从而为进入生产部门、为社会做出贡献做好了充分的准备。

第二，感知与理解相结合的原则。

这一原则是太阳城最重要的一条教学原则，不仅被广泛采用，而且取得了十分显著的效果。感知与理解相结合，即生动的直观与抽象思维相结合，才能使学生认识事物的本质。生动的直观能够充分利用人的各种感官和已有经验，丰富人们的直接经验和感性认识，然后，从表象到概念，从具体到抽象，从感性认识发展到理性认识，进而把握事物的本质。康帕内拉深知这个道理，所以在他设想的太阳城里，"内外城墙的里里外外和上上下下都悬挂着很美丽的图表"，这是生动的直观教具，每张美丽的图表的下面都附有文字注释，这是为加深理解而设。下面让我们来看一看这些美丽的图表的具体内容。

在"第一个城区的内墙上画着各种数学公式的图表，比昔日阿基米德和欧几里得发现的还要多得多"。可以说，这是一堵数学墙。在这里，太阳城人进进出出都可以看到各种数学公式、定义和定理。这些比较固定的东西，日复一日、年复一年地观看，一定会记住的。在墙的拐弯处还画有世界地图和各单独地区的地图，每张图下，都附有文字说明。这就为太阳城人了解世界各国、开阔眼界提供了十分便利的条件。

"在第二个城区的城墙里边，……可以看到各种宝石及各种贵重的和普遍的矿产和金属的图形以及他们的标本，在各种东西的下面用两行诗加以解说。墙的外面画着海洋、河流、湖泊、泉水和世界上所有的其他一些东西"等。这真是一座名副其实的立体的自然博物馆！在这里人们可以目睹各种金银珠宝、山川河流，还可以目睹各地特产、风雪雷电的图画。这里所展示的一切让人大开眼界，耳目一新。并且每个标本及图画下面都有诗说明它们的性质、产地、用途等，不仅能使人获得较浅显的感性认识，而且对进一步加深了解自然现象也是十分必要的。

"第三个城区的城墙里边画着各种花草树木……外面还画着各种鱼类。""一切值得研究的东西都画有醒目的图形，并在他们的下面附有说明。"这里，列举了许多花卉，并讲了它们的效用，还列举了许多鱼类。很多鱼类为世人所鲜知，看后令人大为惊异，并且用文字说明了它们的特点和"对世界和我们有什么好处"。

"第四个城区城墙里边画着各种鸟类，并标明它们的性质、体积、习性、颜色和生活方式等。……城墙的外边画着各种爬虫……并说明它们的特性、毒性以及利用它们的方法等。那里画的这类动物甚至比我们想象中的要多得多。"上面各城区展示的是科学知识、风花雪月、自然景观，在这里则展现了一个动物的世界。人们可以看到它们的图像并通过文字说明了解它们的习性及利用它们的方法。

"第五个城区的城墙里边画着比较高级的地上动物，它们的种类真是多得惊人。"这说明太阳城人所掌握的知识是何等的多！这么多的动物，平常人所能见到的，"还不到其中的千分之一"，足见把它们的图像展示出来的必要性。并且，太阳城人所画的动物形象逼真，栩栩如生。真是"画得多么美妙，解说得多么清楚！"

"第六个城区的城墙的里边画着各种手工业和它们的工具，以及各国人民所使用的工具。把这些手工业按其性质加以排列，并附有说明。也画着各种工具的发明者的肖像。在墙外边，画着各种科学和武器的发明者以及某些立法者。"生产工具是决定生产力水平高低的重要因素之一。太阳城人民深知这一点，他们不仅在墙上画着本国的生产工具，还画有外国人民所使用的工具，对如何使用这些工具都附有说明，以便人民了解它、掌握它、运用它。并且画有工具的发明者、各种科学和武器的发明者、某些立法者的肖像，可见，太阳城人对著名学者的尊崇和爱戴。

从上可见，太阳城是知识的画廊，是科学的天地、学习的课堂，所到之处耳闻目睹都能增长知识和才干，到处都可见到这百科全书式的知识墙。"这个城市的制度本身和墙壁上的图画就用直观的方法向聚精会神地观看壁画的人们灌输一切科学。"① 正如 B. П. 沃尔金所说："这个国家的主要城市好像是一个陈列着直观教具的博物馆。"② 墙上的知识还有教师负责讲解，使人明了，释人疑团，处在这种环境中的太阳城人，无处不在受着知识的影响，无时不在增长着知识。在这个知识城里，感知与理解相结合的教学原则被广泛地运用。这不仅表现在运用丰富多彩的知识墙上，而且表现在孩子们的整个学习过程中。太阳城的孩子们是"根据图画认识历史和各种语言"的，他们的初等数学是根据墙上的字画学完的，一切基础知识也都是在知识墙上得到的。这种直观性的教学原则的广泛运用取得了非常显著的效果，"儿童们在十岁以前

---

① 托马佐·康帕内拉. 论最好的国家［M］//托马佐·康帕内拉. 太阳城. 陈大维，黎思复，黎廷弼，译. 北京：商务印书馆，1982：66.

② B. П. 沃尔金. 康帕内拉的共产主义乌托邦［M］//托马佐·康帕内拉. 太阳城. 陈大维，黎思复，黎廷弼，译. 北京：商务印书馆，1982：94.

就能毫不费力地、轻松地通过直观教学法来掌握各种科学的基础知识了"。"在我们的城市里是很容易掌握知识的。我们的学生在一年内所取得的成就，比你们的学生十年或十五年内所取得的还要多得多。"

第三，理论联系实际的教学原则。

在太阳城中，理论联系实际的教学原则也得到了广泛运用。太阳城各城区的墙壁上所画的知识图画，并不是为了装饰门面，也不是为了让人去学一些刻板而无用的知识，而是为了实际的应用。比如，在第三个城区的城墙里边不仅画着各种花草树木，还标明了"它具有什么效力和性质"，"也说明了它们在医药上的用途"。对鱼类要了解"它们对世界和我们有什么好处"。在第四个城区的城墙上画着各种爬虫，"并说明它们的特性、毒性以及利用它们的方法等"。在第六个城区的城墙上画着的各种生产工具，则更是为了让人利用它们以提高劳动生产率。太阳城人反对死啃书本，反对空洞的理论说教，他们所学的是对实际生活有意义的知识，并且寓理论教学于实际生活之中。这种教与学的方法，使受教育者把理论知识与生活实际紧密地结合了起来，不仅仅是使受教育者获得了知识，更重要的是使受教育者在实际生活中运用所学的知识，从而达到学以致用的目的。

第四，循序渐进性与系统性的原则。

在太阳城里，在整个教育过程中尤其是对儿童的教育过程中，始终贯彻着这一教学原则。孩子们开始受教育时，由于年龄小，智力水平低下，就把教学寓于游戏活动之中，特别注重学习各种语言，因为语言是交际的工具，是进一步获得其他知识的工具。到了七岁的启蒙阶段，便学习最初等的数学，开始掌握一些自然科学的基础知识，具备了一些必要的基础知识之后，才能学习和研究比较抽象的科学，如数学、医学和其他科学。这样，既抓住了学生的年龄和智力的特点以循序渐进，又抓住了各门科学知识的连贯性和系统性，做到了由浅入深、由易到难、由简到繁、由具体到抽象、由感性到理性的教学目的，使学生能够逐步掌握系统的基础知识和基本的技能技巧，从而取得良好的教学效果。

此外，在学习方法上，康帕内拉在《太阳城》中也提出了自己颇有见地的看法。他描写的太阳城人反对教条主义和死抠书本，认为当时的学校使学生得到的只是一些呆板的知识，"需要的只是呆板的记忆力和使人养成一种保守习惯的劳动，因为，他们不去研究事物本身，只是去读死书和研究事物的死的标志；既不懂得上帝用什么方法统治万物，也不了解各个民族的风俗习惯和自然界存在着一些什么东西"。正如列宁所说的："旧学校是死读书的学校，它强迫人们学一大堆无用的、累赘的、死的知识。"[①] 太阳城人完全不是这样的。在他们看来，学习知识的目的是为了更好地分析和解决问题。每个人既要掌握知识，又要拓展和运用知识，不能只拘泥于书本上的死的知识。太阳城人认为："既然你们把那些精通文法或亚里士多德和其他某个作者的逻辑的人看作最有学问的人，所以你们的论据只对你们自己有效。"还认为，虽然"一个人是不可能掌握那样多的艺术和科学的，也不可能成为特殊的万能者"，但是，为使某一门学问研究得更加精细，还必须具备广博的知识，只有具备广博的知识，才能从死的书本里走出来，形成自己的观点和看法，从而更加深刻地认识客观事物及其规律。那些"只从书上研究某种科学的人，是一些外行和学究，能随机应变的有才智的人却不是这样做的，他们能接受每种知识，能根据大自然去了解事物"。这种学习和研究学问的方法，既新颖又正确，在今天，仍然值得借鉴。

总之，纵观太阳城的教育制度，我们可以看出，感知与理解相结合的原则是其教学原则的重要特征，教育和生产劳动相结合的思想是其教育思想的精华，而德、智、体全面发展则是其教育制度本身所固有的。太阳城人尊重知识，重视教育，在今天看来仍然具有重大的现实意义，太阳城的教育为何能取得优良的效果则更值得我们深思，其教育制度的某些方面可以供我们参考、借鉴。当然，这种教育制度并不是尽善尽美的，在当时的历史条件下也不可能实现。但是，正如列宁在谈到康帕内拉教育思想的意义时所说：这种思想绝不是幼稚的，经过必要的修改，我们也可以吸收它，使它在今天付诸现实。实际上，其中的部分思想已经实现，并发挥着它应有的作用。

[原文发表于《信阳师范学院学报（哲学社会科学版)》，1985 年第 4 期]

---

① 中共中央马克思恩格斯列宁斯大林著作编译局. 列宁选集：第四卷 ［M］. 北京：人民出版社，1972：347.

哲学与现实关系研究

马克思《博士论文》关于哲学与现实的关系问题的论述

马克思在《博士论文》中，对自我意识问题、自由问题、必然性和偶然性问题、原子论问题、宗教问题等都进行了深入的论述。本文拟就他关于哲学和现实的关系问题的论述谈一点粗浅的看法，不妥之处，敬希同志们批评指正。

1. 马克思关注这一问题的原因

大家知道，18 世纪末的德国还是一个十分落后的封建割据的国家，直到 19 世纪 30 年代资本主义经济才有了长足的发展，到了 19 世纪三四十年代德国已处于资产阶级革命的前夜。但是，这一时期，普鲁士反动政府颁布了一系列反动法令，重新实行书报检查制度，禁止政治结社和集会，德意志各联邦政府互相保证引渡政治流亡者，向政府请愿和抗议也被视为犯罪行为而加以迫害。广大人民以及资产阶级失去了政治自由、出版自由和言论自由，整个德国还处于黎明前的黑暗之中。

德意志民族是一个极富于思辨的民族。而黑格尔哲学在各个方面都达到了思辨哲学的顶峰。但它的"合理内核"——深刻的辩证法思想却因它的过分茂密的保守体系而窒息。辩证法的内容得出了革命的结论，而保守的体系又企图同反动的普鲁士现实加以调和。绝对的理念在改造现实世界这个问题上已经显得无能为力了。

曾被马克思高度评价的伊壁鸠鲁哲学在哲学与现实的关系这个问题上也存在重大缺陷。他认为感性世界是客观现象，因此，轻视经验，"在解释个别物理现象时表现出一种非常冷淡的态度"，"没有探讨客体的真实根据的兴趣"。① 他并不像德谟克利特那样把寻找到一个因果关系看作比获得波斯王位还愉快，他所追求的"只是在于使那进行解释的主体得到安慰"。"他的解释方法的目的在于求自我意识的宁静，而不

---

① 马克思，恩格斯. 马克思恩格斯全集：第四十卷［M］. 中共中央马克思恩格斯列宁斯大林著作编译局，译. 北京：人民出版社，1982：206－207.

在于自然知识本身。"他的态度"体现了自我满足的思维的平静和从内在原则汲取自己的知识的独立性"①。这如同"在普照万物的太阳落山之后，夜间的飞蛾就去寻找人们各自为自己点燃的灯光"②。哲学的主旨被引向自身，遁入内心生活，脱离了外部世界。可见，伊壁鸠鲁的自我意识哲学没有做到"正视"，更不可能解决哲学与现实的关系问题。

当时的社会现实要求革命，而作为时代精神精华的哲学应充当其先锋。然而，哲学家们的哲学思想理论，甚至是当时最具有权威的黑格尔哲学都没能解决哲学与现实的关系问题。正因为如此，马克思在他的《博士论文》中特别注重伊壁鸠鲁的自我意识哲学以及哲学与现实的关系问题。

2. 马克思对哲学与现实的关系问题的系统阐发

在《博士论文》中，青年马克思深入考察了伊壁鸠鲁的自我意识哲学。虽然对其作了较高的评价，但对于伊壁鸠鲁把哲学的注意力引入自身、遁入内心的观点十分不满，并给予了批评。

青年马克思认为，哲学在其体系完善以后，就与世界相对立了。"哲学把握了世界以后就起来反对现象世界。"③ 为什么哲学只有在把握了整个世界之后才反对现象世界呢？因为，在马克思看来，在世界的发展进程中曾经存在着一些重大的时刻，在这种时刻，哲学和世界的发展是能够协调一致的。但由于世界的不合理的发展，哲学和世界的统一被破坏了，哲学从世界中分离出来并作为意志同世界相对立。这样做的目的是为了使世界重新获得合理的性质，重新获得统一。但是，哲学要起来反对现象世界，就必须先改造自己，完善自身，只有本身是一个整体的哲学才能同一个"支离破碎"的世界相对立。他指出："现在黑格尔哲学就是这样。"④ 注意其中的"现在"二字。他的意思并不是说黑格尔哲学本身已经同现象世界相对立了。从黑格尔哲学的保守体系及他把他的辩证法同反动的普鲁士政府加以调和的企图来看，当时黑格尔哲学本身并没能做到这一点。只是现在，当黑格尔完成了他的哲学体系之

① 马克思，恩格斯. 马克思恩格斯全集：第四十卷［M］. 中共中央马克思恩格斯列宁斯大林著作编译局，译. 北京：人民出版社，1982：207.
② 马克思，恩格斯. 马克思恩格斯全集：第四十卷［M］. 中共中央马克思恩格斯列宁斯大林著作编译局，译. 北京：人民出版社，1982：137 – 138.
③ 马克思，恩格斯. 马克思恩格斯全集：第四十卷［M］. 中共中央马克思恩格斯列宁斯大林著作编译局，译. 北京：人民出版社，1982：136.
④ 马克思，恩格斯. 马克思恩格斯全集：第四十卷［M］. 中共中央马克思恩格斯列宁斯大林著作编译局，译. 北京：人民出版社，1982：136.

后，当今的黑格尔哲学（马克思把自己的哲学也视为黑格尔哲学）才开始反对现象世界。无疑，青年马克思认为，他当时所处的时代正是没有理性、没有自由的时代，是哲学和世界相分离的而必须加以改变的时代。马克思指出，在以往的时代，哲学是为了单纯地认识和注视外部世界而产生和发展的，并没有意识到参与世界的必要性。而现在，"哲学已经不再是为了认识而注视着外部世界；它作为一个登上了舞台的人物，可以说与世界的阴谋发生了瓜葛，从透明的阿门塞斯王国走出来，投入那尘世的茜林丝的怀抱"①。就是说，世界上所出现的一切事情哪怕是最隐秘的事情都与哲学发生了千丝万缕的联系，与哲学问题纠缠在一起。哲学从那死神的王国走了出来，投入了现实世界的怀抱。很明显，在这里，青年马克思已不仅仅把哲学看成是认识世界的工具，也不再像黑格尔那样把哲学看作是对世界历史的回顾，而是认为哲学应该成为改造现实世界的工具。马克思把这一点当作一条规律："一个本身自由的理论精神变成实践的力量，并且作为一种意志走出阿门塞斯的阴影王国，转而面向那存在于理论精神之外的世俗的现实，这是一条心理学的规律。"② 可见，马克思对哲学与现实的关系问题给予了足够的重视，并把这一问题提到了相当的高度。

那么，哲学与现实世界究竟是一种什么样的关系呢？

青年马克思认为，哲学同世界的关系就是一种反映的关系。哲学作为一个完整的体系把握了整个世界之后就起来反对现象世界。在这种时候，作为与现象世界相对立的体系便降低为抽象的形式，这种抽象的体系是世界的主观方面，与世界的另一方面即现象世界、外部世界相对立而存在着。因此，马克思说："哲学体系同世界的关系就是一种反映的关系。"③ 在引申的意义上讲，马克思已不自觉地道出了思维和存在的关系问题，作为思维的哲学体系是对作为存在的现象世界的反映，这无疑是正确而深刻的。但遗憾的是，马克思对此未能作进一步的阐述，甚至未能明确地意识到这一问题。

在马克思看来，当哲学作为一种体系完善之后，在受到与现象世界相对立的愿望鼓舞时，它的封闭的体系将要被打破。哲学本来是理性的

---

① 马克思，恩格斯. 马克思恩格斯全集：第四十卷［M］. 中共中央马克思恩格斯列宁斯大林著作编译局，译. 北京：人民出版社，1982：135.

② 马克思，恩格斯. 马克思恩格斯全集：第四十卷［M］. 中共中央马克思恩格斯列宁斯大林著作编译局，译. 北京：人民出版社，1982：258.

③ 马克思，恩格斯. 马克思恩格斯全集：第四十卷［M］. 中共中央马克思恩格斯列宁斯大林著作编译局，译. 北京：人民出版社，1982：258.

东西，是思辨言辞产生的火花，是人们心灵深处的思想闪光。但是，在这种时候，内心的闪电将要引出外部世界的雷鸣，心灵深处的思想闪光将要变成烧掉感性现象世界的熊熊大火。"那本来是内在闪光的东西，就变成转向外部的吞噬性的火焰。"①

那么，由此导致的结果又是什么呢？

青年马克思认为，哲学那本来是内在闪光的东西，变成转向外部世界的吞噬性的火焰，就是要把"哲学的客观普遍性变成个别意识的主观形式"②。把哲学的意志强加于外部世界，使它理性发展，这就是世界的哲学化。同时，哲学由于从内在的自我满足转向与外部现象世界相对立，哲学的普遍性、抽象性原则转变为渗透现象世界中的个别意识的主观形式，这就是哲学的世界化，也就是说，哲学变成了世俗的哲学。哲学只有在与外部现象世界的对立中才能肯定和表现自己。这样，哲学自身的完满性便被打破了。这两个方面是同一个过程的两个方面，彼此不能脱离。"世界的哲学化同时也就是哲学的世界化。"③ 正因为如此，哲学愿望的实现，哲学斗争的成功，在一定意义上意味着失败。它把世界哲学化了，但同时它自己也被世界化了，被世俗化了。哲学与之对立、反对和斗争的东西，恰恰是它本身内在的缺陷，是它所没有的东西，是它可以获得发展和完善的东西。而且，与它相对立的东西，在性质上是和它相同的东西。"凡是反对它的东西，凡是它所反对的东西，总是跟它相同的东西，只不过具有相反的因素罢了。"④

马克思认为，上述只是哲学与外部现象世界关系的一个方面，即客观方面。此外，还有其主观方面，"这就是被实现的哲学体系同体现着它的进展的它的精神承担者、同个别的自我意识的关系"⑤。简而言之，也就是哲学体系和个别自我意识的关系。青年马克思认为，在世界哲学化和哲学世界化的过程之中，个别自我意识具有一个双刃的要求。一方面，要求哲学体系在完善之后，必须从阿门塞斯的阴影王国里出来，面

---

① 马克思，恩格斯．马克思恩格斯全集：第四十卷［M］．中共中央马克思恩格斯列宁斯大林著作编译局，译．北京：人民出版社，1982：258.

② 马克思，恩格斯．马克思恩格斯全集：第四十卷［M］．中共中央马克思恩格斯列宁斯大林著作编译局，译．北京：人民出版社，1982：136.

③ 马克思，恩格斯．马克思恩格斯全集：第四十卷［M］．中共中央马克思恩格斯列宁斯大林著作编译局，译．北京：人民出版社，1982：258.

④ 马克思，恩格斯．马克思恩格斯全集：第四十卷［M］．中共中央马克思恩格斯列宁斯大林著作编译局，译．北京：人民出版社，1982：258.

⑤ 马克思，恩格斯．马克思恩格斯全集：第四十卷［M］．中共中央马克思恩格斯列宁斯大林著作编译局，译．北京：人民出版社，1982：259.

向外部世界，与外部世界相对立，改造现实，把世界从非哲学里面解放出来，实现理性的进步与解放；另一方面，要求转向哲学自身，对哲学体系本身进行改造，"把它们自己从哲学中解放出来，即从作为一定的体系束缚它们的哲学体系中解放出来"①。哲学只有在行动中，在反对世界中才能够解放自己，把握自己。哲学应该变成行动的哲学。

哲学的自我意识的这种内在的倾向，这种双刃的要求，表现于外，就是不同的哲学派别之间的对立。这个过程是："那个起初是哲学与世界的一种颠倒关系和敌对的分裂的东西，后来就成为个别哲学自我意识本身中的一种分裂，而最后便表现为哲学的一种外部分裂和二重化，表现为两个对立的哲学派别。"② 这两个派别一个叫作自由主义派，另一个叫作实证主义派。自由主义派接受了哲学的概念和原则，而实证主义派则更多地注意反映现实的成分。应该说，自由主义派即青年黑格尔派应该转向哲学自身，改造哲学，使它从旧体系中解放出来，以实现理性的进步。而事实却恰恰相反，自由主义派认为缺陷在于外部世界，应该使世界哲学化。因此，他们把活动的方向转向了外部世界，从事理论的批判活动。实证主义派呢？应该转向外部世界，更多地研究现实本身。而事实也相反，他们认为缺陷在于哲学自身，应该使哲学世界化。因此，他们的活动方向是"进行哲学思考的尝试，也就是哲学的转向自身"③。这种颠倒做法正如马克思所说："两派中的每一派所要做的正是对方所要做的事和它自己所不愿做的事。"④ 它们所要反对的东西正是自己的缺陷，"哲学在其外部所反对的东西就是它自己内在的缺陷，正是在斗争中它本身陷入了它所反对的错误，而且只有当它陷入这种错误时，它才消除掉这些错误"⑤。

哲学应该如何去预见未来、改造世界呢？

我们知道，黑格尔哲学的最高范畴是绝对观念。绝对观念既是实体，又是主体。从绝对观念中异化（外化）出自然界，然后再加以扬

① 马克思，恩格斯. 马克思恩格斯全集：第四十卷［M］. 中共中央马克思恩格斯列宁斯大林著作编译局，译. 北京：人民出版社，1982：259.

② 马克思，恩格斯. 马克思恩格斯全集：第四十卷［M］. 中共中央马克思恩格斯列宁斯大林著作编译局，译. 北京：人民出版社，1982：260.

③ 马克思，恩格斯. 马克思恩格斯全集：第四十卷［M］. 中共中央马克思恩格斯列宁斯大林著作编译局，译. 北京：人民出版社，1982：259.

④ 马克思，恩格斯. 马克思恩格斯全集：第四十卷［M］. 中共中央马克思恩格斯列宁斯大林著作编译局，译. 北京：人民出版社，1982：259.

⑤ 马克思，恩格斯. 马克思恩格斯全集：第四十卷［M］. 中共中央马克思恩格斯列宁斯大林著作编译局，译. 北京：人民出版社，1982：258.

弃而回到自身。在黑格尔看来，哲学的任务就是如实地认识自然和整个世界，研究和理解其中的理性。绝对观念的实现也就是达到对自己的认识。他指出："哲学正因为它探究的是理性的东西，因而它乃是对现有的，实在的东西的理解"，"理解现有的东西——这就是哲学的任务"。"认为任何一种哲学都能超越它当时的世界，正好像认为单独的个体能够跳出他自己的时代一样是愚蠢的……即便他的理论果真超出了自己的时代，即便他给自己创造了一个像它所应该成为的那样一个世界，那末这个世界固然也存在着，却只存在于他的见解中。"① 与黑格尔否认哲学具有预见未来和改造世界的作用相反，青年马克思在《博士论文》及其附录中对哲学应如何预见未来和改造世界的问题进行了深入的论述。

青年马克思认为，历史进程就是哲学意识同经验世界相互作用的结果。当哲学从本身自由的理论精神转变为实践力量的时候，也就开始了由面向自身转向面向精神之外的现实的转变。这种转变究竟通过何种方式表现出来是有其必然性的。由此，我们可以看到哲学发展过程中的必然性、规律性。并且，由此可以认识世界历史的性质，而世界历史就是哲学和世俗的现实相互作用的结果。"从这种转变的一定方式就可回溯到一种哲学的内在规定性和世界历史的性质。"②

要实现哲学和现实世界的相互作用，青年马克思认为必须把哲学从封闭的整体里、从封闭的体系里拉出来，使它变成一种"意志"，从死神的虚幻王国里走出来。马克思含蓄地批评了布鲁诺·鲍威尔等人。鲍威尔等人抛弃了黑格尔的思维和存在的同一性原则，按照费希特的解释方式，把自我意识的发展看作是在实体精神与周围环境的不断对立中实现的，而没有看到二者之间的内在联系。马克思认为精神的发展只有在同世界既对立又统一的情况下才能完成。在历史上的重大时刻，哲学与世界是统一的，但由于世界的不合理发展，也就是没有按照哲学所规定的理性而发展，哲学和世界之间出现了分裂，哲学从世界中分离出来了，和世界对立起来了。哲学要实现和世界的再度统一，再把理性强加给世界，就要对现实世界进行改造。为此，就必须把自己变为行动的哲

---

① 科尔纽．马克思恩格斯传：第一卷［M］．刘丕坤，王以铸，杨静远，译．北京：生活·读书·新知三联书店，1963：152.

② 马克思，恩格斯．马克思恩格斯全集：第四十卷［M］．中共中央马克思恩格斯列宁斯大林著作编译局，译．北京：人民出版社，1982：258.

学，变为实践的力量，把"哲学的客观普遍性变成个别意识的主观形式"①。因为个别自我意识就是体现实践精神的"主观形式"。这样一来，个别自我意识形态就变成了体现哲学发展的"精神承担者"，它本身作为一种意志的力量进入了实践的领域。正是这样，才使得哲学世俗化了。哲学进入世界的同时也就改变了世界，然后它再一次作为抽象的整体而同世界分裂，并且通过批判把自己同它对立起来，从而重新决定它的进一步发展。这是一个必然的过程。不如此，哲学就不能与现实世界发生相互作用，就不能预见未来和改造世界，其内容将会枯竭，生命将会终止，因为"哲学的生命就存在于这些主观形式之中"②。

3. 马克思对这一问题论述的意义及缺陷

青年马克思在《博士论文》中对哲学和现实世界的关系问题的论述超越了他的前辈和同辈，具有很大的理论价值，对他以后思想的发展有着重要的作用，有些观点在今天看来仍具重要意义。

第一，马克思指出了哲学与现实联系的必然性和重要性。他认为，哲学在完善了自己的体系，把握了世界以后，必须面向外部世界，走向现实。在哲学世界化的同时使世界哲学化。这是一个必然的过程，是"一条心理学的规律"，"而哲学的生命就存在于这些主观形式之中"。这些论述，除去蒙在其上的唯心主义阴影，对于今天哲学的发展仍然具有重要的指导意义。今天，时代的飞速前进和我国社会主义改革的迅速发展，给马克思主义哲学提出了许许多多有待解决和回答的问题。解决和回答这些问题，促进改革的进行，推动历史前进，是马克思主义哲学所面临的重大任务。为了完成这个任务，马克思主义应随实践的发展而发展自己，丰富自己，改变自己的某些形式。为此，必须面向现实，坚决地走与实践相结合的道路。这就要求我们理论工作者深入实际，投入当前火热的改革中去。一方面，用马克思主义哲学指导我们的改革，为改革提供理论基础和理论论证，以保证改革朝着正确的方向顺利前进。另一方面，在改革中发现新问题，解决新问题，对改革所带来的变化，对当前出现的新的事实、新的现象做出新的理论概括，以便把发展马克思主义哲学落到实处而不致使其成为空谈。这是我们理论工作者义不容辞的责任。马克思主义哲学发展史也一再证明，它愈是和实践紧密结

---

① 马克思，恩格斯. 马克思恩格斯全集：第四十卷［M］. 中共中央马克思恩格斯列宁斯大林著作编译局，译. 北京：人民出版社，1982：136.

② 马克思，恩格斯. 马克思恩格斯全集：第四十卷［M］. 中共中央马克思恩格斯列宁斯大林著作编译局，译. 北京：人民出版社，1982：136.

合，愈是能正确地发挥对实践的指导作用，它就愈会得到广泛的传播，愈是能在实践中得到检验，并随实践的发展而不断丰富和发展自己，不断由一个阶段走向另一个更新更高的发展阶段。不如此，马克思主义哲学就会失去其作为无产阶级理论武器的功能，就会丧失其强大的生命力。

第二，青年马克思弥补了伊壁鸠鲁自我意识哲学的缺陷，预见了哲学的发展道路。他之所以把"德谟克利特的自然哲学和伊壁鸠鲁的自然哲学的区别"作为他的论文题目，其中一个最主要的原因，就是把二者作为一个例子，试图通过对二者的比较，预见黑格尔哲学以后哲学发展的道路和前景。他认为，伊壁鸠鲁哲学并不像人们通常所认为的那样是希腊哲学的"暗淡的结局"。相反，死亡的意义不同，英雄之死有如太阳落山时散发出的光辉。伊壁鸠鲁哲学就是英雄之死，就是落山的太阳，它的余晖仍然照亮人间，它是古希腊哲学的进一步发展和完善，理解伊壁鸠鲁哲学是理解整个希腊哲学的真正的钥匙。以往的人们不理解他的哲学，而在黑格尔哲学以后的今天，理解伊壁鸠鲁哲学的时代已经到来。马克思之所以高度评价伊壁鸠鲁哲学，就是因为伊壁鸠鲁哲学是强调自由和个人独特性的自我意识哲学。但是，他对伊壁鸠鲁否认必然性只承认偶然性，把哲学转向自己内心的做法表示不满。很明显，在黑格尔哲学之后，同样存在着发展哲学的任务，伊壁鸠鲁哲学的教训不能不被铭记。因此，哲学在把握了整个世界之后，不能再为了认识而注视外部世界，必须与"世界的阴谋发生瓜葛"，那内在闪光的东西必须"变转向外部的吞噬性的火焰"。只有如此，才能实现哲学的发展。

并且，青年马克思还料到继 19 世纪 30 年代的这场哲学斗争之后会出现一场带来自由和幸福的社会变革。对这场变革应持积极的欢迎的态度。而"不应对这场继伟大的世界哲学之后出现的风暴，感到惊慌失措。普通竖琴在任何人手中都会响；而风神琴只有当暴风雨敲打琴弦时才会响"①。可见，青年马克思对未来的革命斗争充满了激情和信心。

第三，马克思对哲学与现实的关系问题的论述，不仅超越了黑格尔的思想，而且超越了当时青年黑格尔派的思想。他十分重视黑格尔的辩证法，整篇《博士论文》贯穿着黑格尔的辩证法，是黑格尔辩证法的具体运用。他一再批评了黑格尔哲学的妥协性和保守性，提出了哲学必

---

① 马克思，恩格斯. 马克思恩格斯全集：第四十卷［M］. 中共中央马克思恩格斯列宁斯大林著作编译局，译. 北京：人民出版社，1982：136.

须反对外部现象世界的思想。黑格尔的绝对观念是实体和自我意识的统一，这体现了思维和存在的同一性思想。但青年黑格尔派使自我意识和实体相分离，片面地抓住了自我意识，认为人类的历史就是自我意识发展史，实体是自我意识异化的结果，它成了自我意识发展的障碍。因此，必须从自我意识出发批判现实，自由就是对现实的不断否定。很明显，这就是对思维和存在同一性思想的一种反动，又回到费希特的主观唯心主义的老路上去了。与此相反，马克思坚持了思维和存在的同一性，认为在世界哲学化的同时，哲学也世界化了。自我意识把世界从非哲学中解放出来，也就把自己从哲学中解放了出来。上述情况说明，他当时虽然还是一个黑格尔主义者，但已经在某些方面超越了黑格尔；他虽然还是青年黑格尔派的一员，但他已明显地超越了青年黑格尔派。他已经沿着和青年黑格尔派不同的方向前进，为实现其思想转变创造了条件，打下了基础。

第四，对哲学和现实的关系问题的关注成了马克思实现其思想转变的重要原因。1842—1843 年 4 月的《莱茵报》使马克思接触到了现实的问题。他不是回避，而是全力以赴地投入对现实问题的探讨。正是这一原因促使青年马克思"从唯心主义转向唯物主义，从革命的民主主义转向共产主义"①。

第五，青年马克思对哲学与现实的关系问题的论述，体现了他积极进取，不畏权威，不囿成见和勇于探索的精神。马克思既批评了被他誉为最伟大的希腊启蒙思想家的伊壁鸠鲁，又批评了思想界的泰斗黑格尔，这对于一个初出茅庐的年轻人来说，该具有怎样的胆识和理论勇气！

但是，由于《博士论文》是马克思青年时期的作品，又由于自身的、社会的各个方面的局限，使得他对哲学与现实的关系问题的论述还存在种种缺陷，甚至是重大缺陷。这种缺陷，总的说来是他还没有摆脱黑格尔哲学的唯心主义的窠臼，还是在玄空之中论述的。这种缺陷主要表现在三个方面：

第一，他虽然看到了哲学对外部现象世界的作用，强调哲学反对外部世界，使世界哲学化，而对外部世界对哲学的决定作用及由外部世界的变化而引起的哲学的变化却重视不足，论述不够。

---

① 列宁. 列宁全集：第二十一卷 ［M］. 中共中央马克思恩格斯列宁斯大林著作编译局，译. 北京：人民出版社，1959：59.

第二，马克思虽然指出了哲学预见未来和改造世界的必然性与必要性，但在改造哲学和改造世界二者孰主孰从、孰重孰轻、孰先孰后的问题上却找不到正确的答案。

第三，青年马克思还不可能找到哲学改造世界的正确途径。他虽然认为哲学要反对世界必须变为个别自我意识的主观形式，因为个别自我意识的主观形式体现着实践精神。但是，他又错误地认为"哲学的实践本身是理论的"①。他这时所指的实践，并不是后来他所认为的是客观物质活动的实践，而是一种理论的批判力量。因为，在马克思看来，随着理性的解放，现实也必然随之而改变。由此可见，青年马克思虽然指出了哲学必须改造现实，却找不到改造现实的真正有效的途径。

上述缺陷说明，青年马克思对哲学与现实关系问题的论述所使用的还是黑格尔的唯心主义的辩证法，尚没有冲破黑格尔唯心主义哲学体系。但是，我们绝不应该苛求，绝不能以此为由而低估当时的马克思对哲学与现实的关系问题论述的意义。他正是沿着接触现实、深入现实这条道路而走向新的世界观的。

（原文发表于《中州学刊》，1987 年第 5 期）

---

① 马克思，恩格斯．马克思恩格斯全集：第四十卷［M］．中共中央马克思恩格斯列宁斯大林著作编译局，译．北京：人民出版社，1982：258.

辩证地理解中国走社会主义道路的必然性

中国在生产力相对落后的条件下，走上了社会主义道路，一些顽固坚持资产阶级自由化立场的人认为，这是"历史的误会"，也不符合历史唯物主义的生产力决定生产关系的原理。果真如此吗？答案是否定的。

生产力决定生产关系是历史唯物主义的基本原理之一，生产力的性质决定生产关系的性质，生产力的变化发展决定着生产关系的变更，这就是生产力决定生产关系的绝对性。然而，生产力决定生产关系还有相对性的一面。

第一，一个国家是否能够建立新的生产关系，除了取决于生产力的发展水平之外，还要受国内各种矛盾激化程度的影响，旧中国的生产力的发展水平与发达资本主义国家相比虽然低很多，生产力和生产关系、经济基础和上层建筑之间的矛盾却十分尖锐。半殖民地半封建的生产关系已经成为生产力向前发展的严重障碍，也造成了社会各种矛盾的尖锐化。在大地主大资产阶级的统治之下，劳苦大众承受着不堪忍受的痛苦，他们纷纷起来反抗国民党反动集团的统治，国民党反动政权处于深重的政治危机和经济危机之中。这时，正如列宁所指出的："统治阶级已经不可能照旧不变地维持自己的统治，不能照旧生活下去，而被压迫阶级的贫困和灾难超乎寻常地加剧，人民群众迫切要求改变自己受苦受难的处境。这种时候，变革旧的生产关系的革命就要来到了。"[①] 由中国共产党领导的无产阶级革命正适应了历史发展的这种要求。

第二，一种新的生产关系能否建立，除了受生产力的性质决定之外，还要受这个国家阶级斗争、阶级力量对比状况的制约和影响。在中国，民族资产阶级从它产生时起，就具有先天的缺陷，它既受外国资本主义和本国封建主义的压迫，又与它们存在千丝万缕的联系。许多民族

---

① 中共中央马克思恩格斯列宁斯大林著作编译局. 列宁选集：第二卷 ［M］. 北京：人民出版社，1960：620 - 621.

企业为了逃避破产的厄运，求得自身的存在和发展，不惜左依右附，不是乞求外国资本主义的庇护，就是依赖本国封建主义的支援。这种经济基础的薄弱性决定了民族资产阶级政治上的软弱性，决定了它既不是新的生产力的代表，也不可能建立一套符合自己的政治经济利益需要的资本主义生产关系体系。只有中国的工业无产阶级，随着现代大工业的发展不断壮大，更由于其自身的优点使它能够成为变革旧的生产关系的领导力量。以中国共产党为领导的革命阶级只能建立符合无产阶级和劳苦大众政治经济利益需要的新的生产关系，这种新的生产关系只能是以生产资料公有制为基础的社会主义的生产关系。

第三，新的生产关系能否取代旧的生产关系以及用什么样的生产关系取代旧的生产关系，除了取决于生产力状况之外，还要受这个国家所处时代和国际环境的制约和影响。鸦片战争之后，外国资本主义侵入中国，对中国巧取豪夺，不是要使中国走上西方资本主义的发展道路，而是要使中国成为它们的殖民地。在帝国主义和无产阶级革命时代，中国已经失去了走资本主义道路的机会。俄国十月革命的胜利，给中国历史的发展指明了方向。可见，在当时的条件下，走社会主义道路是中国唯一的选择。不走社会主义道路，中国只能成为西方资本主义国家的附庸，而丧失民族的独立性，更不用谈中华民族的繁荣富强了。

生产力决定生产关系的这种相对性是否否定了它的绝对性呢？没有，这是因为：

第一，中国较低的生产力水平只是相对于同一时代的发达国家而言，并不是不具备必要的现代工业基础。没有现代工业的出现，就没有工业无产阶级，也就不可能建立无产阶级政党，更不用说在中国共产党的领导下夺取革命的胜利。

第二，生产关系的变更固然要受国内各种矛盾激化程度的影响，但这些矛盾最终都根源于生产力和生产关系的矛盾。各种矛盾的尖锐化，正是半殖民地半封建的生产关系严重阻碍生产力发展的表现和结果。离开了生产力和生产关系之间的矛盾就无法理解社会各种矛盾的性质和根源，更无法找到解决这些矛盾的根本途径。

第三，新的生产关系取代旧的生产关系固然要受到阶级力量对比状况的制约，但是，各阶级力量的消长正是生产力和生产关系矛盾运动的表现和结果。工业无产阶级和广大人民群众力量的不断壮大，正在于他们是新的生产力的代表，代表着中国社会发展的客观需要，因而成为变革旧的生产关系和建立新的生产关系的领导者和主力军。

第四，一个国家生产关系的变更固然要受所处历史时代和国际环境的影响，但是，离开了本国的生产力和生产关系的矛盾状况，这些影响便失去了意义。国际环境只是中国消灭旧的生产关系，建立公有制生产关系的外部条件，它不可能成为生产关系为什么变化、向哪个方向变化的决定性因素，起决定作用的仍然是生产力决定生产关系的规律。

第五，在生产力相对落后的国家建立了社会主义的生产关系之后，必须把大力发展社会生产力作为国家的中心任务，并不断地对生产关系不适应生产力的环节和方面进行改革和调整。不如此，就不能巩固和发展社会主义的生产关系，更不能充分发挥社会主义制度的优越性。

综上所述，生产力决定生产关系是绝对性和相对性的统一，我们固然不能离开生产力决定生产关系的绝对性去理解其相对性，因为这样实际上等于抹杀了生产力对生产关系的决定作用，从而陷入历史唯心主义。但是，离开生产力决定生产关系的相对性去理解其绝对性，只能陷入机械决定论，从而把丰富多彩的世界历史看成一幅单调的机械图画，也难以理解中国为何能建立起社会主义的生产关系。因而，坚持生产力决定生产关系的绝对性就是坚持历史唯物主义，坚持其相对性就是坚持历史辩证法。只有牢牢把握这一点，才能深刻揭示中国走社会主义道路的历史必然性。

（原文发表于《中国教育报》，1990 年 11 月 22 日）

新技术革命与传统道德观念

一场以广泛利用微型电子计算机、遗传工程和光导纤维等为特征的新的技术革命正以排山倒海之势冲击着世界的各个角落，称它为第四次工业革命也好，"第三次浪潮"也罢，一言以蔽之，这是一场革命。历史上任何一次产业革命都没有这次来得迅猛，它的影响程度之深，波及面之广，创造的生产力之大都是空前的。它发端于资本主义社会，却也给社会主义社会带来了冲击；它源于发达国家，却也给落后国家和发展中国家带来了不可估量的影响；它始于电子产业，却也给其他行业带来了结构性的变化。

这场新的技术革命以它所特有的魅力吸引了我们，对我国的政治生活产生了很大的影响。我们党在制定路线、方针和政策的时候不能不考虑如何面向世界，面向未来。经济生活和政治生活的变化必将带来精神生活的变化，人的知识结构、思维方式、传统道德观念不能不随经济、政治生活的变化而变化。本文意图揭示新的技术革命是如何引起我国传统道德观念的变化的，以揭示变化的表现以及如何正确对待这些变化等问题。

一

恩格斯曾经指出："一切以往的道德论归根到底都是当时的社会经济状况的产物。"[①] 这里主要讲了两层意思：第一，道德是社会经济状况的反映，社会经济状况决定人们的道德观念，任何道德观念都可以在经济中找到它的最终根源；第二，道德是历史的、变化发展的。历史在发展、社会经济状况在不断变化，反映它的道德观念也必将随之而发生变化。我们知道，决定道德观念的社会经济状况不仅仅指的是生产力水

---

① 中共中央马克思恩格斯列宁斯大林著作编译局．马克思恩格斯选集：第三卷［M］．北京：人民出版社，1972：134.

平，主要指的是社会的生产关系。道德观念属于上层建筑的范畴，它作为一种意识形态不是直接与生产力构成一对矛盾，而是与生产关系直接构成一对矛盾。因此，直接决定道德观念的是生产关系而不是生产力。但是，生产关系又由生产力所决定，生产力的发展必将引起生产关系的改革。这场新的技术革命首先是作为生产力而发生着巨大作用的，它引起了生产力布局、工业结构等方面的重大变化，使得生产关系也发生了相应的变化，进而也影响到上层建筑的变化发展。这样，道德观念就由量的变化，经过新技术革命而孕育着一次重大的质的飞跃。

道德观念不仅具有历史性，还具有明显的民族特征。由于民族的形成、文化素养、地理环境、生活习惯、心理素质等特征不同，其道德观念也不相同。中华民族有着悠久的历史和较高的文化素养。在长期的历史发展中，中华民族形成了热爱国家、热爱和平、崇尚知识、尊老爱幼、互谦互让、勤劳勇敢、正直俭朴等道德原则和道德规范。当然，在以私有制为基础的社会里，这些道德原则和道德规范都具有不同的阶级内容，并且有着时代和阶级的局限性。只是到了社会主义社会，这些道德原则和道德规范才具有了新的阶级性质，才能在更广泛的领域里变成现实。以生产资料公有制为基础的生产关系的建立，又增加了以往的任何道德都没有的新的内容，这使得我国的传统道德观念得以新生，发出灿烂的光辉。但是十年浩劫是一次大倒退，社会主义道德观念所发出的灿烂光辉被满天乌云遮蔽，陈腐的道德观念更加陈腐，优良的传统道德观念被拘系，"左"的阴云成为陈腐道德观念的深厚保护层。十一届三中全会像一记驱云降雾的重炮，打散了"左"的保护层；像一道耀眼的闪电，刺穿了"左"的乌云。随着对外开放政策的制定和实施，中国迎来了新技术革命的隆隆雷声。新技术革命蕴含着新的技术、新的信息、新的思想、新的道德观念，不仅要使中华民族优良的传统道德观念重放光芒，而且要注入时代的新鲜血液。若不如此，就不能促进中国特色的两个文明建设的迅速发展。因此，传统的道德观念必须有一个大的变革和发展。

二

新技术革命这股不可阻挡的潮流，已经渗透到中国政治、经济和文化生活的各个领域，引起了传统道德观念的许多重大变化，就其主流来说主要表现在以下四个方面。

第一，爱国热情普遍高涨，奋发图强，振兴中华的观念已日益深入人心，正在越来越大的程度上变成每个人的自觉行动。热爱自己的祖国是中华民族传统道德观念的最显著特点。中华人民共和国诞生后，人民成了国家的主人，人民以百倍的热情热爱新中国。从前受压迫的劳动者参与了国家的管理，不满人世的隐士走出了"深山老林"为社会主义服务，侨居海外、求学异乡者纷纷返回祖国，力图振兴中华民族。但是，由于"左"的路线的干扰，一度抑制了他们的才能，使他们在徘徊中前进，在观望中等待。

汹涌澎湃的第三次浪潮从大洋彼岸呼啸而来。面对新的技术革命，人们深切地感到：落后就要挨打是一条客观真理。回顾中国人民受尽屈辱的近代史，鸦片战争的失败——《南京条约》的签订，甲午战争的失败——《马关条约》的签订，八国联军的入侵——《辛丑条约》等一系列不平等条约的签订……不都是因落后而挨打的历史吗？历史的悲剧绝不能重演！中华民族有着坚忍不拔的精神、勤劳勇敢的品德、开拓未来的智慧，我们已经具备了必要的物质基础和技术基础，我们有着强烈的民族自尊心和坚定的民族自信心，能够在第三次浪潮中走进世界先进行列。哪里有中国人，哪里就有为了祖国富强甘洒热血的献身精神，就有使祖国早日腾飞的欲望。新的技术革命开阔了人们的眼界，人们不再津津乐道于已有的成绩，而是立足改革创新，向发达国家学习先进技术，向未来探索。人们视国家的荣辱为最大的荣辱，视祖国的富强为自己的富强；为祖国的成就而高兴，为祖国的落后而发奋。

第二，热爱科学，追求知识已成为当今社会之风尚。热爱科学，是共产主义道德具有特殊意义的规范。过去，我们对科学的热爱不够，对知识的尊重不够。特别是在那颠倒了的年代里，似乎"知识越多越反动"，把科学家、学术权威当作"牛鬼蛇神"来批判。轻视知识是无知的表现，而无知就是愚昧。在一个愚昧的国度里，是不可能发扬共产主义道德的。

在新的技术革命日渐深入的今天，人们已从无知的噩梦中醒来了。只要对新技术革命稍加沉思便会得出科学正以"突变"的方式向前发展的结论，一个新的知识天地——系统论、控制论、信息论、遗传工程、光纤通信、海洋开发技术等正一一展示在我们面前。人们日益感到，不学习现代科学技术和现代化的管理知识，就不能取得较高的经济效益，更不能在这次浪潮中缩小我国与发达国家的差距。为了民族的利益，为了我们自己也为了子孙后代的幸福，我们的一些老同志主动把领导的职务让给了年富力强的同志，一些不懂现代化管理的同志被撤换下来而代之以懂技术、善管理的行家，一些思想保守、不求无功但求无过的同志为锐意进取、勇于开拓的改革者所替代。

由此，尊重知识和知识分子的社会风气正在形成。知识在增值，知识分子的地位在提高。自学成才已成为社会风尚。人们逐渐意识到知识的重要性，懂得科学能致富的道理。人们相信科学胜于尊重传统，一切传统观念都要在科学面前受到评判。随着两个文明的同步发展，不需要太长的时间，必将出现一个文明战胜野蛮、真理战胜谬误、善良战胜邪恶、诚实战胜虚伪、科学战胜迷信、富强取代贫穷的国家。在这个过程中，人们的思想将得到净化，人们的道德品质必将有很大程度的提高。

第三，随着新技术革命的深入，人的价值观念发生了深刻的变化。系统论告诉我们：整个世界是由各种不同的微观系统、中等系统和宏观系统构成的。社会是系统，国家是系统，民主是系统，生产是系统，文化是系统，阶级是系统，国家制度是系统，人本身也是作为系统而存在的。在这不同质的、不同层次的系统中，每个人都被纳入了系统的环节，成为不同层次系统的主体。无论从哪一个系统层次的角度看，人都不能是孤立的，个人只能作为系统的一个环节而存在。离开他人，离开别的系统，任何个人的单独存在都是不可能的。因此，个人聪明才智的发挥、个人价值的实现都离不开社会这个大系统。一方面，只有在社会这个系统中人才能作为人而存在，在社会之外的生活的"人"，是不能成其为"人"的。人作为人而存在本身就体现了人的价值。人不能作为人而存在，还谈何价值呢？另一方面，人在社会系统中只有和他人、他系统发生相互依赖的关系时才能实现自己的价值。正像链环的强度不是取决于最强的一环而是取决于最弱的一环（只要最弱的一环断了，整个链环就开了）一样，系统功能的最大限度发挥也不是取决于最有力量的某个人，而是取决于力量最弱的人。只要弱者把握的环节断开了，那么整个系统功能的最大限度发挥必定受到影响。在关键时刻，也正像下棋一步走错而全局失败一样，会使整个系统功能降至最低水平。因此，离开系统，个人价值是无法实现的，个人价值的大小也将取决于系统功能的大小。

上述道理，正在被越来越多的人理解，没有系统的存在，就没有自己的存在；个人的价值不在于从系统中获得什么，而在于能在系统中发挥作用，为系统功能的发挥贡献什么，正如张海迪同志所说："人的价值在于贡献而不是索取。"那些只想着从系统中索取而不想为系统做贡献的人，是没有什么价值可言的。在我们的日常生活中，互相帮助，为他人排忧解难的风气正在兴起。解除别人的痛苦和困难，也就是解除自己的痛苦和困难！不少人为社会这个大系统做出了自己的贡献，从这个意义上说，也就实现了自己的价值。

第四，道德评价标准由片面走向全面。这从三个方面可以体现出来。

其一，我国素有尊敬老人的优良传统，但如何才算真正尊敬老人？其标准是具体的、历史的、不断发生变化的。新中国建立的初期，党和人民对革命的老前辈给予了应有的肯定，人民对他们有着无限的尊敬之情，在长期的斗争生活中，他们在领导岗位上工作多年，有着丰富的工作和斗争经验，具有很强的组织能力和领导才干以及较高的思想素质，由他们出任我们党和国家机构的各级领导是当之无愧的，受到人民的赞赏也是理所当然的。但是 20 世纪 50 年代末期以后，部分老同志与群众失去了从前那种血肉般的联系。实事求是少了，官僚作风重了，不同意见听少了，恭维话听多了，工作中的失误现象不断出现。人民虽然在观念上还保持着对他们的尊敬，但仅是由记忆里所珍藏的往事而引起的，现在已说不出他们所做的新的功绩，也看不到他们开辟的新天地了。人民对他们敬而远之，既尊敬他们，又为如此下去而感到担忧。一次、两次工作中的失误会得到人民的谅解，如果是多次失误就会挫伤人民的感情，使人民失望，与人民的距离越来越远，导致其威信降低。

随着社会的发展，尤其是在新的技术革命面前，人们认识到，评价是否尊敬老前辈，是否热爱领袖人物，不能从观念出发，而是既要看到他们在历史上的功绩，又要看到他们在现实中的作为，从片面走向全面。把为革命事业立过殊勋的老前辈终身放在领导岗位上，并不是真正地尊敬他们，于他们的身体健康不利，对革命事业也不利。正确的做法应当是：解除他们的繁忙事务，使其退居二线，回到人民中去，倾听群众的呼声，为一线的同志出谋划策，提供经验，把握航向；让他们撰写回忆录，写下坎坷的经历、血的教训、宝贵的经验，留下珍贵的史料、无价的财富；让他们安度晚年，健康长寿，这才是真正地尊敬老前辈，热爱领袖！事实上，一些德高望重的老同志已经这样做了。

其二，重农抑商的观念正被农商并重的观念代替。我国素来注重农业生产的发展，这在小农经济占优势的封建社会里，是有道理的。但是到了社会主义时代，还推行"重农抑商"的政策，认为只有农业才能创造财富，商业不能创造财富，甚至认为"无商不奸"，这就错了。这种错误的观念和政策制约了我国生产力的发展，是我国长期以来经济落后的主要原因之一。在过去的一段时期内，我们有相当一部分同志仍然受着这种思想的支配，变得目光狭小，夜郎自大。现在，随着社会化生产的日益发展，人们认识到，自资本主义生产关系建立以来，商品已成了各地区、各国家联系的纽带，它渗透到世界的各个角落，把任何一个地区都纳入了世界市场，从而把世界连成一体。科学技术、生产等已成为世界性的了。再闭起门来，搞自给自足的自然经济必定会被世界经济抛弃。商品经济和社会主义的计划经济并不是对立的，它可以在计划经济的指导下得到新的发展，并能够对计划经济起到补充的作用。因此，我们必须在计划经济的指导下大力发展商品经济，尊重价值规律，允许、提倡竞争，注重流通环节，活跃市场，丰富人民生活。"重农抑商"已转变为农商并重，"无商不奸"的观念正在被为民经商的新观念代替。

其三，社会生活丰富多彩引起了社会舆论的变化。如衣着服饰方面，在"灰海洋""蓝海洋""黄海洋"的年代里，穿戴讲究些、多样化一些便被斥为资产阶级的生活方式，是变修、忘本。哪位同志头发留个新样式，长一点儿，便被斥为"流氓"。现在人们放眼世界，不再囿于灰、蓝、黄等单调的色彩，而是力图用各种色调把社会、家庭、自己美化。穿戴整洁、漂亮，不仅美化了自己，也是对他人的尊重。再如，多年来，我们的绝大部分同志评价某人老实（诚实的意思）与否，往往从辞令方面来判断。如善辞令，则曰：此人油腔滑调，不老实；不善辞令则被认为忠厚老实。其实，老实与否，是不能用话语的多少来衡量的。在信息量日增的社会里，人们必须增加相互的交往。要交往，语言是第一位的工具。不善辞令，唯唯诺诺，就不能很好地进行交流，当然就不可能获得最新的消息，也不会有广泛的交际。善辞令，表里如一，言行一致，敢想、敢说、敢做、敢当正是新的时代开拓型人才必备的条件之一。

我们可从上述三个主要方面窥见新的社会生活所引起的道德评价标准的变化。变化的趋势是：随着社会生活的多样化，道德评价标准必将注重动机和效果的统一，使之从片面走向全面。这种变化对社会生活的健康发展是有利的，它促进社会生活的多样化，使其向更加完美的形式发展。

三

上面我们考察新的技术革命所引起的传统道德观念变化的四个主要表现说明，这些变化有利于道德进步和社会进步。但是，也应当看到，新的技术革命的浪潮使有些同志感到头晕目眩，改变了个别人的人生航向，他们趁新技术革命之机，干起了伤天害理、误国害民的勾当。其主要表现有四种。

新技术革命使农民的思想观念发生了变化，越来越多的农民跳出了小生产的圈子，摆脱了传统观念的束缚，走上了科学致富或者劳动致富的道路。但是，也有些人仅顾眼前利益，置长远利益而不顾。最突出的一个表现，就是农村青年辍学问题。从眼前利益出发，增加劳动力会较快地富起来。但是，从长远利益出发，科学技术正迅猛发展，不为科学普及和应用工作培养人才，必将影响其发展。随着科技的发展，社会越来越需要掌握科学技术知识的新人，而青少年中途辍学，荒废了学业，又怎能适应科学技术的发展趋势呢？这不能不说是与我们迎接新技术革命背道而驰的。

新技术革命首先是作为生产力而出现的，带来的是经济的腾飞、物质财富的增加。而在商品还存在的社会里，金钱也就意味着财富，人们对物质财富的追求在思想上表现为对金钱的追求。但是，有些人把为人民服务置之度外，一味追求金钱，这是错误的做法。当前，"一切向钱看"的思想在一些人的脑海里还占有一定的位置，"给多少钱，干多少活"的观念还普遍存在。这些人，把人与人之间的关系看成是金钱关系、利用与被利用的关系。趁对外开放、对内搞活经济之机，资产阶级的"拜金主义"观乘虚而入，腐蚀着一些人的思想，这是新技术革命的一股逆流。对此，我们不能放松警惕。

"无商不奸"的观念当然不符合我国的现实，但是，确实有人打着"为民经商"的旗号，干着地地道道奸商的勾当。他们利用人们追求名牌的心理，把劣质商品改头换面，贴上名牌商标，冒充名牌货，牟取暴利。有人利用一些人迷信洋货的心理，把国产商品加上"洋"字商标出售。产品广告也总是写进口某国先进技术或设备，或由某外国公司生产零部件，本厂组装等，似乎带上点儿"洋"味儿便抬高了身价。有的做生意缺斤少两，有的偷税漏税，有的进行黑市交易等。这些现象虽然不是主流，但其危害性大，既损坏国家荣誉，又坑害群众利益，我们必须加强市场管理，严明党纪国法，加强对从业人员的教育。

新技术革命使产品质量迅速提高。随着人们生活水平的提高，人们对产品质量的要求也越来越高。目前，发达国家的某些商品质量比我们的要高，这也是事实。但是，绝不能为了自己的眼前利益而置国家民族的长远利益不顾。有些人利令智昏，利用国人追求高档商品的心理，竟逃避国家关税，走私贩私，把一些质次价廉的商品偷运入境，严重损害了国家和人民的利益。有的人在开放城市拦截境外人员进行非法汇兑，为满足私欲，不惜出卖肉体和人格；有的以成立某种企业、公司为名，买空卖空，投机诈骗，勒索钱财等。所有这些，严重扰乱了金融市场的程序，而且损害了人民的利益，也损害了中华民族的尊严，对他们应严加惩处。

上述种种现象，从反面教育我们，在变革的时期，必须加强社会主义的道德教育和法制教育。我们在鼓励致富的同时，还要弄清致富问题上的道德与不道德的分野。一切用正当手段，不危害国家和人民利益的勤劳致富都是道德的；相反，那些用歪门邪道，损害他人利益来谋取自己利益的，丧失国格、人格致富的都是不道德的，是可耻的，也是社会主义法纪所不允许的。在经济改革中，如果不加强社会主义道德教育和法制教育，就不能使经济腾飞和道德进步同步进行，甚至会造成生活水平高了社会风气反而糟了的现象，还会使经济改革的成果落入个别人的腰包，影响人民群众改革的积极性，从而也不能使经济改革顺利进行。因此，加强社会主义道德教育是经济改革中一项十分紧迫而又重要的任务。

综上所述，新技术革命所引起的传统道德观念变化，有利于我国的经济改革和社会的进步。但是也存在一些消极因素，这些消极因素与经济改革、社会进步是不相容的。因此，我们既不能盲目地认为变化就是好的，良莠不分，也不能因噎废食，看到消极因素就全盘否定、抵制新技术革命或者干脆再来个关门自守。如果这样，不要说我们的传统道德观念将失去光彩，我们的国家、民族也会走回头路，使历史的悲剧重演。有些人受历史影响较深，固守传统道德观念，甚至把其中的糟粕当"国粹"，对新技术革命所带来的伦理道德观念的变化，缺乏应有的认识，没有看到传统道德观念的变化是大势所趋，历史之必然。还有一些人，认为传统道德观念似乎是一种束缚人的东西，只有彻底砸碎传统道德观念的枷锁，历史才能发展，社会才会进步。这两种认识和态度都具有片面性。一味恪守旧观念，故步自封，只能是从另一个方面扼杀传统道德观念，使之丧失旺盛的生命力。完全抛弃传统道德观念，离开民族特点和文化背景，就会使新思想、新观念的产生和发展失去根基和立足点，也不能为广大人民群众所接受。因此，在迎接新技术革命的关头，我们一定要努力使我们的传统道德观念适应时代的发展，改变其必须改变的内容，更新其必须更新的形式。但发展是在一定基础上的发展，绝不能离开中华五千年的文明史，更不能离开当今社会主义中的特点，离开马克思主义的指导。否则，我们将无法使社会主义的意识形态沿着正确的轨道前进。我们必须借新技术革命之机，将传统道德观念注入时代的新鲜血液，促成具有中国特色的社会主义精神文明迅速发展。

［原文发表于《信阳师范学院学报（哲学社会科学版）》，1986 年第 2 期］

由"两个改造"的关系看"两个文明"建设的内在统一性

物质文明建设和精神文明建设的关系，是中国社会主义现代化建设中一个具有全局性的重大关系。对"两个文明"的关系认识正确与否，关系到两手抓、两手都要硬的方针能否得到认真贯彻，关系到"三个代表"能否认真落实，关系到建设有中国特色社会主义事业的成败。本文试从改造客观世界和改造主观世界相统一的角度，对物质文明建设和精神文明建设的内在统一性作些探讨。

1. "两个改造"的统一是"两个文明"建设有机统一的内在根据

马克思主义把人们改造世界的活动分为两个方面：改造客观世界和改造主观世界，这二者是有机统一的。改造客观世界是改造主观世界的基础，人们只能在改造客观世界的实践活动中，通过这种活动来改造自己的主观世界。对主观世界的改造，不仅是个理论问题，从根本上来说，更是一个实践问题。人的主观世界是人在长期的实践活动中所形成的相对稳定的内心世界，它能动地反映和改造客观世界。在主观精神世界中，世界观和人生观是其核心，人的其他精神要素都要受世界观和人生观的影响，而世界观和人生观是在人的社会生活实践中产生和形成的。人的主观精神世界还包括在世界观、人生观基础上形成的信念、信仰、价值观念、理想追求，以及与此相联系的思想情操、道德风尚和劳动态度等，此外，还包括人的认识能力、思维方法和文化素养、科学水平、劳动技能等。所有这些精神素质的产生和形成，都离不开社会存在，离不开社会实践。因此，改造主观精神世界，除了灌输、教育、做思想政治工作、加强自我修养之外，最根本的还是要依靠对客观世界的改造。

客观世界的改造也离不开主观世界的改造。人们改造客观世界的实践活动，是主观见之于客观的东西，是人类特有的变革现实世界的活动，是有目的地改造外部世界的活动。所谓"能动地""有目的地"，是指这种活动是在一定的思想、理论指导下且含有特定价值取向的活动。而要能动地、有效地变革外部现实世界，就需要使思想、理论、价值取向等主观因素符合客观，使主观和客观达到"具体的、历史的统一"。由于客观世界极其复杂和人的主观的局限性，主观与客观的矛盾是经常发生的，常常存在不相一致的情况。主观不符合客观，脱离了客观，就会导致实践的失败，就达不到改造客观世界的目的。自然界的斗争是这样，社会的斗争也是这样；一件平凡的工作如此，一场伟大的革命更是如此。然而，主观和客观的矛盾又是可以在人类的实践过程中逐步得到解决的。这就要求我们在改造客观世界的同时，自觉地改造主观世界，提高认识能力和思想水平，改造主观世界同客观世界的关系。

改造主观世界的根本目的是改造客观世界。改造客观世界与改造主观世界是辩证统一的。为了有效地改造客观世界，必须改造主观世界；而主观世界的改造，又必须在改造客观世界的实践活动中来进行。改造客观世界的实践不断发展，决定了人们的认识的不断发展和主观世界的不断改造；而主观世界的改造又反过来推动了改造客观世界的实践活动。整个人类社会历史的发展，就是这种不断改造客观世界，同时又不断地改造主观世界的过程。

2. 精神文明建设离不开物质文明建设，并且只有通过物质文明建设才能得以实现

精神文明建设是人们改造主观精神世界的活动，作为改善人们的社会意识和更新人们的主观观念的过程，绝不可能在脱离人们对客观世界的改造过程中进行，也就是不可能在脱离人们的物质生产活动和社会物质生活过程的条件下而孤立地取得丰硕的成果。

物质文明建设是精神文明建设的前提，它为精神文明建设提供必要的物质生活保证。人们只有进行物质生产活动，才有可能从事科学、文化、艺术等精神生产活动。物质生产越发展越先进，物质生活资料越丰富，物质生活条件越优裕，人们从事物质生产的时间就相对减少，也就有了更多的时间和更大的精力来从事精神产品的创造，更有力地促进精神文明的发展。

物质文明建设为精神文明建设提供必要的物质条件。人们改造主观精神世界离不开对客观世界的改造而获得的物质手段和物质条件。精神生产并不是纯思维的自身的"意念"活动，它必须不同程度地依赖一定的物质条件才能进行。科学实验需要实验室、仪器，教育活动需要教室、教学设备，这些物质条件，需要物质生产来提供，需要物质文明成果来满足。

物质文明建设还为精神文明建设提供必要的实践经验。相对于物质文明，精神文明是社会生活的精神方面，根源于物质文明，它所反映的内容最终来源于物质生产过程。物质文明建设的实践经验越丰富，作为它反映的精神文明也就越能对它做出正确的概括，精神文明的内容也就越丰富。人们改造客观世界的活动越深入，越是能向自然界的深度和广度进军，人们的精神状态也就越能向深层次日益迈进，对主观精神世界的改造才能步入一个广阔和深远的层面。

不仅如此，物质文明建设对于精神文明建设的重要意义还在于，人们对主观精神世界的改造必须在改造客观世界的实践过程中进行并通过对客观世界的改造体现出来。马克思主义唯物史观认为，社会存在决定社会意识，人们的社会意识随着社会存在的改变而改变。坚持这一原理，就应该从对客观世界的改造出发来理解对主观世界的改造，从加强物质文明建设的角度来谈精神文明建设，在物质文明建设的过程中进行精神文明建设。人们只能在对客观世界的改造过程中并通过这种改造来改造自己的主观精神世界。精神文明作为人们之间的观念关系，既不能从它们本身来理解，也不能从所谓人类精神的一般发展来理解，相反，它们根源于物质的生活关系。没有对客观世界改造的深化，没有这种物质的生活关系的更新，就不会有精神文明建设的发展和进步。另外，精神文明建设究竟取得了怎样的成效，也绝不可能离开对客观世界的改造、离开物质文明建设而凭空总结，归根到底要看精神文明在多大程度上推动了对客观世界的改造，推动了物质文明建设，根本标志是看物质文明的持续发展水平。离开物质文明建设，精神文明建设不仅无法进行，且没有意义，也失去了衡量和评价的标准。

3. 物质文明建设也离不开精神文明建设，物质文明建设中不仅渗透精神文明的因素，而且靠精神文明保证它正确的发展方向

人类对客观世界的改造同动物对环境的适应有着本质的区别，它本身是一个极其复杂的过程。一方面，人类要实现对客观世界的有效改造，必须充分发挥人类所特有的能动性，去认识和把握客观世界的本质和规律，从而找到改造客观世界的有效方法和手段。另一方面，由于客观世界属性的多样性，人们在对客观世界改造之前，必须明确改造客观世界的目的和方向，以规范其实践活动。可见，物质文明建设同样离不开精神文明建设。精神文明并不是物质文明的简单的派生物或附属品，它有其相对的独立性，反过来也制约和影响着物质文明的建设。这种制约和影响作用具体表现在：

第一，精神文明建设为物质文明建设提供智力支持。人们改造客观世界，不仅要依靠体力，更重要的是依靠脑力，依靠人自身的聪明才智，在现代社会尤其如此。精神文明中先进的教育、科学、文化对社会物质文明的发展起着极大的推动作用。

第二，精神文明建设为物质文明建设提供精神动力。对客观物质世界的改造虽然是人的客观实践活动，但这种活动本身水平之高低、力量之大小、成效之显隐，除了物质条件、物质手段、智力因素之外还与人的主观精神状态有着密切的联系。远大的理想、坚定的信念、高尚的道德情操等，可以极大地激发人们的创造热情，对物质文明建设起着强有力的推动作用，成为人们进行物质文明建设的强大精神支柱。

第三，精神文明渗透于物质文明建设之中，为物质文明建设提供方向保证。物质文明之所以是"文明"而不同于纯粹的自然物质，一方面，在于物质文明之中体现着作为社会主体的人的利益、愿望、意志需要和本质力量渗透着的精神因素。可以说，物质文明是人类智慧的结晶。另一方面，一定的物质文明总是特定的历史时代的产物，物质生产总要受到政治、精神条件的制约。产品为谁生产，物质财富为谁创造、怎么创造，物质财富如何分配，物质文明应怎样享用等，所有这些都不是物质文明建设本身能解决的，而要靠精神文明建设去解决，要受到精神文明性质的决定和引导。因而，在物质文明建设过程中，在社会物质产品的生产、交换、分配、消费过程中，精神文明贯彻始终。例如在分配领域，产品如何分配，既是社会物质生产目的的直接体现，又决定着整个社会如何看待公平、公正问题，反过来还影响物质生产的发展。

4. 克服"两张皮"现象，把"两个文明"建设作为统一的奋斗目标

"两个改造"的有机统一，决定了物质文明建设和精神文明建设的内在统一性。在当前的实际工作中，精神文明建设不够理想，其原因首先是认识问题，许多同志特别是领导同志在如何进行精神文明建设，如何处理物质文明和精神文明建设的关系上，始终存在着认识上的偏差，割裂两者的辩证关系，形成"两张皮"的现象：一是认为物质活动领域并无精神文明可言，把精神文明建设仅仅看作是宣传、思想、文化部门的事，其结果是物质生产部门单纯追求经济效益，忽视思想、文化、道德方面的建设，对精神文明建设"说起来重要，做起来次要，忙起来不要"。二是不注意把精神文明建设落实到经济生活中去，只就"精神"讲精神文明建设，其结果是精神文明的许多因素并没能渗透进社会物质生活领域，精神文明建设成了空洞、抽象的口号。这种在实际工作

中只抓物质文明、不抓精神文明，先抓物质文明、后抓精神文明，或者以牺牲精神文明去求一时一地的"经济效益"的行为，正是由于对"两个改造"的关系缺乏全面的理解，自觉不自觉地割裂了物质文明建设和精神文明建设的内在统一性。

社会主义物质文明和社会主义精神文明是社会主义现代化建设统一的奋斗目标，物质文明和精神文明都搞好，才是中国特色社会主义。我们要深入理解和正确把握两个文明建设的内在统一性，始终坚持两手抓、两手都要硬，把"两个文明"作为统一的奋斗目标，一起部署，一起落实，一起检查，以形成物质文明建设和精神文明建设相互促进、协调发展的良好局面，推动社会的全面进步。

（原文发表于《中州学刊》，2002 年第 2 期）

试论道德理想与道德现实

改革开放以来，随着市场经济的发展，我国人民的道德生活发生了很大变化。旧的伦理道德正在逐渐丧失其规范的作用，新的伦理道德在逐步形成之中，还没有完全起到规范人们行为的作用。因而，怎样从现实的道德状况来看待共产主义的道德理想，如何从共产主义的道德理想来衡量现实的道德状况，是在理论和实践上都必须弄清楚的重要问题。

所谓道德理想就是一定的理想人格，是人们所追求的理想的道德境界。不同的阶级有不同的道德理想。无产阶级的道德理想是无产阶级的理想人格，是无产阶级树立的道德典范，这种道德理想是共产主义的道德理想，它是共产主义理想的一个有机组成部分。

共产主义道德理想是无产阶级和广大劳动人民在长期的革命斗争实践中形成的，它包含极为丰富的内容。它把共产主义事业视为最神圣、最壮丽的事业，为了共产主义事业，不惜牺牲个人的一切。集体主义原则是共产主义道德规范的实质和核心。它要求个人利益必须服从集体利益，在必要的时候，为了集体的利益而牺牲个人的利益，真正做到大公无私。可以说，共产主义的道德理想就是共产主义的道德原则和道德规范的概括与结晶，是共产主义道德原则和规范的有机结合或融合。既是对共产主义战士具体要求的体现，又要通过无产阶级的最优秀的人物表现出来，为人们所共同景仰，成为人们行动的楷模。这种理想的人格，就是共产主义的道德理想。

所谓道德现实，就是我们当前所面临的道德关系、道德现象的总和，也就是我们身在其中的道德状况。我国目前存在三种不同层次的道德境界。

第一，大公无私的道德境界。具有这种道德境界的人不多，仅为少数优秀人物所具有，但其价值导向作用很大。他们大公无私的品行成为人们学习的榜样和追求的目标。这是一种最高的道德境界，社会也会为有这种道德境界的人而感到骄傲。

第二，先公后私的道德境界。这种境界的要求相对较低，为一般人所具有。在当前发展市场经济的前提下，他们热爱祖国，希望国家和民族尽快强盛起来，并为此而努力。他们诚实劳动，以自己的体力或智力来谋取个人利益，并且其行为都在法律许可范围之内。在处理"公"与"私"的问题上，他们会以集体利益为重，先公而后私，但较少牺牲自己的个人利益。他们拥护改革开放的政策，但是在对待具体的改革措施上，他们总是希望得到利益，不愿为社会利益完全牺牲个人利益，所以当改革措施不利于自己的个人利益时，则持反对态度。可见，从整体上看，他们支持改革开放，但具体来讲，他们支持有利于自己的改革措施。从我们目前的情况来看，具有这种道德境界的人最多。加强共产主义的道德教育，提高人们的道德水平，必须十分重视这一部分人。

第三，自私自利的道德境界。随着改革开放的深入，以及资产阶级腐朽思想的侵蚀等原因，具有这种道德境界的人比前些年增多了。一些人将出现这种现象的原因归结为市场经济的发展，这是有失公允的。诚然，商品经济具有追求价值的属性，对价值的追求与社会主义的生产目的之间会产生矛盾；商品经济还具有以交换为媒介的属性，在交换领域中，容易产生商品生产的个别劳动与社会劳动之间的矛盾；商品经济的运动以商品生产者的特殊利益为出发点和归宿，社会主义企业作为商品生产者往往把自己的特殊利益放在首位，而社会主义商品经济的特性，只允许企业把社会利益放在首位，不允许企业把自身的特殊利益当作企业行为的最高准则等。所有这些商品经济的一般性质都可能带来一些消极影响，导致一些商品生产者自私自利、拜金主义的思想和行为的出现。但我们的市场经济是建立在公有制基础之上的，因而由市场经济的一般性质带来的消极道德现象会得到限制和克服。从现实的道德生活来看，现阶段许多不良风气并不是商品经济发达的伴生物，而是在落后的生产力和文化背景下由商品经济的启动而形成的落后现象。

从上面对现实的道德状况的分析可以看出，道德现实与共产主义道德理想之间存在着矛盾。从一般意义上来说，任何理想都高于现实，共产主义的道德也是高于我们今天的道德现实的。共产主义道德理想是共产主义的道德原则和道德规范的概括与结晶，是无产阶级和广大劳动人民行为的最高标准的集中体现。人们只有以此为行为标准，才能够达到一定的理想人格，达到大公无私的道德境界。这种道德理想在今天不可能完全成为道德现实。不然它就不会被叫作道德理想，就不再是人们所追求的道德典范。当然从一定的意义上也可以说它是道德现实，但它是明天的、未来的道德现实，正如普列汉诺夫指出的，恩格斯"也曾有过

'理想'，但是他的理想从来没有脱离过现实。他的理想也就是现实，但这是明天的现实，是将要发生的现实"①。可见，理想与现实存在区别。

就我国目前的道德现实来看，只有第一种道德境界即大公无私的道德境界与共产主义的道德理想是完全吻合的。第二种道德境界即先公后私的道德境界虽不与共产主义道德理想相冲突，但不是完全一致的。共产主义的道德理想要求在处理个人和集体的关系时，不仅要先公后私，而且为了集体、国家的利益不惜牺牲自己的个人利益，要一切以集体利益为重。而先公后私的道德境界虽能做到先集体后个人，却是以不牺牲自己的个人利益为前提。可见，这种道德境界与共产主义道德理想之间虽有一致性，但毕竟还存在着差距。第三种道德境界即自私自利的道德境界，它和共产主义道德理想之间不存在一致性，它们是根本对立的。它体现为实际生活中损公肥私、损人利己、贪污受贿、贪赃枉法、坑蒙拐骗等行为，这些假、恶、丑的东西与共产主义道德理想的真、善、美的要求是毫不相容的。在这个领域，现实的道德状况与共产主义的道德理想之间的矛盾和斗争是十分尖锐和激烈的。进行共产主义的道德理想教育，开展意识形态领域的斗争，树立正确的价值导向，就显得异常必要和迫切。

我国的道德现实异常复杂，道德现实与道德理想之间存在着较大的差距。由此能否得出这样一个结论：共产主义的道德理想只是可望而不可即的幻影，是无法到达的"彼岸"？我们认为不能得出这样的结论。我们当然要看到共产主义道德理想与道德现实的差距，看到二者的矛盾和冲突，但更应该从二者的矛盾和冲突中看到二者的一致和统一。二者的一致和统一主要表现在四个方面。

第一，我国道德现实的发展趋势与共产主义的道德理想是一致的。人类的道德，总的来讲是随着历史的发展而不断进步的。虽然在某个时代也有曲折，甚至发生过倒退现象，但进步的总趋势是不可阻挡的。社会主义社会为人类道德的进步创造了良好的条件，公有制的建立从根本上消灭了剥削制度，人对人的奴役已成为历史。人与人之间互相敌对、尔虞我诈的关系被新型的同志式的互相合作关系代替。人与人、个人与集体、集体与国家的根本利益是一致的，它们之间没有根本的利害冲

---

① 普列汉诺夫. 普列汉诺夫哲学著作选集：第一卷［M］. 曹葆华，译. 北京：生活·读书·新知三联书店，1959：547.

突。马克思主义、毛泽东思想在意识形态领域占据主导地位，对社会意识包括社会道德的发展起着正确的指导作用。随着社会发展，我国现实的道德水平也必将不断提高。

共产主义的道德理想依据的是共产主义的人生观和道德要求所企求达到的一定的理想人格和对未来社会道德的憧憬，它是对无产阶级优秀道德品质的反映。它正确地认识了人类社会发展的客观规律，因而能够把握现实情况以适应这种发展的趋势，成为无产阶级争取社会进步和道德进步的指南。正因为共产主义的道德理想正确地反映并预见了道德现实的发展趋势，适应了时代进步的潮流，代表了广大人民的利益和意志，它才有如此巨大的鼓舞力量。为了实现共产主义的道德理想，战争年代无数先烈献出了宝贵的生命，在社会主义建设事业中又涌现出了许多可歌可泣的事迹。因此，不论是从道德现实的发展趋势还是以共产主义的道德理想所表现的时代潮流来看，二者的发展方向都是一致的。如果二者在总体上不一致，会导致两种情况：一是共产主义的道德理想没能正确地反映道德现实，或者是脱离了道德现实，要是这样的话，共产主义的道德理想只能是空想或幻想，而不能叫作理想——理想之所以叫作理想，就是因为它包含在现实之中，一刻也没有脱离现实，这样，共产主义的道德理想也就不会成为人们追求的目标，不会成为鼓舞人们前进的精神动力；二是现实的道德不是进步向上的。以上这些显而易见是与历史事实和当前的现实相违背的。

第二，共产主义的道德理想与作为这种理想的体现者的道德典型即理想人格的道德品质是一致的。实际上，共产主义的道德理想是对无产阶级的优秀人物的道德品质的概括和反映，它体现在无产阶级的理想人物身上，体现在这种理想人物的高尚的道德品质之中。共产主义的道德理想在无产阶级革命家身上得到了最完美的体现。马克思、恩格斯、列宁、毛泽东、周恩来等，他们不仅是无产阶级革命家、理论家，也是无产阶级的道德典型。

马克思为了人类的解放而辛苦奔波了一生，他的一生是完全忘我的异常坚强的一生。政治上遭到的迫害，敌人的不断攻击，资产阶级报刊的流言中伤，没有国籍的世界公民式的流亡生活，多次使其全家陷入极端艰难的境地。亲人的疾病，四个孩子的死亡……马克思经受了这一切，他没有因此动摇而是更加坚定了为人类献身的信念，他在写给保尔·拉法格的信中说："你知道，我已经把我的全部财产献给了革命斗争，我对此一点不感到懊悔。相反地，要是我重新开始生命历程，我仍然会这样做。"① 尽管他十分贫穷，但是只要一有可能，他就会慷慨地帮助自己的战友和朋友。为了搭救朋友，他曾典当过妻子的衣服和首饰为朋友请医生、买药。他坚决反对为他个人树碑立传、歌功颂德，这些均表现出了一个无产阶级革命家所具有的高尚品德。马克思与恩格斯的友谊在国际共产主义运动史上更是被传为佳话。恩格斯不仅为从事革命斗争放弃了优裕的生活条件，而且竭尽全力帮助马克思。马克思看完了《资本论》的校样后，立刻写信给恩格斯说："没有你为我作的牺牲，我是绝不可能完成这三卷书的巨大工作的。"② 可见，恩格斯对马克思的帮助是多么重要。

在我国的革命和建设事业中，周恩来的一言一行都贯穿着毫不利己专门利人，全心全意为人民服务的精神。工作上他勤勤恳恳，与人民同甘苦共患难，严于律己，宽以待人，把自己的一生都献给了党和人民。因此，周恩来成了我们的楷模。其他老一辈无产阶级革命家也都是共产主义的道德理想的体现者，他们的人格为后人所景仰，他们的高尚品质为后人所仰慕。

第三，共产主义的道德理想与先进人物的高尚的行为和优秀的道德品质是一致的。共产主义的道德理想不仅仅体现在无产阶级革命家身上，也体现在优秀的共产主义战士身上。毛泽东曾写过《为人民服务》一文，称赞"张思德同志是为人民的利益而死的，他的死是比泰山还要重的"③。在《纪念白求恩》一文中，毛泽东号召要向白求恩学习。他说："一个外国人，毫不利己的动机，把中国人民的解放事业当作他自己的事业，这是什么精神？这是国际主义的精神，每个共产党员都要学习这种精神。""我们大家要学习他毫无自私自利之心的精神。从这点出发，就可以变为大有利于人民的人。"④ 毛泽东还发出了"向雷锋同志学习"的号召，在我国掀起了学习雷锋的热潮，涌现出了大批雷锋式的先进人物，促进了社会风气的好转。毛泽东提出要以张思德、白求恩、雷锋等为做人的榜样，把他们看作道德理想的化身。这种道德典型激励人们勤奋工作，全心全意为人民服务。他们高尚的道德品质体现出共产主义道德理想的要求，成为人们努力追求的理想人格。

---

① 马克思，恩格斯．马克思恩格斯全集：第三十一卷［M］．中共中央马克思恩格斯列宁斯大林著作编译局，译．北京：人民出版社，1972：521.
② 马克思，恩格斯．马克思恩格斯全集：第三十一卷［M］．中共中央马克思恩格斯列宁斯大林著作编译局，译．北京：人民出版社，1972：328 – 329.
③ 毛泽东．毛泽东选集：第三卷［M］．北京：人民出版社，1963：1004.
④ 毛泽东．毛泽东选集：第二卷［M］．北京：人民出版社，1966：659 – 660.

第四，共产主义的道德理想与一般人的优秀品质也是一致的。共产主义的道德理想集中体现了人民群众的一切优秀品质。每一个普通人都有某一方面的优秀品质，这些优秀品质就为共产主义道德理想概括为其内容。因此，共产主义的道德理想存在于道德现实之中，每一个普通人的身上都有共产主义道德理想的闪现。

综上所述，共产主义的道德理想虽然高于道德现实，但毕竟来源于道德现实，并在现实的道德生活中闪现，存在于道德现实之中。并且，在一定条件下二者可以相互转化。

共产主义道德理想是在最先进的理论——马克思主义指导之下形成的，建立在对社会发展的客观规律的正确认识的基础之上。它一经形成就不会消极地适应和服从于历史遗留下来的问题，而必然要按照自己的面貌来积极地影响道德现实，并通过与实践相联系的道德活动来改革道德现实。共产主义的道德理想还能成为社会生产发展的巨大精神动力。人们按照共产主义道德的要求约束自己的言行，在劳动中充分发挥自己的聪明才智，为社会、为人民尽职尽责，不计较个人得失，不计较报酬高低，充分发扬主人翁精神，从而提高劳动生产率，推动社会主义事业的发展。社会主义事业的进步和发展又为道德现实的发展创造了条件，也为共产主义的道德理想向道德现实转变创造了条件；道德现实的发展又不断地充实着共产主义的道德理想，使共产主义的道德理想向更高的形态发展，并向人们提出更新更高的要求。可见，共产主义的道德理想伟大且平凡，是可以转化为道德现实的。

但是，必须明确，共产主义的道德理想向道德现实转化的方式及程度都要受到许多条件的制约，这种转化不是自然而然发生的。要实现这种转化，其一，必须大力发展社会生产力、发展社会主义的市场经济。商品经济是一把"双刃剑"，它的一般属性固然有使道德沦丧的一面，但它的主导作用是引导人们奋发向上。商品经济的发展有助于人们之间形成平等、互助、合作的新型关系，有助于人们塑造诚实、公正、守信、自主等道德品质，整个社会也会因此表现出奋发向上、勇于进取的道德风貌。社会主义条件下的市场经济，更能够限制由商品经济的共同属性而带来的消极道德现象，促进道德的进步。市场经济的发展必将促进生产力的发展，生产力的发展为道德现实的进步提供了良好的社会物质条件。其二，大力开展精神文明建设，树立正确的价值导向，提高人们的道德水平。这包括提高人民群众的科学文化水平和道德水平。热爱科学、尊重知识、勤奋学习、刻苦攻关，本来就是共产主义道德理想的有机内容。一个科学发展水平极低的民族，很难实现共产主义道德理想，因而提高科学文化水平是实现道德理想的重要条件。加强共产主义的道德教育，利用理想人格的力量影响道德现实，树立正确的价值导向，同样是道德理想转化为道德现实的一个重要条件。其中最具有现实意义的是惩治腐败，纠正行业不正之风。党和政府工作中存在的腐败现象和行业不正之风，是社会风气不好的重要表现。要下决心根治这种现象，就要大力进行共产主义的道德教育（包括职业道德教育），树立一心为民的道德典型，激励人们追求理想的人格，从而提高人们的道德水平，使共产主义的道德理想逐步转化为道德现实。

综上所述，我们既要看到共产主义道德理想与道德现实的对立，也要看到二者的一致和统一。仅仅看到二者的对立，忽视或抹杀二者的一致和统一，要么就是把共产主义道德理想看成是脱离现实的，高不可攀的，这实际上就阻塞了通向道德理想的道路；要么就是贬低现实的道德，认为我国的道德现实是"世风日下，人心不古"，这就歪曲了我国的道德现实，把自私自利这种极少数人所具有的道德境界夸大为所有人都具有的道德境界，用一些消极的道德现象来否定先进的道德典型，直至否定马克思主义，否定社会主义的优越性。但是，如果仅仅看到二者的一致和统一的一面，而否认二者的差别和对立，就会忽视进行共产主义道德教育的必要性，社会主义精神文明建设这"一手软"的现象还将继续发展下去，其结果必将是资产阶级的道德原则和价值观念盛行。可见，忽视或抹杀任何一面，不仅在理论上是错误的，在实践上也是极为有害的。只有真正弄清共产主义的道德理想和道德现实的关系，才能明确地将共产主义的道德理想作为我们现实道德生活的指路明灯和我们为之奋斗的道德目标；也才能看到，在马克思主义指导下，随着社会主义生产力的发展，现实道德生活的一些消极现象必将越来越少，一代有理想、有文化、有道德、有纪律的"四有"新人正逐渐成长，成为社会主义现代化建设事业的主力军。

（该文与刘武军合著，原文发表于《天中学刊》，1998 年第 A1 期）

权力的利益属性

英国著名的思想家罗素在《权力论》中指出："在人类无限的欲望中，居首位的是权力欲和荣誉欲。"① 这虽有失偏颇，却道出了权力的重要性。自人类社会产生时起，权力也就相伴而生。随着阶级的产生和国家的出现，权力已经渗透到社会生活的各个方面。社会阶级、集团、个人采取种种手段获取权力，其动机是多种多样的，其中一个重要的原因就在于权力具有利益的属性。分析、研究权力的利益属性，有助于深刻揭示许多社会现象的内在本质，对于社会主义市场经济的发展和社会主义民主政治的建设也具有指导意义。

1. 权力的概念

简单地说，权力就是一种对他人、组织或相关财富的支配、指挥、控制力量。权力存在的一般基础，在于人们社会生活的相互依赖性，在于社会生活客观上需要协调和管理。因此，权力源于社会本身。随着社会的发展，社会关系变得越来越复杂，对社会关系进行协调和管理就显得愈加重要。权力存在于人类社会的始终，是与人类社会共存的一种永恒的社会现象。在社会发展的每一个特殊阶段，人们提出的不是权力存在不存在、要不要权力的问题，而是由谁来行使权力、怎样行使权力以及利用权力维护哪些人的利益等问题。

从权力的主体来看，任何权力都有一个获得、承认和行使的过程，所谓"天赋"权力是不存在的。权力主体获得权力之后，还要通过一定的形式，实际地对他人和组织及相关财富进行控制和支配。只有树立一定的权威，权力主体所获得的权力才能被承认，也才能够顺利地行使权力。反之，即使采取一些手段获得了权力，如果不被权力范围内的个人和组织承认，这种权力就形同虚设，无法在实际社会生活中正常行使。权力行使的效果受权力的性质和行使方式的制约。个人专断式的独裁权力，往往会激起权力控制对象的反抗。而民主的符合民意的权力，

① 伯特兰·罗素. 权力论［M］. 靳建国，译. 北京：东方出版社，1988：3.

则容易取得较好的行使效果。

权力有不同的类型。从权力主体的角度，可以把权力分为个人权力和团体权力。个人权力的主体是个人，个人直接掌握和行使权力。团体权力的主体是团体，团体权力的常设执行机构可称为权力机关。国家权力常常是由国家权力机关来行使，具体的国家权力机关又由具体的被赋予法人代表资格的个人来主持。因此，国家权力总是要分解为国家权力机关的权力和个人权力。离开国家权力机关和主持国家权力机关的个人，国家权力就没有依托，也就无法行使；离开国家权力和国家权力机关的权力，个人的权力就没有归属，就是一种非法权力。

从权力的获得方式这个角度，可以把权力分为四种基本类型：世袭的权力、选举的权力、委任的权力和非法占有的权力。世袭的权力主要表现为奴隶社会和封建社会的君主权力，这种权力在一些资本主义国家至今仍然存在，如王室制度。选举的权力从古至今皆有，是由公民投票选举产生的。委任的权力是由上级组织通过一定的形式任命的权力。非法占有的权力是个人或组织通过非法手段所拥有的权力，如称霸一方的流氓团伙头目的权力等。在这四种基本的权力类型中，选举的权力和委任的权力是最基本的形式。在选举制的情况下，权力法人是自下而上选举产生的，责任关系是被选中者对选民负责。而在委任制的情况下，权力来自上一级的委任，责任关系是被委任者对任命者负责。在现代社会中，二者往往是结合在一起的，既没有纯粹的选举，也没有纯粹的委任。

从权力的存在形态这个角度，可以把权力分为政治控制权力和经济指挥权力。政治控制权力在国家权力中表现为三种形式：立法权、执法权和行政权。这三种权力都是为社会经济基础服务，维护统治阶级利益的。经济指挥权力来自对生产资料的占有，是对资源的分配、生产的过程进行管理和控制的权力。

政治权力和经济权力是社会上存在的两种基本的权力形式。从整个社会范围来看，经济权力是政治权力的基础，甚至可以说，政治权力来自经济权力。阶级和国家产生之后，谁掌握国家权力呢？历来是占有生产资料，也就是拥有经济权力的阶级执掌国家大权。因此，谁在经济领域中居于控制地位，谁就必然要在政治以及思想领域中居于统治地位。政治权力是经济权力的屏障，失去了政治权力，经济利益就会受到损害，经济权力也就会逐步丧失。

在社会主义国家，生产资料由劳动人民共同占有，从根本上说，无论是政治权力还是经济权力都属于人民。但是，权力的行使也需要借助一定的形式。在我国长期的计划经济体制下，政府和企业权责关系不清，利益关系不明，未能处理好政治权力和经济权力的关系。从原则上讲，任何国家机器都既掌握着无上的政治权力，也掌握着无上的经济权力。但是，在权力行使的过程中，国家权力机关的政治权力和直接管理企业生产经营的经济权力应该分离。政治权力和直接管理企业生产经营的经济权力集于一身的现象是高度集权的产物，它容易导致政企不分，权力交叉使用，部分权力主体的政治权力的非正常膨胀和对经济利益的瓜分，以及社会生活中一系列不良现象的产生。

随着社会主义市场经济体制的建立，必然要求政企分开，政治权力和经济权力分开。政府只对经济发挥宏观调控的作用，不应再去行使直接管理企业生产经营的微观经济权力，应把这种经济权力还给企业，以调动企业的积极性，增强企业的活力，发展生产力。在计划经济体制和市场经济体制交替、转轨的过程中，由于政治权力和微观经济权力尚未完全分开，客观上就存在着较为广泛的滥用权力和滋生腐败现象的外部条件。

权力和权利，都是法的概念。权力，是一种以法的形式固定的对社会各方面的管理关系。权利，是一种以法的形式得到社会承认的对物质利益和精神利益的分配关系。如果说权力主要反映的是一定的社会政治生活的话，那么，权利则主要反映的是一定的社会经济生活。二者有着极为密切的联系。

权力机关是行使权力的机构。政府机构行使国家赋予的权力，因而是国家权力的化身。由国家任命的权力机关的官员，便是权力的行使者。权力机关在行使国家权力时，必须体现统治阶级的意志，并保证统治阶级的经济利益得到最充分的实现。

2. 权力的功能

权力作为一种支配力量，有其不可替代的功能。

（1）贯彻和实现个人意图的功能。

权力是"自我"倍增的捷径。人作为社会的主体，总是想通过自己的活动影响和改造客体，使客体发生符合主体的愿望、意志和目的的变化。这既体现了人的主体地位，也进一步增强了主体的支配力量。主体支配力量的增强，事实上是"自我"的倍增。任何个人要实现"自我"的倍增，扩大自己的影响力，实现自己的个人意图，没有权力是很难做到的。罗素说："由于有权比无权更能使我们实现自己的欲望，而且权力还能使我们赢得他人的尊敬，所以撇开怯懦的影响不谈，人们自然希望得到权力。"① 只有借助权力，通过支配、控制别人为自己的目标服务，才能实现自己的意图。

在社会主义社会，权力属于人民。人民把权力交给他们的代表来行使。在这种情况下，个人所拥有的权力的功能是双重的：一方面，他要用权力去实现人民的意志，满足人民的意愿和要求；另一方面，作为社会中的一员，他又可利用权力实现自己的意图。这两方面，有时是统一的，如果权力的拥有者把自己的意图融入人民的愿望之中，权力的双重功能都能实现；有时又是不统一的，如果权力的拥有者的意图与人民群众的愿望和要求相背离，权力的双重功能则是分离的、对立的。

（2）贯彻和实现团体、政党意图的功能。

国家是为了实现统治阶级的利益而建立起来的暴力机关。掌握国家政权的统治阶级必然利用权力来实现本阶级的意图。从实质上讲，所谓全民的国家是不存在的，国家只能是统治阶级的国家，也只有统治阶级才掌握国家权力。统治阶级利用自己掌握的权力实现自己的利益，镇压被统治阶级的反抗，维护自己的统治。

任何团体、政党也都是为了实现一定的目的而建立的。一方面，它们努力争取拥有较多的权力，并借助权力来贯彻和实现自己的意图；另一方面，团体、政党的领导人也利用这些权力在实现团体、政党的目的同时，实现个人目的。

（3）维护利益的功能。

无论是个人权力还是团体权力都担负着维护个人和团体利益的功能。权力在实现个人和团体的意图当中，最根本的就是保护权力拥有者的既得利益，争取权力拥有者的期望利益。

人们的利益可分为物质利益和精神利益两大类。物质利益可以满足利益主体的物质需要，而精神利益则可以满足利益主体的精神需要。物质需要是人的最基本的需要，这种需要得到了满足，人类社会才能存在和发展。但是，人毕竟不同于动物，除了需要得到物质的满足之外，还需要得到精神上的满足。因此，只讲物质利益，不讲精神利益是片面的。

权力对人们的物质利益和精神利益都有维护的功能。国家权力，从根本而言，就是维护统治阶级的经济利益的。不仅如此，国家权力还要

---

① 伯特兰·罗素. 权力论［M］. 靳建国，译. 北京：东方出版社，1988：14.

保证统治阶级在思想文化领域里的控制地位，还要维护统治者的尊严、荣誉等，也就是维护统治者的精神利益。

社会主义国家的权力同样要维护人民的物质利益和精神利益，它要体现人民的社会主人翁地位，维护国家和人民的尊严。

3. 权力的利益属性

权力不仅具有维护利益的功能，而且它本身就具有利益的属性。

首先，权力的利益属性表现为，权力的主体地位一经确立，即可得到利益，如职务、荣誉、尊崇等。趋炎附势现象的产生和存在就已经说明权力主体得到了一定的精神利益，这种精神利益是与权力相伴而生的。

其次，权力的利益属性还表现为，权力主体拥有权力后就具备权力膨胀和攫取利益的条件。权力的膨胀必然伴随有物质利益和精神利益的扩展。薪俸的增加、名望的扩大本身都属于利益。从这一角度来看，谋取权力就意味着谋取利益，权力的膨胀就意味着利益的扩展。权力涉足之处，利益便会跟踪而至。掌握权力者便可以得到相应的物质利益和精神利益。权力的诱惑从根本上说是利益的诱惑。

最后，权力的利益属性还表现为，一切权力之争。当然，这里既包括物质利益之争，也包括精神利益之争。在社会发展的不同历史时期，在不同的权力主体身上，争夺权力有的是为了国家民族、阶级或大多数人的利益，有的是为了小集团、少数人或某个人的利益；有的主要是为了获得物质利益，有的则主要是为了获得精神利益。但在更多的情况下，由于物质利益和精神利益的密不可分性，总是兼而有之。从古至今，人类社会一直处于无休止的纷争之中，口诛笔伐、战火硝烟。革命也好，改革也罢，都是为了权力的争夺和调整；而权力之争实质上是利益的争夺。正如马克思所说："人们奋斗所争取的一切，都同他们的利益有关。"① 认识和把握了权力的这种利益属性，也就在一定程度揭示了权力斗争的深刻根源。

权力的利益属性具体表现在两个方面：

第一，权力的物质利益属性。它是指权力主体（群体或个体）具有谋取和维护自身物质利益的条件和功能。从宏观上看，国家作为最高权力的拥有者，必须借助权力获取、保护行使权力需要的那部分财富。国家以税收、利润分成等多种财政收入的形式使权力转化为对物质财富

---

① 马克思，恩格斯. 马克思恩格斯全集：第一卷［M］. 中共中央马克思恩格斯列宁斯大林著作编译局，译. 北京：人民出版社，1956：82.

的拥有和使用。另外，国家机器也会凭借其掌握的权力，干预经济运行，获取更大的经济利益。从微观上看，任何掌握了权力的个人，都有条件获取相应的物质利益。这里大致分三种情况：其一，获取合法物质利益。权力主体按照行使权力所承担的职责大小以及级别的高低，依据相应的法规便可获得相应的经济利益。如职位越高，权力越大，承担的责任越多，其物质待遇相应的也就越高。其二，取得派生物质利益。由权力地位可以派生出一些物质利益，如领导在用车、住房等方面的特殊待遇等。其三，攫取非法物质利益。这种物质利益多数是以隐蔽的方式获取的，如贪污受贿等。在任何社会制度下，都有一部分道德素质低劣的人在攫取了一定权力之后，以权谋私。这种人会利用各种关系、各种渠道、各种法规之间的空隙、体制转轨期间的时间差等，在权力的行使过程中非法获取个人利益。这种现象发生的普遍程度与以下因素有关：第一是经济体制的运行形式和法规的严密成熟程度；第二是制约机制的建设和有效程度；第三是经济发展水平，也包括权力法人的待遇合理程度和消费需求；第四是掌权人的道德文化素质。

第二，权力的精神利益属性。这是指权力能够带来一定的精神利益。罗素说："一般说来，获得荣誉最简便的方法是获得权力，这尤其适用于那些从事公共事业的人。因此，总的说来，荣誉欲所引起的行为与权力欲所引起的行为完全相同。实际上，这两种动机可以视为同一的东西。"① 权力带来一定的精神利益，主要有三种情况：其一，权力地位本身就是一种荣誉的象征，如我国一直就有谋上一官半职，可以光宗耀祖之说；其二，有些权力本身并无多少实权，却使人享有至高无上的荣誉，如现在一些国家的国王，荣誉多于实权，其实这是一种荣誉性的权力；其三，权力地位本身为发挥人的聪明才智提供了便利条件。俗话说，在其位，才能谋其政。没有权力，不处于一定的地位，即使有一腔的热情和非凡的才能，也往往"英雄无用武之地"。有了权力和地位就具备了施展才华的条件和机会，从这种意义上说，权力本身就意味着一定的尊严和荣誉。

权力和利益不仅相互依赖，相互渗透，而且在一定条件下可以相互转化。这种转化有正当和不正当两种形式。

在社会主义条件下，权力和利益转化的正当形式是，利用人民赋予的权力为人民谋利益，维护国家、民族的尊严和荣誉，同时也会从社会

---

① 伯特兰·罗素. 权力论 [M]. 靳建国，译. 北京：东方出版社，1988：3.

中得到与自己的贡献相一致的物质利益和精神利益。也就是说，对社会尽到了责任，做出了贡献，社会也就给予个人以尊重和报偿。这是权力向利益的转化。利益向权力的转化有两种情况：其一，一些人对社会抱有强烈的责任心，为社会做出了较大的贡献，不计报酬，不谋私利，深得人民的信任和赞誉，人民总是愿意把权力交给这样的人。其二，具有一定物质财富的人，乐于参与社会公益活动，如投资办学、架桥、修路等，得到人民的信赖，人民也愿意把权力委任给这样的人。

权力和利益转化的不正当形式突出表现为以权谋私、权钱交易。这是任何社会制度下都难以完全避免的腐败行为。从权力向利益的转化来看，某些权力的拥有者利用职权谋取不正当的物质利益和精神利益，如在权力的行使过程中收受贿赂，利用职权骗取职称、占有成果、攫取荣誉等。

4. 权力的膨胀、萎缩和约束

权力发生之后，由于社会关系的日益复杂化，从个体来看，一个人所拥有的权力的大小是由其所在权力机构中的地位决定的。但这只是一般的情况。在特殊的条件下，权力在行使过程中会出现萎缩或膨胀现象，权力的萎缩来源于权力的限制或部分权力的丧失，权力的膨胀可分为正常膨胀和非正常膨胀。对权力的非正常膨胀如不加以约束，极易导致权力的滥用和腐败。

（1）权力的膨胀。

任何取得权力的主体都有权力膨胀的欲望，在实际社会生活中权力和职位并不是完全同步的，这里所说的权力膨胀是指实际权力的膨胀，它主要有三种情况。

第一，由于上级的信任，职位的提升，发生权力膨胀，对于委任的权力来讲尤其如此。在委任制的情况下，上级行政长官把他对社会的责任转移到被委任者身上。被委任者只是间接地对社会负责，直接地对上级负责，接受上级的监督。这样，权力的行使者只要按上级的意图行事，政绩突出，使上级满意、放心，能得到上级的信任，就可能得到更大的权力，上级会把一些更重要的事务交由他来处理，从而形成权力的正常膨胀。

第二，由选举取得的权力。由于政绩突出（或宣传效果好），符合民意，得到选民的支持，在新的选举中广大选民会把更大的权力委托给他，从而发生权力的膨胀。这在本质上是广大选民把自己的意愿、要求、目标和希望寄托在被选举人身上。从法律上说，当选者应对选民负责，接受选民的监督。如果当选者在行使权力的过程中，体现了选民的意志，维护了选民的利益，必然会受到选民的支持，在选民中树立起崇高的威信。这种权力膨胀亦属于正常膨胀。

第三，权力的非正常膨胀。权力行使者利用多种手段使自身实力增强，也会使其拥有的权力膨胀，这往往取决于权力依托对象力量的增强。如治物之权，当物的价值增加时，权力膨胀。在短缺经济条件下，物资缺乏，掌握生产、生活资料尤其是紧俏的生产、生活资料的部门和个人权力就会发生膨胀。治人之权，所治之人贡献突出，紧密团结，则权力膨胀。从反面来讲，权力行使者巧结网络，使一部分人言听计从，并形成力量，他所拥有的权力不仅会超出范围，而且会发生非正常膨胀。

（2）权力的萎缩。

掌握权力者因多种原因而造成政绩不佳，失去或部分失去上级领导或广大选民的信任和支持，使其权力在调整中发生萎缩。这里所说的萎缩，包括免除职务（权力）、调换成荣誉性职务、权力分解、增加限制条件等多种方式。造成权力萎缩的原因通常有三种类型。一是能力低下型萎缩，在实际权力行使过程中发现掌权者的能力偏低造成政绩不佳，而不得不采取使其权力萎缩的措施。二是政见分歧型萎缩，这里所说的分歧包括认识的分歧、政策的分歧、思想方法的分歧、权力手段的分歧等。一旦掌权人与其上级领导或同事发生严重的分歧，达到了不易调解的程度，必然会进行权力的调整，在调整中发生权力萎缩。在具体操作上有两种形式，一种是自上而下的，叫作免除职务或调离；另一种是自下而上的，叫作辞职。三是过失型萎缩，指掌权人在履行职责的过程中出现过失，如失职造成重大损失、违法犯罪、生活作风等方面发生了问题，在领导和选民中引起强烈不满，使其无法再行使权力从而造成权力萎缩。权力的膨胀和萎缩与其利益的膨胀和萎缩是相伴而生的。

（3）权力的约束。

对权力必须实施一定形式的、有效的约束。不受制约的权力必然导致权力的滥用或权力关系的畸变。为此，几乎所有的国家都制定了相应的法律、法规，并设置了相应的监督、检查机构。其目的一方面要保障正当权力的实施，另一方面对权力实行约束，以防止权力的滥用。这种约束既有纵向的上下级之间的约束，又有横向的职能机关之间的约束。在社会主义国家，虽然一切权力属于人民，但这并不意味着广大人民对国家和社会进行直接的管理。对社会的直接管理只能委托一部分代表来进行。由于权力行使者具有权力的化身和社会普通一员的双重身份，更由于社会主义社会生产力发展的现状，还没有使每个社会成员的物质利益以及精神利益的多样性得到充分的满足，一旦管理者的信仰、责任、道德承受不了个人私利的重压时，以权谋私就极有可能成为现实。因此，对权力进行约束是十分必要的。人民群众虽然不直接参与对国家和社会的管理，但这并不是把人民群众完全排斥在国家权力之外。人民有权调控和监督管理者，使管理者按自己的意愿行事，维护自己的利益。所以，在社会主义国家对权力进行约束，又是可能的。

对权力的制约，除了加强权力主体的责任感、道德感之外，还要具有外部的约束机制和条件。

从横向来看，对权力的制约可分为过程制约和后期制约。过程制约，也就是权力分解制约，对权力进行分解，形成权力的相互制约机制，避免权力集中于一个部门或一个人之手。后期制约，也就是监督制约，是对权力行使后果的一种监督，这就要求我们建立有效的监督制约机制，实施多种形式的监督。

从纵向来看，对权力的制约，一是发挥上级监察纪检部门的作用，二是发挥下级和广大人民群众的监督作用。从体制上，变委任制为选举制，使管理者直接对选民负责，接受选民的监督；切实加强民主法治建设，如邓小平同志所说的那样，使人民真正有权选举、监督、弹劾、罢免各级官员。

完备的法制是权力制约的依据。只有对制约的对象、手段、方式、途径以及权力本身的行使范围和方式都做出明确的法律规定，权力制约才有法可依，有章可循。完备的法制还是权力制约的保证。用法律的形式把选举、监督、弹劾、罢免及其程序确定下来，并由国家强制力量来保证实施，才能使之发挥效力。

在人类社会发展的长河中，要组织协调社会的生产、生活、生存、发展等各项活动，权力是不可缺少的，并将永远存在下去。利益（包括物质利益和精神利益）作为权力的一种属性或权力主体的猎取物，也将与权力相伴而生。在不同的群体（包括国家、民族、阶级、党派等）或个体之间进行的权力争夺、分配中，利益格局的变化是必然的，它是问题的实质。权力的膨胀意味着利益的膨胀，权力的萎缩意味着利益的损失，权力的约束必须伴随着利益的约束或运用利益手段来实施。以上就是本文希望说清楚的主要问题。

［该文与古杰一合著，原文发表于《信阳师范学院学报（哲学社会科学版）》，1995 年第 1 期］

权力过程中的错位现象

　　任何具体权力的形成、巩固、扩展、萎缩和终结都是一个过程。这个过程从时间上来说可能是漫长的，也可能是短暂的。权力在不同层次上的法定群体（或个体）作为一个相对独立的系统总在和外界发生相互作用，如权力的行使、授予、免除、作用、服务、评价、制约、监督和终结等，并由此不断带来权力的扩展和萎缩、更替和消亡。从宏观上看，权力作为一个相对独立的系统，对外部的作用主要表现为权力行使和权力服务。而外部对权力系统的作用，则主要表现为权力的授予（或免除），权力的监督（或制约）。通常情况下，和权力系统发生作用的外部系统按照功能来分，包括权力的授予（或免除）系统、权力的监督（或制约）系统、权力的作用对象系统和权力的服务对象系统。为叙述的方便，我们分别把它们称为权力的授权主体、监督主体、作用对象群体和服务对象群体。这些外部系统的功能很多情况下是交叉和统一的，如权力的作用对象和服务对象的同一，权力的作用对象和监督主体的同一；也有些是相互分离的，如权力的作用对象和授权主体的分离，权力的作用对象和服务对象的分离等。前者被称为"同位现象"，后者为"错位现象"。在任何权力过程中这种同位和错位现象都是普遍存在的，只是程度有所不同，从而会形成不同的权力效果。权力过程中的错位现象是权力得不到有效行使并诱发腐败现象发生的根源之一。本文试图从理论和现实的角度对权力过程中的错位现象进行探讨。

　　1. 权力存在的必要性及其在社会发展中的作用

　　恩格斯在《论权威》一文中指出："一方面是一定的权威，不管它是怎样形成的，另一方面是一定的服从。这两者，不管社会组织怎样，在产品的生产和流通赖以进行的物质条件下，都是我们所必需的。"①权力是任何社会组织都不可缺少的。众多的权力形成权力网络，借助这

---

　　① 中共中央马克思恩格斯列宁斯大林著作编译局. 马克思恩格斯选集：第二卷［M］.
北京：人民出版社，1972：553.

个权力网络才能把社会组织成一个密切联系、井然有序的有机体。社会权力的行使者运用物质的、精神的驱动手段，协调社会生活，推动社会的经济、政治、文化、科学、教育等各项事业的运行和顺利发展，促进社会的全面进步。人在社会中生活，会经常和权力打交道。小部分人掌握着权力，拥有支配他人和社会财富的荣耀，大部分人则受着权力的支配。但是，不论是掌权者还是服从者，都对权力有一种天生的追求。罗素指出："在人类无限的欲望中，居首位的是权力欲和荣誉欲……当舒适的生活得到保障时，个人和团体所追求的将是权力而不是财产：他们也许以追求财产来作为得到权力的手段，也许为获得权力增加而放弃财产的增加。"① 他还说："由于有权比无权更能使我们实现自己的欲望，而且权力还能使我们赢得他人的尊敬，所以撇开怯懦的影响不谈，人们自然希望得到权力。"② 罗素的看法尽管有失偏颇，但也说明权力对个人的极端重要性。

权力的行使对社会秩序的稳定有着重要意义。当然，权力的行使必须是正当的、规范的，权力行使不规范会造成社会秩序紊乱。由于权力的分配向来都是不平均的，因此，当用权力来协调各种社会关系时也会形成一定程度的冲突。但是，对于一定的社会或社会组织而言，一定程度的冲突恰恰是社会及其组织保持活力所必需的。20 世纪 40 年代中期以前，大多数社会学家和管理学家认为冲突是有害无益的，冲突的存在被认为是管理不善的结果。根据这一传统观点，应该避免任何冲突。近年来，管理学家逐渐改变了对冲突的看法。大量的事实证明，冲突是任何组织都不可避免的，且往往是保证高绩效所必需的。冲突可以促使社会及其组织寻求新的策略和方针，帮助其克服停滞和自满情绪。所以，由权力的运用所引起的冲突并不可怕，关键的问题是要确认适宜的冲突程度。若行使权力时软弱无力，就不能对冲突程度进行有效的调节。当然，权力运用过度也会阻碍社会的发展。

2. 权力的存在是一个过程

对具体权力的研究和评价应通过审视其整个过程来进行。所谓权力过程，是从权力行使主体的选拔、任用到权力行使、监督、终结和评价各个阶段的统称；从一般意义上看，权力过程主要包括三个环节——权力的授予、权力的行使和权力的终结。

---

① 伯特兰·罗素. 权力论 [M]. 靳建国，译. 北京：东方出版社，1988：3-4.
② 伯特兰·罗素. 权力论 [M]. 靳建国，译. 北京：东方出版社，1988：14

权力的授予是指通过一定方式把公共权力授予某个集团或个人，使之具备行使该项权力的条件。权力的授予又可以分为两个阶段：授权准备和授权。在授权准备阶段，授权者要对所授之权有明确且严格的规定，包括对权力性质、权力范围、权力变更、权力终止等都应有所限定。对权力行使主体也要有所限定，包括权力行使主体的自然条件——年龄和健康状况；社会条件——对授权者的忠诚程度、文化素质、管理能力等。在任何社会，授权准备过程中对权力及权力行使主体的限定都是十分必要的。对所授之权界定不清，权力主体不可能正确地行使权力，对权力的监督也无从谈起。对权力行使主体界定不清，就不能做到人尽其才，才尽其用。对权力和权力行使主体的限定，各国一般以法律的形式固定下来，以避免随意性。授权阶段其实是一个程序，即以什么方式把权力授予权力行使主体。授权形式一般有世袭、选举、委任以及非法占有这四种。在这四种授权形式中，选举和委任是最基本的形式。在选举制的情况下，权力行使主体是自下而上选举产生的，责任关系是权力行使主体对选民负责。而在委任制的情况下，权力来自上级的委任，责任关系是被委任者（权力行使主体）对任命者负责。在现代社会中，二者往往是结合在一起的，既没有纯粹的选举，也没有纯粹的委任。上述四种授权形式是和平时期的授权形式。在社会动荡、变更时期，除上述形式之外，权力的授予、获得往往是通过武力、政变等方式进行的，这其间既有进步的，也有反动的。

权力行使主体通过一定方式得到权力后，就开始履行职责。在权力执行过程中，要求权力行使主体严格执行在授权准备阶段对权力的限定。权力行使主体必须在其权力范围内活动，既不能超越自己的职责范围而滥用权力，也不能有权不用，不履行职责，出现"权力无为"。不同性质的权力在行使过程中都具有贯彻和实现个人、团体、政党、阶层、阶级意图的功能和维护它们利益的功能。通常情况下，具体的权力都具有三种自然属性，一是权力的顺利行使，二是权力的巩固和延续（时间概念），三是权力的扩展和膨胀（空间概念）。在一般情况下，如果权利行使主体能在授权限定或法定的权力范围内去行使权力，且权力对象服从于权力行使主体的控制，那么权力就能得到顺利行使。特别是在和平时期且权力的授予得到了权力对象的普遍认可时就更是如此。当然，如果权力行使主体在行使权力的过程中越出了职责范围或出现"权力无为"的现象，权力就不能得到正常行使。在权力的行使过程中，权力有发生膨胀的可能。对于委任的权力，由于上级的信任和职位的升迁而发生权力膨胀；对于选举的权力，由于政绩突出，深得民心，在下一轮选举中得到更大的权力而发生膨胀；当权力依托的力量增强时，即使职位不变也会出现权力的非正常膨胀。有膨胀就有萎缩。由于多种原因，权力行使的主体在行使权力的过程中政绩不佳，失去或部分失去上级或选民的信任和支持，从而造成权力的萎缩。

权力的终结是指权力一个周期（一个任期）的结束。权力的终结一般有两种形式：一是正常的形式。由选举产生的权力行使主体任期届满；由任命产生的权力行使主体进行正常的更替；由世袭产生的权力行使主体因自然的原因（权力行使主体去世、因重病而让位等）而更替，这些都属于正常形式的权力终结。二是非正常的形式。由选举产生的权力行使主体因不能正确、有效地行使职责而被罢免，或因主政出现重大失误而被弹劾；由任命产生的权力行使主体因工作失误被撤职，由世袭产生的权力行使主体因政变而被夺权等，这些都属于非正常形式的权力终结。一般情况下，在一个权力终结时，必须对权力的行使情况进行评价。权力评价可以通过多种形式来进行，如民众评价、组织评价、个人评价。通过这种方式，可对权力行使主体履行职责的情况及权力作用的效果做出正确的评判。在权力评价过程中，还将考察对权力的限定是否适当，对设置不当的权力应予以适当调整。

3. 权力过程中的同位与错位

从横向来看，权力过程交织着多个主体的多种相互作用。从授权与被授权的角度来看，有授权主体与权力行使主体；从权力的行使与监督的角度来看，有权力行使主体与权力监督主体；从权力的作用和服务的角度来看，有作用对象和服务对象，这些不同的主体在权力过程中的三个重要功能（授权、监督、服务）方面所发挥的作用既存在同位现象，也存在错位现象。

（1）授权主体与权力行使主体。

授权主体是把权力授予权力行使主体的人（或群体）。权力行使主体是权力的行使者。事实上，权力行使主体有广义和狭义之分。从理论上讲，权力应该属于人民，因而广义的权力行使主体是人民，特别是在人民当家做主的社会主义国家就更应该是如此。但是，由于多种因素的制约，权力的分配在任何时候都不是平均的，也就是说，人们在行使权力时总会受到这样或那样的条件的制约，因而总是有的人权多、权大，有的人权少、权小。为保证社会运转的高效率，对某一具体的社会事务的决定不可能人人参与，而总是把权力赋予某些符合权力限定要求的人，由他们来代表人民行使权力。这些人，就是狭义的权力行使主体。

同样的道理，授权主体也有广义和狭义之分。从广义上看，授权主体所授之权是人民给的，而授权本身也是一种权力，这种权力同样是人民给的。可见，广义的授权主体也应该是人民。但是，具体到某一权力的授予又总是由具体的人来实施的，这种具体实施授权行为的人就可以看作是狭义的授权主体。

从对授权主体和权力行使主体的分析中可以看出，授权主体和权力行使主体所授予和行使的权力都是人民给的，应该是同位的。也就是说，从理论上讲，广义的权力行使主体——人民，和广义的授权主体——人民是完全一致的、同位的。谁有授权之权，谁就可以享受权力带来的服务。因而，在社会主义国家，任何权力都是人民的，都是人民授予的，都应为人民服务。狭义的权力行使主体——权力行使者也理所当然地应该用自己所掌之权全心全意为人民服务。但是，在现实生活中授权主体和权力行使主体在对权力服务方向的认识上并不总是同位的，而是经常发生错位现象。诚然，权力行使主体的权力是人民授予的，其理应为人民服务。然而，对权力的授予又总是通过具体的人来实施的，这样，从形式上看，仿佛权力行使主体的权力是授权者给的，而不是通过民主选举由人民给的，加之各种机制不健全，就容易使权力行使主体把自己所掌握的权力用来为授权者个人或授权群体提供服务，而不是全心全意为人民服务。这种现象，我们称为权力行使主体确定服务对象上的错位现象。

授权主体与权力行使主体错位的现象在权力行使过程中经常发生。这种现象的实质在于对权力来源问题的不正确理解和对权力不规范的操作。在社会主义国家，真正的权力授予者是人民。人民授予某些"信得过"的人特殊的权力。行使权力授予权的人又把对各种社会事务的管理权授予"靠得住"的人——狭义的权力行使主体。权力行使主体着实应该忠实地用自己手中之权管理好社会事务，服务人民，造福社会。然而，由于有些人看不到权力最终属于人民，在权力行使主体期望权力稳固，甚至谋求权力扩展的时候，必然是只注意为授予自己之权的人服务，这就导致了权力服务的错位现象，以至于权钱交易、买官卖官等腐败现象的发生。

（2）权力行使主体与权力监督主体。

权力行使主体的含义一如上述，不再赘及。所谓权力监督主体，是对权力的授予、行使过程实施监督的人。权力监督主体既可以是全体公民，也可以是公民个人乃至社会舆论。为了使权力监督更便于操作和富有成效，一般设有专门的监督机构，承担监督职责，具体实施监督。对权力的监督大体上可分为三个方面：一是权力作用范围内的群众或群众代表监督。二是专门的监督机关的监督。监督机关专司监督之职，按照一定的程序对权力的行使过程履行监督的职能。三是领导部门或领导者监督。这种监督是上级对下级的监督、领导者对被领导者的监督。

上述三种监督形式，从本质上看，实际是两种：一种是代表人民群众的意志和根本利益的监督，这种监督是根本性的监督；另一种是代表领导机关或领导者个人意志和利益的监督。谁有权授予权力，谁就有权来监督权力的行使。在社会主义国家，权力属于人民，只有人民才有权把管理社会事务的具体权力授予某些人来行使。因此，由人民来行使对权力行使主体的监督是天经地义的。但是，不论是权力行使主体的权力，还是权力监督主体的权力，从理论上讲都是人民赋予的，但是具体操作上又总是通过具体的人或机构来执行。所以上级机关和专门的监督主体，一方面要对人民负责，另一方面又要对其授权机关负责，要贯彻授权者的意图。在对一个具体的权力行使主体实施监督的过程中，存在着两种相对独立进行的监督。一种是上级领导和专门监督机关的监督，另一种是权力作用对象（人民群众）的监督。这两种监督从实质上讲应该一致，都应该是符合人民根本利益的。但是当专门监督机关或领导机关、领导者实施的权力监督与人民的监督结果（或结论）不一致乃至相背离时，错位现象就出现了。这种错位现象在现实社会中也是大量存在的。如对同一权力行使主体，在权力作用范围内的人民群众看来，其可能是不称职的，群众对之做否定的评价，而在上级机关或上级领导者看来，该权力行使主体是称职的，甚至是政绩斐然的；为人民群众所肯定、所推崇的权力行使主体，在上级机关或上级领导者看来却是不称职的，不仅得不到提拔重用，还会使其权力萎缩。权力作用对象是权力行使范围内的人、物、事，也就是权力所及的人、物、事。权力服务对象是权力为之服务的人，既可能是权力作用范围之内的人，也可能是权力作用范围之外的人，如上级领导或权力主体的家属、亲友等。

从世界各国的法律条文来看，或者从各级领导人在任职时的承诺来看，权力都应该为权力作用范围内的人服务，也就是说，权力的服务对象应该是权力作用对象，接受管理者应该是服务的享有者，在社会主义国家中就更应该是如此。这就是权力作用对象和权力服务对象的同位。权力行使主体在权力作用范围内全面履行职责，全心全意为人民服务，这是真正的人民公仆。但是不少权力行使主体在其位不谋其政，该行使的权力不行使，该履行的职责不履行。他们把自己的权力服务方向向上转移，向自己的亲友倾斜，为了谋取自身权力的稳定和扩展向授权者提供合法或不合法的服务，滥用职权。这种滥用职权的实质就是权力作用对象和权力服务对象的错位现象。

总之，在权力过程中，既存同位现象，也存在错位现象。这些错位现象的存在，第一，造成对权力评价的错位，狭义的授权主体和广义的授权主体即人民群众对权力行使主体做出的评价有时会出现重大差异，由此必然影响权力实施的有效性和权力的信度。第二，必然造成权力服务对象的多元化，这正是当今腐败现象和不正之风之根源。第三，必然造成权力监督的软弱无力，应该监督者无权监督，有权监督者不去监督，或无法实施真实有效的监督。权力行使主体只为上级监督者服务而不去为人民服务，人民的主人翁地位难以真正确立。

要真正实现权力为人民服务，就必须逐步消除和减少权力过程中的错位现象。第一，从理论上弄清权力来源，使每个公民特别是社会管理者认识到，社会的一切权力属于人民，无论是政治权力还是经济权力，从根本上讲都为人民所拥有。下级从上级那里得到的权力，绝不是上级的私人所有物，同样是人民权力的一部分。第二，权力行使主体由于要受到上级的约束，因而受上级监督是理所当然的。但是，任何权力行使主体在受到自上而下的监督的同时，也要受下级的监督，特别是要受到人民群众的监督（最根本的监督）。在上级监督与下级监督发生矛盾时，要以下级监督为准。因此，必须建立和完善自下而上的监督机制，真正把人民群众置于权力监督者的位置。第三，对权力行使主体的权力行使范围进行严格的限定，使之只能把权力行使于权力的作用范围之内，为权力作用对象服务，同时要尽力限制权力服务对象的随意扩大化。权力服务对象的扩大就意味着腐败、不正之风的发生。为此，必须以立法的形式对权力行使主体的权限、职责范围、作用对象进行明确的规定，从而避免权力作用对象和权力服务对象的错位。

[该文与古杰一合著，原文发表于《信阳师范学院学报（哲学社会科学版）》，1999 年第 1 期]

人的规格化和利益分配的层次性

——论权利平等、能力差异及利益导向

在人类社会发展的历史长河中，围绕着不平等与求平等、剥削与反剥削、压迫与反压迫而进行的连绵不断的阶级或民族斗争，大批仁人志士始终奔走呼号，斗争拼搏，奋斗不息。中国革命的先驱孙中山先生终生倡导"天下为公""求中国之自由平等"；《国际歌》号召"起来，饥寒交迫的奴隶，……不要说我们一无所有，我们要做天下的主人"。但是，人类所追求的两个神圣的目标"平等"与"富裕"之间始终不存在直接的因果关系，尤其是在尚不富裕的社会状态下，当人们感受到其与现实的巨大反差后，平等、平均常被视为一种理想。在人民夺取政权以后，各项体现平等、平均的政策便会向政治、文化、经济等各个领域的方方面面延伸，在分配方面实现了平均分配、平均享用，这曾在一段时期内激发了劳苦大众的劳动热情。随着时间的推移，大家逐渐形成了一种朴素的共识：平均就是合理，差别就出现矛盾。长此以往，人们便发现这种平均主义的社会共识和分配政策并不能带来生产力的持续高速增长，它抑制了人们劳动积极性的充分发挥。平均主义不仅不能带来经济的腾飞，最终还会导致共同贫困。邓小平同志曾深刻指出："过去搞平均主义，吃'大锅饭'，实际上是共同落后，共同贫穷，我们就是吃了这个亏。"① 当然，利益的掠夺和收入过分悬殊，也将促成社会的不稳定和生产力发展的停滞。这里一个最关键的问题是，既要维护人的权利的平等，又要承认人的能力的差异并采取利益导向的办法，引导人们不断地提高自己的智能与体能，在经济建设和社会发展中使每个人的聪明才智都能得到充分的发挥。本文试图从这一角度出发，就有关问题提出一些看法。

1. 权利平等与能力差异

人类社会目前的状况是其自身数千年发展、演变的结果。尽管不同

---

① 邓小平. 邓小平文选：第三卷 [M]. 北京：人民出版社，1993：155.

的国家和民族，在社会制度、意识形态、种族肤色、生产力和生活水平等方面存在着巨大的差异，但人们在社会上应该享受同等的生存权利、政治权利、受教育权利和事业发展的权利，这在道义上历来是得到肯定和褒扬的，在多数国家的法律条文中也得到了认可。

平等的观念在历史上有其发展和演变过程。据英国生物学家达尔文《一个博物学者的环球旅行记》中的资料证实，原始部落里的人已有了强烈的平等观念。原始人的一切生活用品或战利品都要按照平等的原则进行分配。虽然这种古老的同原始的简陋生活条件相联系的平等观念随着私有制的产生逐步消失，但平等精神并没有因此而泯灭。公元前1世纪小亚细亚的奴隶起义，提出过"既没有富人也没有穷人，既没有奴隶也没有主人的太阳国"的平等理想。中国封建社会的农民起义，提出过"均贫富、等贵贱"等主张。18世纪法国资产阶级针对封建专制和等级制度，在《人权宣言》中宣称，"人们生来并且始终是自由的，在权利上是平等的"。人天生是平等的，在人格上平等，在法律面前平等。

但是，在私有制和阶级压迫的社会里，平等只是一种缥缈的奢望和社会发展的辅线，而不平等虽然冷酷却是普遍存在的现象，这成为阶级社会发展的一根主线。平等的理想为不平等的现实无情代替。在封建等级制下，"官大一级压死人"是国王与大臣之间、大官与小官之间不平等的真实写照。在封建地主阶级内部都如此，官员与百姓（统治者与被统治者）之间也就更无平等可言。资产阶级虽然以平等自诩，但其平等也只是在承认私有财产的不平等前提下的形式上的平等，所有人的权利平等，包括经济平等，都是不可能实现的。

社会主义制度的诞生根除了由私有制引起的经济上的不平等及其造成的政治上的不平等，使平等扩大为经济和社会生活各方面的平等。人民在政治上处于平等的地位，在经济上有各尽所能的平等义务和按照劳动贡献取得报酬的平等权利。但即使如此，社会主义在造就了目前人类社会最高形式的平等条件和平等环境的同时，也不可避免地存在着差异，如人们在经济收入和生活水平上的差别等。这种差异的产生有多方面的原因，如所有制形式非单一化、经营方式多样化、收入来源多元化等。除此之外，人们智能上的差异也不能不算是一个重要的原因。

由于人的素质受教育的条件和环境的影响，特别是个人立志成才奋斗的情况不同，人到成年以后，在智力、能力、技能、才干等方面便出现了差异，他们对社会所做出的贡献、发挥的作用、产生的影响也会有很大差别，而且这种差别必然要反映为收入和生活水平上的差别。当然这种差别对具体的个人来讲，不应该是一成不变的，而应该是一个动态的过程。不少人经过艰苦奋斗，刻苦学习，不断地总结经验、增长才干，从而使自己在人们按照智能所排成的队列中，不断调整到新的位置。

实行先进的社会制度的国家应该建立和形成一个有生机、有活力、有强烈竞争意识的成才环境，要制定一系列政策鼓励人们成才，要激励人们去掌握、去学习新的技能，开创新的事业，攀登新的科技高峰。要逐步建立起竞争上岗、优胜劣汰的用人机制，而不要把人们固定在某一岗位上，限定在某一层次上。

社会主义制度的一项职能就是维护人的权利平等，例如男女之间、民族之间……不允许存在任何歧视性的政策和规定。但是权利平等不等于能力相等，权利平等不排除人们能力上的差异。权利平等和能力差异虽然具有不同的含义，但又可以并存。

2. 社会分工序列的建立和人的能力规格的认定

社会劳动者能力和才干上的差异，不是现代社会才出现的，而是自有了人类社会以后就客观存在着的。原始部落依照人的性别、年龄进行自然分工，男子狩猎，女子采集，这种男女工种上的差异显然是由其能力差异决定的。在人类历史上，三次有重大意义的社会大分工（游牧业同农业的分离、手工业同农业的分离、商人的出现）和脑力劳动与体力劳动分离的出现，引起了社会劳动和劳动者队伍的分化，劳动者被区分为牧民、手工业者、农民、工人以及脑力劳动者与体力劳动者等。劳动者队伍的分化，使劳动者技能、工种上的差异得以发展。分工一方面是这种差别产生的结果，另一方面又促使这种差别一步步扩大。有分工就有协作，劳动者因分工被分化，又会因协作而联系起来，共同适应和推动社会生产的发展，但它不可能抹杀劳动者在分工序列中智力、技能、工种、岗位等的差别。

劳动者能力上的差异使得个体对社会发展所做贡献的不同，这点必然要在社会分工、社会评价、利益分配中体现出来。为了体现规范化、制度化、科学化，便于人才的培养、发现和管理，随着社会分工越来越细，对不同的专业岗位，就要建立一系列的专业技术职称或行政职务序列，并在每一个序列中划定不同的规格（或等级），如职务序列、学历序列、职称序列、技术等级序列、军衔制度、警衔制度等，对每个序列及其不同的规格都要拟定相应的标准、任职条件和岗位职责要求。随着社会生产力的发展和科学技术水平的提高，专业化分工日益增强，岗位序列将越来越多，条件和职能的划分也将越来越细致、具体。与此同时，有权威的组织人事（人才）劳动部门将制定的一系列民主、科学的评价办法和细则，通过层层的考核、评议、评审手段，给不同的劳动者以职务、职称、称号，经过聘任使其各就其位，从事不同的工作，担当不同的职责，并享受相应的待遇，这就是所谓人的规格化。

显然，人的规格化现象是社会分工发展的必然结果，没有分工，也就不会产生人的规格化问题。与此相联系，随着社会分工的发展，人的规格化在社会发展中的地位和作用也就显得越来越重要了。

在奴隶社会、封建社会那种落后的生产方式下，人的规格化尚处于萌芽时期，社会成员主要根据血统关系、地域关系、种族关系或少数权威者的意志来制定规格，如封建等级世袭制度、册封制度等。当时人的规格划分是终生定位，规格的升降没有多大科学性，一些偶然性因素有时却起到了决定性作用。

人的规格化的成熟与完善是资本主义生产关系发展起来以后的事情。19世纪末20世纪初，为适应资产阶级用最少的劳动时间获取最大的经济利益的需要，美国"管理科学之父"泰勒等学者开始进行工作时间的研究和操作标准化研究，并制定了某些重复性体力劳动操作的动作规范标准和劳动时间标准。与此同时，由于美国政府职能的扩大，使得文官管理愈来愈重要。几十万官员进行数以千计种类的工作，如不进行科学的分类管理，简直无法入手。为适应社会发展对文官管理科学化、系统化的要求，美国各级政府先后建立起比较科学系统的文官管理制度，使社会成员在社会工作分工序列中有了明确的位置，每个社会成员对其工种、职务、责任有了明确的认识，人事管理有了科学的依据和程序。

人的规格化在社会主义制度下仍然存在并被广泛运用于生产管理和人事管理中。例如，苏联曾于1967年颁布了《职员职务名称表》，并制定了《职务评定手册》，这是苏联对社会成员进行规格化的一个缩影。新中国成立以后，尤其是党的十一届三中全会以来，我国十分注意对劳动人事工作进行规范化管理。如近些年广泛推行的岗位责任制也就是建立在人的规格划分基础上的个人分工负责制，其基本内容是在对一个单位的机构设置、人员编制、职责范围和工作任务进行调查分析的基础上，明确规定每个岗位、每个工作人员应负的责任和应有的权限，做到事事有人负责，人人有职、有责、有权。建立国家公务员制是我国人事制度改革的一项重要内容，而公务员制的建立，各级公务人员的录用、考核、任免、晋升、奖惩、工资福利等，同样要以人的规格化为依据。

因此，人的规格化在现代社会的宏观人事管理中，在促进宏观管理科学化和促进生产力发展中将发挥越来越重要的作用。随着社会生产力的发展，管理科学化水平的提高，规格序列的划分会更多样化，而考核、评审、选拔、聘任的程序也将更规范化、科学化。人的规格化是对成年社会劳动者的能力和贡献所实施的一项区分并激励其成才的带导向性的一项工作，它是依据人的思想品德、智能、才干和贡献大小而进行的序列等级区分。这并不是对人的基本政治、经济、文化、权利的划分和界定，也不是平等与不平等的问题，而是能力与做出的贡献大小的测定。

3. 人的规格化过程及其社会导向作用

如前文所述，人的规格化现象是人类社会早已存在的并随着社会生产的发展和社会分工的细化而不断完善的必然的社会现象，它是对成年社会劳动者能力和贡献的一种动态的区分和界定。规格等级与利益分配的挂靠使其具有更强的吸引力，伴随而来的规格标准的规定和规格认定过程及其实施具有很强的社会导向作用。所以每一个社会组织的相关部门（如劳动人事和组织部门）都要按照社会规格标准，规定严格的认定办法和程序，以保证认定过程的准确性和可信度，使其对社会产生健康的导向作用，以促进社会劳动者整体素质的提高，确保社会的稳定。

在现实社会中，由于人的规格化的普遍实施，能力规格的晋升已成为不少人追求的目标，如行政职务的晋级、学历层次的提高、专业技术职务的评定、技术等级的考评等。在相应的认定过程中，也伴随出现了一些弄虚作假、行贿受贿的现象，给考核认定工作蒙上了一层阴影。

所以在干部晋升、升学考试、职称评定、专业技术等级考核中，维护这种认定工作的公正性、权威性和严肃性，规范工作的程序，进行科学的管理和有效的监督已成为做好该项工作的当务之急。

从人类社会历史发展的过程来看，目前在人的规格化过程中要尽力防止和纠正四种不合理（或不正常）现象的发生。

（1）不能以财富的多寡来区分人的规格。人的规格是以能力和贡献来衡量的，财富和金钱在规格的认定过程中不可避免地会产生一些作用，但这是规格认定过程中的不正常现象，是一种干扰，不能被看作是合理合法的。在以私有制为主的社会条件下，在弱肉强食的竞争环境中，拥有财富的多少也反映了在竞争中的成败（或其父辈的成败）。在崇拜金钱的资本主义社会，以资产的多寡、资本的拥有量将资本家分成不同的等级，那是另外一码事，和我们所讨论的人的规格化是不同意义上的概念。

（2）不要以血缘关系为依据来认定人的规格。这种现象在封建社会是普遍存在的，子承父业、夫贵妻荣。阿斗因为是刘备的儿子，就理所当然地受到诸葛孔明等一批功臣的朝拜，"文革"中的"黑五类"子女不管如何努力工作也只能被当作"可以教育好"的人。这是不利于激励人们奋发向上多做贡献的，因为这种认定方法与人的实际能力和贡献没有直接关系。

（3）要努力杜绝人的规格认定过程中的不正之风和腐败现象。在现实社会中，不正之风和腐败现象表现得很突出的一个领域就是人的规格的认定过程。领导者的考核、推举和任用，专业技术职称的评审和考试，学历教育中的考试和录取，技术等级考核，作品和论著的创作出版，以及竞技体育中，都存在规格认定过程中的不正之风和腐败现象。这些现象发生在当权者身上则被称为腐败，发生在非掌权者身上则被称为不正之风。更有甚者买官、买职称、买学历……当然这些买卖不同于一般形式的商业活动，是以行贿为主要表现形式的变相买卖，是权力和金钱的交易，是权力和利益的交易。总之，人的规格认定过程是腐败现象和不正之风的多发区，两种最典型的做法是金钱购买和强权干预。

（4）要尽量避免人的规格终身制现象。随着社会的发展，科技的进步，人的规格标准（或尺度）应该是不断提高的。为了激励人们不断地进取、学习，人的规格化应该是相对的、有期限的，不应该是终身制。今天的副教授水平如不继续提高明天就可能等同于讲师水平，高职低聘已经为解决此类问题找到了一条路子。要建立一种激励人们不断学习进取的机制，必须克服人的规格化中的规格终身制。

我们的目的是通过人的规格化的实施，激励全社会的成员不断地进取，不断地增长自己的智能才干，不断地做出新的贡献。而终身制，不管是领导职务的终身制，还是专业技术职务的终身制，都会使一部分人不求进取，躺在历史的成绩簿上坐享其成。长期下去会形成一个"吃老本"的阶层，这不仅不利于社会经济更快的发展，也是社会所难以承受的。

长期以来，由于历史的原因，在我国的行政机关和企事业单位中，根据不同时期的不同政策，将被接纳的工作人员依据其自身条件划定为不同的"身份"。如干部有国家干部、聘任制干部、"以工代干"等；教师有公办教师、民办教师、代课教师；工人有全民工、集体工、合同工、临时工。工作人员的"身份"不同，他们所享受的待遇及其和单位之间关系的牢固程度就不一样。"身份"优越者以"身份"自居，"身份"低劣者愧不如人。甚至在部分企业中形成了长期工"转"，合同工"看"，临时工"干"的现象，人们的劳动积极性得不到充分的发挥。这种"身份"制和我们讨论的人的规格化是不同意义上的概念。规格化是依据成年劳动者的能力和贡献大小而进行的动态区分和界定，有着巨大的积极意义；而"身份"制是根据参加工作时的需要和政策，并依据参加工作人员的原有状况、户籍类别、婚姻关系、家庭背景等条件而进行的人的"身份"的一次性界定，它是历史的产物，将随着干部劳动人事制度改革的逐步深化而消亡。

4. 利益分配的层次性

人类从事创造性劳动、改造地球的是利益机制。人的规格化现象背后的一个很现实而又最具吸引力的问题，就是与此相关的利益分配的层次性。当然这种利益是双重的，一方面，它以物质的形式体现出来，如工资级别，奖金津贴数量，住房、用车等办公、生活条件，统称为物质利益；另一方面，职务、职称、称号等又是一种荣誉，是一种非实物性质的利益，又叫作精神利益。

从宏观上看，在社会成员的利益占有和利益分配上，历来存在三种分配形式：第一种是以强权侵占掠夺型为主的分配形式，一部分人利用权力，利用对资本和生产资料的占有，甚至用武力占有全部或较多的利益，使多数人处于受剥削、受奴役的地位，在剥削阶级掌握政权的社会里，利益分配形式基本上属于这一种；第二种是平均主义占主导的分配形式，这种分配形式作为对第一种分配形式的否定，在一定程度上应该说有其积极意义。对于尚处于贫穷落后状态的国家和民族，对于长期遭受剥削、奴役、压迫、掠夺的人民大众来说，一定时期内平均分配成为大众追求的理想分配形式也是完全可以理解的。但这种利益分配形式忽略了一个基本的事实：人的能力、才干和与此相关的贡献是有差异的，而利益追求是不断发展的，物质财富的有限性不可能同时使全体劳动者的利益欲望都得到满足。平均分配、平均主义不能用利益杠杆来激励每个人的劳动积极性，只能使一部分本来可以做出较大贡献的人向低水平的一般成员看齐，这从总体上就阻碍了生产力的发展和劳动效率的提高。当然可以采取思想政治教育的方法，也可以采取精神激励的措施，大力提倡奉献精神，以弥补平均主义分配的不足，但这只能在短期内有效。正如邓小平同志所说："不讲多劳多得，不重视物质利益，对少数先进分子可以，对广大群众不行，一段时间可以，长期不行。"① 不得已只好借助于开展政治运动这一精神驱动的方法，这在国内外都是屡见不鲜的。第三种利益分配形式就是我们目前正在探讨的，与人的规格化相关联的利益分配的层次性，并辅之以必要的社会保障制度（照顾贫弱者基本利益的制度），既可以调动人们的劳动积极性，又能努力维护社会的稳定。严格地讲，这是一种准按劳分配形式，并不是完全按劳动贡献来进行的利益计量分配。一方面对各行各业进行完全准确的劳动效果计量是十分困难的，另一方面人的基本生活需求得到初步满足是社会安定的一个必要条件，没有社会的稳定就不可能促进生产力的发展和社会的全面繁荣。从实质上讲，这种分配形式要从高素质劳动者成果中拿出合适的份额来救助弱者和失去劳动能力的人。利益分配问题是一个社会敏感问题，如何掌握好社会分配差异的尺度，既要考虑到历史的继承性，又要照顾到现实的可能性，以上都是需要认真研究和探讨的。

人们的共识都是在一定的历史背景下形成的，这种共识正确与否，它的合理性占多大部分，应该从其对社会生产力的发展所起的作用方面进行全面判定。昨天认为合理的东西，今天又发现其存在着不合理的地方，这不仅仅是认识上的深化，而且与生产力的发展水平及人们生活需求水平密切相关。

总之，维护人的权利的平等和承认人的能力的差异并不矛盾，对人的能力按不同的序列规格进行认定既是早已存在的现实，也是历史发展的必然。也就是说要在利益分配上按照人的能力规格和贡献大小体现出差异，同时又要尽量实现人的权利的平等。这有利于调动高智能人才的积极性，也有利于引导社会劳动者整体素质的提高，有利于保持社会的稳定。

[该文与古杰一、杨云善合著，原文发表于《信阳师范学院学报（哲学社会科学版）》，1996 年第 2 期]

---

① 邓小平．邓小平文选：第三卷［M］．北京：人民出版社，1993：146.

生产力理论研究

"怎么样"还是"为什么"

——试论生产力对生产关系的决定作用

生产力决定生产关系是历史唯物主义的一个最基本的原理。作为马克思主义哲学重要组成部分的历史唯物主义的任何原理都必须经过严密的理论证明,没有这种证明,就没有说服力,就不能体现历史唯物主义的哲学特色。生产力决定生产关系的原理也应如此。然而,在我国目前的哲学教科书中却没有能够做到这一点。笔者结合几部较权威的哲学教科书,对其论述进行了比较,它们对生产力决定生产关系的论述虽然在文字上有些差异,但基本意思差别不大。它们至少存在着以下四个方面的共同之处:

①都承认生产力对生产关系起决定作用;

②都认为"生产力的状况决定生产关系的性质,生产力的状况决定生产关系的发展变化"是生产力决定生产关系的表现;

③都没有进一步从理论上说明生产力的状况何以决定生产关系的性质,生产力的状况又何以决定生产关系的发展变化;

④都认为只要说明了生产力决定生产关系的表现,也就是证明了生产力为什么对生产关系起决定作用。

这样实际上就把"为什么"和"怎么样",即把从理论上讲生产力何以决定生产关系与生产力决定生产关系的表现混为一谈,从而表现出对哲学命题证明的极强的实证性,削弱了哲学命题的理论性,影响了历史唯物主义基本理论的必然正确性。

这里涉及哲学与具体科学的研究方法问题。如果从具体科学的角度来看,从一些历史发展事实中指出生产力决定生产关系的表现,即生产力决定生产关系的性质和发展变化,这也就证明了生产力对生产关系起决定作用,然而,在哲学那里,问题不止于此,尚需做出理论的论证,以使结论具有充分的必然性。之所以如此,是由哲学与具体科学的区别决定的。

唯心主义哲学大师黑格尔对哲学与具体科学的研究方法的论述很值

得重视。他曾指出："哲学可以定义为对于事物的思维着的考察"，"但是既然要想对于事物作思维着的考察，很明显，对于思维的内容必须指出其必然性，对于思维的对象的存在及其规定，必须加以证明，才足以满足思维着的考察的要求"。① 这说明，由于哲学对象的特殊性，就必然要求采用特殊的研究方法，即必须指出哲学所考察的内容的必然性。他还指出：其他科学所采用的方法是分析方法和综合方法，但"无论综合方法或分析方法，皆同样不适用于哲学"②。其他科学的对象是给定的，它们没有必要也没有义务去考察对象存在的必然性，而更多需要的是实证。哲学则不然，它不满足于实证，而是进一步论证其对象存在的必然性，其方法必然是不同于其他科学的。列宁也就此指出："哲学的方法应当是它自己的方法。"③ 这种方法就是辩证法。在哲学特别是马克思主义哲学里，采用实证的方法而忽视哲学本身的特殊方法，实际上就是降低了马克思主义哲学的地位。

那么，"生产力怎样决定生产关系"（"怎么样"）与"生产力为什么决定生产关系"（"为什么"）的区别又何在呢？

（1）"怎么样"是表现，"为什么"是原因。"生产力怎样决定生产关系"，指的是生产力决定生产关系表现在哪些方面，即表现在生产力决定生产关系的性质和变化上。而"生产力为什么决定生产关系"，是寻求生产力决定生产关系的原因。

（2）"怎么样"是外在的，"为什么"则具有内在必然性。生产力怎样决定生产关系，讲的是生产力决定生产关系的表现，而表现只能是外在的。生产力何以决定生产关系讲的是生产力决定生产关系的原因，这一原因不会因为其不同的表现或人类能否认识这种表现而发生变化，尤其是从哲学的角度来揭示生产力对生产关系起决定作用的原因，无疑就更具有内在必然性。

（3）"怎么样"是实证的，"为什么"是理论的。由于"怎么样"讲的是生产力决定生产关系的外在表现，也就是列举了生产力决定生产关系的具体事实，因而具有极强的实证性。而"为什么"要探寻的是生产力决定生产关系的内在原因，揭示的是生产力决定生产关系的必然性，因而是理论证明，不同于前者的举例证明。

---

① 黑格尔. 小逻辑［M］. 贺麟，译. 北京：商务印书馆，1980：37 - 38.
② 黑格尔. 小逻辑［M］. 贺麟，译. 北京：商务印书馆，1980：414.
③ 列宁. 列宁全集：第三十八卷［M］. 中共中央马克思恩格斯列宁斯大林著作编译局，译. 北京：人民出版社，1959：94.

总之，"怎么样"所论证的生产力决定生产关系只是从具体科学的角度而言的，正如自然科学在论述"金属导电"时指出"金导电、银导电、铜导电……导电，所以金属都导电"并不能揭示出金属导电的自身内在根据一样。列举生产力决定生产关系的外在表现，同样不能揭示出生产力决定生产关系的内在根据。我国目前的哲学教科书所做到的也只是这一点。"为什么"所要论证的是生产力决定生产关系的内在根据，是采用哲学的方法探寻生产力决定生产关系的理论必然性。这种方法不是停留在生产力和生产关系的表面，而是深入生产力和生产关系的内部，找到生产力对生产关系起决定作用的内在原因。这点恰恰是我国理论界所忽视或缺乏的。

那么，生产力对生产关系起决定作用的内在根据是什么呢？在解决这个问题之前，我们先来明确一下"决定作用"的含义。所谓"决定作用"无非有两种含义：其一，在本源与派生、第一性与第二性的关系中，前者对后者起决定作用。如物质决定意识，即物质为本原的，意识为派生的；物质是第一性的，意识是第二性的。其二，在事物运动、变化和发展的过程中，在一个统一体中，有一方起主导作用，另一方处于被支配的地位，前者对后者起决定作用。如矛盾的主要方面支配矛盾的非主要方面从而决定事物的性质，主要矛盾支配非主要矛盾从而决定事物运动过程的性质等，前者对后者起决定作用。由此可见，生产力对生产关系起决定作用不是指前一种含义，即第一性、第二性的关系。生产力和生产关系都是物质性因素，同时产生，密不可分，因此不存在谁派生谁的问题。生产力对生产关系的决定作用是指第二种含义，即起主导作用的意思。就是说在生产力和生产关系的运动发展过程中，生产力始终是矛盾的主要方面，处于主导地位，而生产关系则是矛盾的非主要方面，处于被支配、从属的地位。

在生产力和生产关系的矛盾运动中，生产力何以成为矛盾的主要方面，并在二者的矛盾运动中起主导作用呢？

（1）生产关系是生产得以进行的条件，但这种条件本身是由生产铸造的。1845—1846年马克思、恩格斯合著的《德意志意识形态》标志着历史唯物主义的创立。在该书中马克思、恩格斯对生产关系范畴的科学规定以及对生产力和生产关系、经济基础和上层建筑的相互关系的正确阐述则是历史唯物主义创立的理论标志。关于生产力和生产关系的相互关系，马克思、恩格斯指出："在一切对于后来时代说来是偶然的东西（对于先前时代说来则相反）中，也就是在先前时代所传下来的各种因素中，也有与生产力发展的一定水平相适应的交往形式。生产力与交往形式的关系就是交往形式与个人的行动或活动的关系。（这种活动的基本形式当然是物质活动，它决定一切其他的活动……）在上述矛盾产生以前，个人之间进行交往的条件是与他们的个性相适应的条件，这些条件对于他们说来不是什么外部的东西；它们是这样一些条件，只有在这些条件下，生存于一定关系中的一定的个人才能生产自己的物质活动以及与这种物质生活有关的东西，因而它们是个人自主活动的条件，而且是由这种自主活动创造出来的。"①马克思、恩格斯的这段话说明：

第一，生产关系（马克思、恩格斯所指的"交往形式"）具有历史继承性。由上一代创立的生产关系可以传给下一代，其原因之一就在于这种生产关系与"生产力发展的一定水平相适应"。

第二，"生产力与交往形式的关系就是交往形式与个人的行动或活动的关系。"恩格斯特别指出，个人的行动或活动最基本的是物质活动，即物质生产活动。任何个人的物质生产活动都不可能单独地离开社会而进行，必须与他人发生交往，发生社会关系，这是其一；任何个人与他人的交往关系，都一定是和自身的个性相适应的，这是其二。任何个人，都不纯粹是自然的产物，而是社会的历史的产物，都继承了上一代乃至所有的先辈们留下的遗产并以此为活动的出发点；任何个人又都不同于他人，因而任何个人的活动也都与他人的活动有别。所以与他人的交往形式既具有历史继承性，又必然和自己的个性活动相适应。由此可见，既然"生产力与交往形式的关系就是交往形式与个人的行动或活动的关系"，且个人的交往形式与个人的物质活动一定是相适应的，那么生产关系（交往形式）与生产力相适应就是必然的了。

第三，生产关系是生产力得以实现的条件，这个条件是由生产者的劳动创造的。生产关系既然是生产力得以实现的条件，那么没有这种条件，生产就不能进行，生产力就不能得以实现。在《德意志意识形态》中，马克思、恩格斯更明确地指出："私有财产是生产力发展到一定阶段必然的交往形式，这种交往形式在私有财产成为新出现的生产力桎梏以前是不会消灭的，并且是直接的物质生活的生产所必不可少的条件。"②然而，这种条件又是通过人的自主活动（劳动）创造出来的。

---

① 中共中央马克思恩格斯列宁斯大林著作编译局．马克思恩格斯选集：第一卷［M］．北京：人民出版社，1972：78－79．

② 马克思，恩格斯．马克思恩格斯全集：第三卷［M］．中共中央马克思恩格斯列宁斯大林著作编译局，译．北京：人民出版社，1960：410－411．

人们在生产物质生活资料的同时，又生产着这种生产关系，并使其成为生产力进一步向前发展的条件。这一方面说明，生产力离不开生产关系，离开了生产关系，所谓的生产力也不能存在，另一方面也说明，二者不是平行并列的。在二者的对立统一关系中，生产力是矛盾的主要方面，起主导作用。生产关系是人们在实现生产力即生产劳动过程中创造的，并且只要人类的生产劳动不停息，这种创造活动就永远不会停止。因此，马克思、恩格斯说：只有在生产关系这个条件下，"生存于一定关系中的一定的个人才能生产自己的物质生活以及与这种物质生活有关的东西，因而它们是个人自主活动的条件，而且是由这种自主活动创造出来的"。这既明确地指出生产力和生产关系是相互制约和相互作用的关系，又肯定了生产力在二者对立统一关系中的主导地位。

正是基于上述分析，马克思、恩格斯紧接着得出结论："这些不同的条件，起初本是自主活动的条件，后来却变成了它的桎梏，它们在整个历史发展过程中构成一个有联系的交往形式的序列，交往形式的联系就在于：已成为桎梏的旧的交往形式被适应于比较发达的生产力，因而也适应于更进步的个人自主活动类型的新的交往形式代替；新的交往形式又会变成桎梏并被别的交往形式代替。由于这些条件在历史发展的每一阶段上都是与同一时期的生产力的发展相适应的，所以它们的历史同时也是发展着的、为各个新的一代所承受下来的生产力的历史，从而也是个人本身力量发展的历史。"① 由上述分析得出的这个结论是很自然的。然而，我们的哲学教科书却只片面地看到了这个结论并且对这个结论的理解也有不全面之处，而看不到这个结论是怎样得出来的，以致在自己的论证中带着强烈的实证色彩。

（2）生产力中生产资料的性质决定着如何使用生产资料的形式。马克思在《雇佣劳动与资本》中指出："生产者相互发生的这些社会关系，他们借以互相交换其活动和参与全部生产活动的条件，当然依照生产资料的性质而有所不同。随着新作战工具即射击火器的发明，军队的整个内部组织就必然改变了，各个人借以组成军队并能作为军队行动的那些关系就改变了，各个军队相互间的关系也发生了变化。"② 生产资料是构成生产力的重要因素，而生产资料中最重要的又是生产工具。生

---

① 中共中央马克思恩格斯列宁斯大林著作编译局．马克思恩格斯选集：第一卷［M］．北京：人民出版社，1972：79.

② 中共中央马克思恩格斯列宁斯大林著作编译局．马克思恩格斯选集：第一卷［M］．北京：人民出版社，1972：362－363.

产关系是或主要是生产资料与劳动者的结合方式，它体现出人与人之间的社会地位和社会关系。生产工具有一个从简单到复杂、从低级到高级发展的过程，这一过程是与人自身的发展相一致的。那么，人们使用生产工具的方式、人和生产工具的结合方式、人与人之间的交往形式同样是伴随着生产工具的发展而发展，也是与人的自身发展相一致的。当人自身的发展存在着很大局限性的时候，当人的个性还很片面、狭隘的时候，生产工具不可能有较大的发展，人与生产工具的结合方式和人与人之间的交往形式也不可能得到发展。反过来，也就是说，生产工具的性质与人本身力量的发展紧密相关，人与工具的结合形式和人与人之间的交往形式同样与人自身力量的发展相关联，并成为物质生活资料的生产——人本身力量发展的条件。这种条件"是同他们的现实的局限状态和他们的片面存在相适应的，这种存在的片面性只是在矛盾产生时才表现出来，因而只是对于后代才存在的"①。一开始这种条件与生产工具、人本身力量的发展是相适应的，只是到后来才出现了矛盾，才不再相适应。可见，由于生产资料的性质发生了变化，它本身的结合方式，人们对它的使用方式，并在此基础上建立起来的人与人之间的社会关系也就必然会发生变化。马克思为了有力地证明这一点，特地举了军队里射击火器的发明来论证。

基于以上论述，马克思得出了结论："总之，个人借以生产的社会关系，即社会生产关系，是随着物质生产资料、生产力的变化和发展而变化和改变的。"②

上面对生产力何以决定生产关系的论证，是以马克思、恩格斯的论述为依据而做出的。也许，这个论证本身还不全面，还需要作进一步的探讨和研究。但比起实证主义的论证方法来，笔者以为前进了一步。

马克思主义哲学教科书中的实证主义倾向，目前已非常严重，对生产力决定生产关系的论证只是其中的一例。这种实证主义倾向，停留在罗列事实上，涉及的只是问题的表面。这种倾向如任其发展，将严重妨碍我们辩证思维能力的提高，从而把马克思主义哲学庸俗化，使其丧失指导具体科学和社会实践的功能。

[原文发表于《信阳师范学院学报（哲学社会科学版）》，1990年第2期]

---

① 中共中央马克思恩格斯列宁斯大林著作编译局. 马克思恩格斯选集：第一卷［M］. 北京：人民出版社，1972：79.

② 中共中央马克思恩格斯列宁斯大林著作编译局. 马克思恩格斯选集：第一卷［M］. 北京：人民出版社，1972：363.

简论生产力分类研究

本文在说明因何对生产力分类的基础上，进一步论述了生产力分类所应该遵循的基本原则，并对生产力的分类作了分析。

1. 为什么要对生产力进行分类研究

对生产力进行分类研究是生产力理论的一个应有的内容，笔者认为，对生产力进行分类研究存在两个方面的需要：

第一，对生产力作分类研究是出于理论的需要。一切概念都有质和量两个方面。对生产力概念的质的方面我们认识较多，有一定把握。但对生产力的量的方面分析不够，认识较少，没有对其作分类研究即是突出表现。

也许有的同志认为，生产力的发展速度和水平不就是生产力的量吗？对此，我们不是作了分析吗？把生产力的量仅仅理解为发展速度和水平，这本身就是片面的。

黑格尔在《小逻辑》中曾把量区分为外延的量和内涵的量。他指出限度自身为多重的，是外延的量（广量），但限度自身作为简单的规定性，是内涵的量（深量或程度）。① 就生产力而言，生产力的发展速度与水平是生产力内涵的量，而生产力的种类则是其外延的量。二者既相互区别，又密切联系。深入研究外延的量对于深刻揭示内涵的量的发展规律具有重要的意义。因而，研究生产力的外延的量即研究生产力的分类，这对于研究生产力的发展速度与水平具有十分重要的理论意义。

对概念作"质"或"量"的考察，在马克思主义经典作家们那里得到了广泛运用。如马克思在《资本论》中对"资本"的分类，恩格斯在《自然辩证法》中对"运动"的分类，毛泽东在《矛盾论》中对"矛盾"的分类、在《实践论》中对"实践"的分类等，都丰富和深化了我们对概念所反映的对象的认识。

然而，马克思主义经典作家们的这一研究方法并没有被我们继承下

---

① 黑格尔. 小逻辑 [M]. 贺麟，译. 北京：商务印书馆，1980：224.

来并贯彻到理论研究中去。我们在分析概念尤其是哲学概念的时候，仅仅满足于给概念下一个普遍性的界说，往往停留在对概念本身质的规定性的研究上。即使分析概念的量的方面，也仅仅是分析内涵的量，以为内涵的量就是概念所有的量，外延的量被抛在一旁。这一点正是目前我国哲学教科书内容不够丰富的重要原因之一。可见，对生产力概念进行分类研究对于丰富马克思主义哲学历史唯物主义的内容具有重要的理论意义。

第二，对生产力作分类研究也是出于实践的需要。理论的最终目的是为实践服务，为实践提供指导。如果我们对概念的认识仅停留在最一般的意义上，即只对它作一个普遍性的界说，那么用它指导实践则是不可能的。这是因为，其一，这种认识本身是贫乏而空泛、笼统而模糊的。这样的认识显然谈不上对实践进行指导；其二，特殊是普遍与个别的中间环节，对范畴只是作了普遍性的研究而不对其特殊性即各类内容进行研究，这样普遍性就不能够和具体实践这种个别性联系起来，普遍性对个别性的指导作用也就无从体现。只有加强对特殊性的研究，才能使普遍性的理论与具体实践结合起来，从而起到指导实践的作用。如毛泽东同志在《矛盾论》中对"矛盾"的分类研究，不仅丰富了人们对"矛盾"的认识，而且为人们在现实生活中正确地认识矛盾和解决矛盾提供了理论指导，人们正是根据矛盾的不同性质或不同种类而采取不同的解决矛盾的方法的。就生产力而言，也只有从各个角度对之进行分类研究，而不满足于对生产力的一般规定性的探讨，才能使生产力理论真正地起到指导生产力实践的作用。

第三，也只有从不同的角度对生产力作分类研究，才能从理论上说明我国生产力的现实以及与此有关的其他现实问题，也才能清楚我们发展生产力的侧重点应放在何处。比如，为什么我国的生产关系在总体上是和生产力相适应的，但具体环节上又有问题？我国为什么允许多种经济成分并存？为什么随着时代的发展，知识和知识分子显得越发重要？为什么说科学技术是第一生产力？从生产力的角度上讲，为什么要重视基础科学的研究？为什么要提高劳动者各方面的素质？……所有这些问题都可以通过对生产力的分类研究从根本上得到合理的说明和解释。

既然对生产力进行分类研究有着重要的理论意义和现实意义，那么，为什么多年来我们对此重视不够甚至忽视了呢？追其究竟，主要原因是：

第一，整个理论环境的影响。既然对其他许多概念也缺乏分类研究，那么对生产力没有作这方面的研究也就见怪不怪了。近几年，理论的研究较以往是深入些了，学术气氛也比较浓厚，但至少是在哲学界存在着一种不好的现象，那就是，许多人一哄而上指责现行哲学教科书体系的缺陷，苦心构造所谓的"新体系"，热衷于使用从现代西方哲学家们那里借来的"新概念""新名词"，甚至拼凑新名词，故弄玄虚，作深不可测状。在这种风气之下，就难以对概念作深入细致的具体分析，也就不可能去研究生产力的分类问题。

第二，在马克思主义经典作家那里，虽然没有明确提出生产力的分类问题，但实际的分类工作并不是没有进行的。比如，马克思在《经济学手稿》《资本论》等著作中就曾经涉及这个问题。可惜的是，我们的理论工作者不是把马克思对生产力的一些论述看作是对生产力所做的分类研究，而是看作是对生产力本身构成要素的研究。因此，无意间忽视了这一问题。

第三，在现行哲学原理教科书的历史唯物主义部分，我们在谈到生产力时将侧重点放在了生产力和生产关系的关系上的。对于生产力的发展，我们总是想通过变革生产关系的方式来实现，从而忽视了对生产力本身发展规律的研究，对它的分类也就不会予以关注。

"哲学界浅薄无聊的风气快要完结，而且很快就会迫使它自己进到深入钻研。"① 理论和实践的迫切需要都说明再也不能忽视对生产力的分类研究了。

2. 生产力分类应遵循的原则

所谓"分类"，就是根据对象的特点或差异点，将对象分为若干个不同的类，使每个类相对于其他类都具有确定的地位的逻辑方法。

分类必须遵循以下三个基本原则：

第一，分类必须是相应相称的。就是分类所得的各个子项的外延之和必须等于母项的外延。

第二，划分的子项应是互相排斥的，就是相对而言，各个子项之间是不相容的关系。

第三，每一种分类必须根据同一种标准。就是在每一次分类中，根据只能有一个，不能时而采取这一根据，时而采取那一根据。

对生产力进行分类也必须遵循这三个基本原则。此外，对生产力进行分类还应遵循一些特殊的原则：

---

① 黑格尔. 小逻辑 [M]. 贺麟，译. 北京：商务印书馆，1980：30.

第一，对生产力所做的分类必须体现出"生产力是人们的实践能力的结果"这种思想。马克思在 1846 年 12 月 28 日致安年科夫的信中指出："任何生产力都是一种既得的力量，是以往的活动的产物，所以生产力是人们实践能力的结果，但是这种能力本身决定于人们所处的条件，决定于先前已经获得的生产力，决定于在他们以前已经存在、不是由他们创立而是由前一代人创立的社会形式。"① 这说明，其一，生产力既然是以往活动的产物，是人的实践能力的结果，因此，不能把不属于人们活动的产物、人们实践能力以外的东西归入生产力；其二，生产力既然取决于"前一代人创立的社会形式"，那么对生产力的分类考察也必须坚持历史的观点，只能对一定历史时代的生产力作具体的分类研究。

第二，对生产力的分类必须体现生产力"表现的是人们对于那些用来生产物质资料的自然对象和力量的关系"这个思想。生产力是人们改造自然、影响自然从而取得物质生活资料的实际能力，它体现的是人类和自然之间的关系，因此，既不能把自然物之间的关系也不能把人与人之间的关系归入生产力之中去。对生产力的分类应坚持这一点。

3. 从不同角度对生产力所做的分类

依据上述原则，我们可以从不同的角度对生产力进行分类研究。

（1）从在生产过程中支出的劳动的性质上，把生产力分为物质生产力和精神生产力两大类。

这种分类方法，马克思在《经济学手稿》（1857—1858）"货币"一章中分析货币的规定性时，曾指出："货币的简单规定本身表明，货币作为发达的生产要素，只能存在于雇佣劳动存在的地方；因此，只能存在于这样的地方，在那里，货币不但决不会使社会形式瓦解，反而是社会形式发展的条件和发展一切生产力即物质生产力和精神生产力的主动轮。"② 在《资本论》里谈到劳动的客观条件和劳动本身的分离时，他指出，这种分离实际上也是农奴制关系的解体过程，是行会关系以及其他各种不同形式的保护关系的解体过程，"在所有这些解体的过程中，只要更详尽地考察便可发现，在发生解体的生产关系中占优势的是使用价值，是以直接使用为目的的生产。……只要更仔细地考察，同样可以

① 中共中央马克思恩格斯列宁斯大林著作编译局．马克思恩格斯选集：第四卷［M］．北京：人民出版社，1972：321．

② 马克思，恩格斯．马克思恩格斯全集：第四十六卷［M］．中共中央马克思恩格斯列宁斯大林著作编译局，译．北京：人民出版社，1980：173．

发现，所有这些关系的解体，只有在物质的（因而还有精神的）生产力发展到一定水平时才有可能"①。实际上这里讲的是封建生产关系的瓦解、资本主义生产关系的产生，是建立在生产力即物质生产力和精神生产力发展的一定水平之上的。此外，马克思在《资本论》里也提到过物质生产力。

所谓"物质生产力"，是指在生产过程中以劳动者支出的体力劳动为主而形成的生产力，生产出来的产品是物质产品。所谓"精神生产力"，是指在生产过程中以劳动者支出的脑力劳动为主而形成的生产力，其劳动产品是精神产品。

就一个企业而言，企业的生产力水平和发展速度直接取决于工人的劳动，工人的劳动主要是通过使用机器或手工操作来进行的。因此，可以说，生产物质产品而形成的生产力，主要是物质生产力。但是，在生产物质产品的过程中也存在精神生产力。其一，作为劳动者的工人不仅具有体力，还具有智力、技能、经验、科学知识等精神因素；其二，在企业里还有一批专门从事管理、设计，为生产直接进行科技服务等的专业人员。这些人员的劳动以脑力劳动为主。就全社会而言也是如此，在物质产品的生产过程中形成的主要是物质生产力，其中也包含精神生产力的因素。

精神生产力是在生产精神产品的过程中形成的。在科学研究中、艺术领域中等，劳动者支出的主要是脑力，劳动者的活动主要是一种思维操作活动，其体力的支出处于从属地位。也就是说，成为精神产品的生产者，主要是其智力而不是其体力决定的。

物质生产力和精神生产力都有一个发展的过程，二者相互交织，相互促进。在人类社会的初期，社会生产力是以物质生产力为主，劳动是以体力支出为主。劳动生产对精神的需求不仅层次低，量也很小，精神生产力处于无足轻重的地位。随着社会生产力水平的不断提高和科学技术的发展，在整个社会生产中，精神生产力占据越来越重要的地位。人们的体力支出越来越小，而对脑力劳动的需要越来越多，越来越迫切。以体力劳动为主的劳动者也同时支出着越来越多的脑力，在物质产品的生产中专门从事脑力劳动的人也越来越多，有更多的精神因素凝聚在物质产品里。可见，精神生产力在物质产品的生产中已日趋重要。不仅如

---

① 马克思，恩格斯. 马克思恩格斯全集：第四十六卷［M］. 中共中央马克思恩格斯列宁斯大林著作编译局，译. 北京：人民出版社，1980：505.

此，随着社会的发展，人们对精神产品的需求也与日俱增，从而扩大了精神产品的生产者队伍，其生产精神产品的方法、手段、仪器等也越来越科学和先进，形成更为发达的精神生产力。

时代发展到今天，这种趋势越发明显，社会生产力愈是落后，体力劳动就愈显得重要，精神生产力就愈被忽视，愈不发达。今天，科学技术已跃居为第一生产力，社会生产力越是先进，精神生产力就越是受人们重视，由次要地位上升为主要地位。我国的现实也能够很好地说明这个问题。

我国存在许多贫困落后的地区，这些地区的贫困和落后不是由于资源贫乏，人力不足，主要是由于精神生产力的落后所致。再如，城市的计划生育工作要比农村好做，越是贫穷的地区，计划生育工作越难做，一个重要的原因就在于，越是贫困的地区其精神生产力越不发达。人们要想致富，主要的途径是增加劳动力的投入，他们认为财富的增加靠的是投入体力和资源而不是靠投入科学等精神生产力的因素。在他们看来，劳动力多就意味着能够更快地致富。可见，要使计划生育工作卓有成效，就必须大力发展精神生产力，使得增加物质产品的生产主要靠精神生产力的发展，即靠人的智力、劳动技能、劳动经验、科学知识的提高和发展，而不再依靠投入更多的劳动力。这样，会使我国生产力的发展出现一个质的飞跃。

从物质生产力和精神生产力的角度看，我国过去较为重视物质生产力，对精神生产力常常有意或无意地忽视。从生产力发展的趋势看，生产力的发展主要靠精神生产力的提高来实现。因此，应对精神生产力给予关注、研究，采取实际的措施，推动精神生产力的发展，从而提高整个社会生产力的发展水平。

（2）从生产力的主体或承担者的角度，既可以把生产力分为一般生产力和具体生产力两大类，也可以将之分为个体生产力和群体生产力两大类。

一般生产力是由社会来承担的，指某一社会占主导地位并代表生产力发展趋势的生产力。具体生产力由具体地区、单位或企业承担，指具体单位的生产能力。

在任何一个社会，基本上存在三种发展趋势不同的生产力：落后的生产力——将走向衰落；一般生产力——占主导地位，日益巩固并得到发展；更为先进的生产力的萌芽——日后必将成为占统治地位的生产力。一个社会占统治地位的生产关系恰恰是由一般生产力而不是由其他种类生产力决定的。因此，从这个角度来看，一般生产力是指作为占统治地位的生产关系的基础的生产力，而具体生产力则既包括落后的生产力，也包括先进的生产力的萌芽，它不能决定占统治地位的生产关系，但可以决定不占统治地位的生产关系的各种具体表现形式，并对占统治地位的生产关系的具体表现形式起到制约作用。

如果对生产关系也作这种划分，把与一般生产力相适应，代表生产关系完善和发展方向的生产关系叫作"一般生产关系"，而把与具体生产力相适应的生产关系叫作"具体生产关系"，这样是很有意义的。对生产力和生产关系作这样的分类，可以深化我们对生产关系一定要适应生产力状况的规律的理解，即不仅把它理解为一般生产关系一定要适应一般生产力，也应理解为具体生产关系一定要和具体生产力相适应。我国理论界对前者论述较多，而且有些同志仅仅把生产关系和生产力的适应归结为前者。这是很不全面，很不确切的。这样既不能说明为何我国的生产关系总体上是和生产力相适应的，但具体环节上又存在问题，也不能从理论上真正解释我国为何还存在多种经济形式。

我国的生产关系从所有制方面看，占主导地位的是公有制，从总体上看它和我国先进的生产力——机器大生产是相适应的，也是我国生产关系完善和发展的方向。然而，我国的生产力又具有多层次性，各地区、各部门生产力状况各不相同，这就决定了生产力各要素的结合方式不会是单一的，而是多样的。具体生产力的性质和水平不同，其具体的结合方式即所有制形式也就有所不同。不然，就违背了生产关系一定要适应生产力状况的规律，从而影响甚至破坏生产力的发展。因此，在社会主义的初级阶段，我们尤其要在以公有制为主体的前提下发展多种经济成分，在以按劳分配为主体的前提下实行多种分配方式。

所谓个体生产力或个人生产力是对生产力现象的微观考察，它是劳动者个人的体力和智力的总和。所谓群体生产力是对生产力现象的宏观考察，它是个体生产力复合的产物，是一定的人群所结成的社会团体（企业、部门以至整个社会）的生产力。

个体生产力和群体生产力有着密切的关系。群体由个体组成，没有个体便没有群体。但任何个体都生活于这样或那样的群体之中，离开群体的个体也是不存在的。因此，群体生产力由个体生产力组成，没有个体生产力就不会有群体生产力。然而，任何个体生产力都不是也不可能孤立地存在，都要与其他个体生产力相联系而存在，并与其共同形成一定层次的群体生产力，因此，不能简单地把群体生产力理解为个体生产力的简单相加。关于这一点，马克思在《经济学手稿》（1861—1863）里说得非常清楚："协作所产生的生产力是无偿的。单个工人，或者确切些说，单个劳动能力是得到报酬的，而且只是作为孤立的劳动能力得到的。他们的协作和由此产生的生产力并没有得到报酬。资本家支付工资给 360 个工人；但他并没有支付工资给 360 个工人的协作。"① 这实际上说明了资本家在雇佣工人的时候，支付了个体生产力的报酬，但由个体生产力复合而得来的群体生产力大于个体生产力的简单相加，因此，马克思说资本家没有支付由工人的协作而产生的生产力的报酬。

根据上述观点，我以为，在这个问题上，我国理论界对生产力的研究至少存在两点不足：

第一，没有对个体生产力给予应有的关注，更没有对它的构成要素等加以分析研究。由于产品是由群体生产出来的，现代生产尤其如此，因此，人们的注意力放在了群体生产力上，这是可以理解的。然而，不要忘记，群体生产力是由个体生产力组成的，没有个体生产力，就不会有群体生产力。就我国目前的情况来说，要提高整个社会的生产力，必须从提高个体生产力入手。个体生产力至少表现在两个方面：体力和智力。体力表现为体质、健康状况，智力表现为劳动技能、生产经验、聪明智慧、技术专长等。无论从哪个方面来讲，我国的个体生产力都是十分薄弱的。只有大力提高个体劳动者各方面的素质，整个社会的生产力才能得到迅速发展。

第二，没有对个体劳动者的协作、结合作深入研究。个体生产力的复合组成群体生产力，但由个体生产力复合而得来的群体生产力总体上大于个体生产力的机械相加。怎样使个体生产力的复合取得更大的群体生产力？这就需要对个体生产力的结合方式作深入研究，以最优组合方式取得最大的群体生产力。

（3）从生产力的存在形式上，可把生产力区分为潜在的生产力和现实的生产力两大类。

马克思在其著作中曾作过这种区分。在《经济学手稿》（1857—1858）里谈到利润率时就提到过潜在的生产力："重要的是要注意到，谈到这一规律时，问题不单纯涉及经济的发展，同时也涉及这一生产力

---

① 马克思，恩格斯. 马克思恩格斯全集：第四十七卷［M］. 中共中央马克思恩格斯列宁斯大林著作编译局，译. 北京：人民出版社，1979：297.

作为资本发挥作用的范围。"① 有时，马克思用一般生产力来表示潜在的生产力。例如，他说："如果说直接劳动在量的方面降到微不足道的比例，那么它在质的方面，虽然也是不可缺少的，但一方面同一般科学劳动相比，同自然科学的工艺上的应用相比，另一方面同产生于总生产中的社会组织的、并表现为社会劳动的自然赐予（虽然是历史的产物）的一般生产力相比，却变成一种从属的要素。"② 他还说，"知识和技能的积累，社会智慧的一般生产力的积累，就同劳动相对立而被吸收在资本当中，从而表现为资本的属性"③。在《剩余价值理论》里，马克思也说：资本"作为吸收和占有社会劳动生产力和一般社会生产力（如科学）的力量（作为这些生产力的人格化……），它是生产力的"④。

从马克思的这些论述中，我们可以揭示出潜在的生产力的含义。所谓"潜在的生产力"，是指它是潜在的、尚未实现的生产力，但已经包含着向生产力现实转化的可能性。如由自然赐予的各种自然力（水力、风力、太阳能等）；还没有物化为现实生产力的各种科学理论；还没有按照一定的社会形式结合起来的各生产要素（人和物）等，它们都不可能直接生产出现实的产品，因而还没有现实地成为人们解决社会和自然之间矛盾的直接力量。

对于现实的生产力，马克思也有论述。他有时把现实的生产力叫作"直接生产力"。他曾指出："固定资本的发展表明，……社会生产力已经在多么大的程度上，不仅以知识的形式，而且作为社会实践的直接器官，作为实际生活过程的直接器官被生产出来。"⑤ 有时，马克思又把现实的生产力等同于实际的生产力，"在流通还没有构成内在的、占统治地位的生产条件的那些生产方式下，当然不会有资本的特殊流通需要，因此，既不会形成同这些特殊流通需要相适应的经济形式，也不会

---

① 马克思，恩格斯. 马克思恩格斯全集：第四十六卷［M］. 中共中央马克思恩格斯列宁斯大林著作编译局，译. 北京：人民出版社，1980：270.

② 马克思，恩格斯. 马克思恩格斯全集：第四十六卷［M］. 中共中央马克思恩格斯列宁斯大林著作编译局，译. 北京：人民出版社，1980：212.

③ 马克思，恩格斯. 马克思恩格斯全集：第四十六卷［M］. 中共中央马克思恩格斯列宁斯大林著作编译局，译. 北京：人民出版社，1980：210.

④ 马克思，恩格斯. 马克思恩格斯全集：第二十六卷［M］. 中共中央马克思恩格斯列宁斯大林著作编译局，译. 北京：人民出版社，1973：422.

⑤ 马克思，恩格斯. 马克思恩格斯全集：第四十六卷［M］. 中共中央马克思恩格斯列宁斯大林著作编译局，译. 北京：人民出版社，1980：219－220.

形成同这些特殊流通需要相适应的实际生产力"①。

总之，所谓"现实的生产力"，是指在实际的生产过程中，或者是在解决人类社会和自然之间矛盾时表现出来的生产能力，是已经实现了的潜在的生产力。这种生产力，是衡量人类社会进步程度的客观尺度和标志。

潜在的生产力和现实的生产力有着密切的联系。潜在的生产力是还没有实现的生产力，因此有待于开发和利用，有可能变为现实，现实的生产力是由潜在生产力发展而来的，而本身又孕育着新的潜在生产力。可见，潜在生产力和现实生产力是可以辩证转化的。不过，由潜在的生产力转化为现实的生产力需要一定的条件，没有一定的条件，潜在的生产力就永远不会转化为现实的生产力。

在由潜在的生产力向现实的生产力转化时，必须注意以下两点：

第一，由潜在的生产力转化为现实的生产力是一个必然的、有规律的过程，因此，我们必须充分掌握这种转化的客观规律性，力求全面地把握由潜在的生产力转化为现实的生产力的种种条件，这是由潜在到现实的客观前提。否则，只能陷入主观空想。

第二，在这个前提之下，要充分发挥人的主观能动性，积极地创造各种有利于潜在的生产力转化为现实的生产力的主客观条件，创造潜在的生产力转化的社会环境，使潜在的生产力尽快地转化为尽可能大的现实的生产力。如调整和改革生产关系的某些环节，使其能容纳更大的生产力；创造条件，利用闲置的人力、物力；搞好资源的优化配置；建立良好的人际关系，调动劳动者的积极性等。所有这些，对于发展我国的生产力都是十分重要的。

4. 说明

（1）上述分类只是从三个特殊的角度出发的结果，对生产力的分类并不能到此为止，所以，并不排斥从其他角度出发对生产力作新的分类。实际上，只有从不同的角度出发，依据不同的标准对生产力作多角度、多层次的分类研究，才能全面而深刻地把握生产力。

（2）上述分类所使用的概念与马克思所使用的略有不同。马克思在不同的场合多次使用过不同的生产力概念，他并没有十分明确地对生产力进行分类。因此，笔者认为我们在对生产力作分类研究的时候，不

---

① 马克思，恩格斯．马克思恩格斯全集：第四十六卷［M］．中共中央马克思恩格斯列宁斯大林著作编译局，译．北京：人民出版社，1980：37.

必拘泥于个别的名词、字句，而应领会其基本思想和精神实质。

（3）以上分类反映的主要是现代生产力，至于生产力的发展过程则没有涉及。因此，上述分类不能说明生产力的发展进程，不能说明古代的或未来的生产力。生产力有一个从过去走向未来，从低级走向高级的发展过程，对生产力所做的分类也应该随着生产力的发展而有所变化。

（原文发表于《生产力研究》，1991 年第 5 期）

简论生产力的结构和功能

任何事物都有其内在的结构和功能，生产力更是如此。然而，我国理论界对生产力结构和功能的研究十分薄弱。研究生产力的结构和功能，不仅具有重要的理论意义，而且具有重要的现实意义。本文试对生产力的结构和功能作些粗浅的探讨。

1. 生产力的结构

所谓结构，是指事物的基本构成部分之间互相关联的方式。生产力结构，就是指生产力的基本构成部分之间相互关联的方式。这种关联方式，可以从不同的角度来分析，但最基本的结构有质态结构和量态结构、空间结构和时间结构。

（1）质态结构和量态结构。

任何一个事物都具有质和量这两种规定性，因而在结构形式上也必然有其质态结构和量态结构，生产力也不例外。

所谓生产力的质态结构，是生产力质的方面的结构，即构成生产力系统的各要素在质上相互联系、相互结合的方式。这里所说的生产力系统，内容十分广泛，既包括微观的构成生产力的各要素，也包括宏观的不同行业、不同部门的生产力。因而，从这个意义上，可以把生产力的质态结构分为两个层次。

第一个层次是微观质态结构。微观质态结构指的是现实生产力各要素之间的质态结构，即生产力各要素在质上相互匹配，相互适应。这种质态结构的内容主要有：第一，构成生产力的物的要素与物的要素之间互相适应。先进的生产工具必须有相应的交通、能源以及其他基础设施来与之配套。即使在生产工具内部也有一个各种工具相互配套的问题，正是这种相互配套的要求推动了生产工具的日益更新和发展。第二，生产力中人的要素与人的要素之间相互适应。熟练的工人还要有先进的管理者与之相适应，先进的技术人员要有熟练的工人与之相适应；反过来，先进的管理者也要求先进的技术人员和熟练的工人与之相适应。在工人、技术人员、管理者内部也有一个相互适应的问题。第三，生产力中人的要素与物的要素要相互适应。先进的生产工具要由先进的工人来操作，现代化的工厂要求现代化的管理者来管理。第四，生产力中的硬件要素必须与软件要素相适应。如先进的机器设备要有先进的科学技术知识来指导，要有先进的工艺流程、先进的生产方式与配方等与之相适应，现代化的劳动者必须接受现代化的教育训练等。第五，生产力中的软件要素之间要相互适应。信息与技术之间，工艺流程之间，生产的方式、方法之间也都必须相互适应。微观质态结构的合理化对于生产力的发展具有重要的意义，它是生产力要素向生产力现实转化的必要条件。微观质态结构的不合理，必然阻碍生产力水平的提高。

第二个层次是宏观质态结构。宏观质态结构是指产业部门之间的质态结构。它主要包含：产业部门的平均技术水平；第一产业与第二产业在质上要互相适应；第二产业与第三产业在质上要相互适应；第一产业与第三产业在质上要相互适应；各产业部门内部，各部门、各行业之间，在质上也要相互适应。宏观质态结构的合理化，对生产力的发展同样起着极大的作用。任何一个国家的经济发展，都有一个综合性指标，都要保证国民经济的平衡发展，国民经济平衡发展的基础则是宏观质态结构的合理化。

所谓生产力的量态结构，是指生产力量的方面的结构状态，是构成生产力系统的各种要素在数量上的配置状况及其相互关系。它主要包括生产力的规模结构、要素结构和产业结构。

规模结构是指不同规模的经济单位在国民经济中的地位和作用及其量的比例关系，表现的是生产力要素的集中程度或聚集程度。对企业规模的划分，从不同的角度有不同的分类。一般按照生产力要素在一定的经济实体内聚集的不同程度，把企业分为大型、中型和小型三种。由于行业不同，大型、中型和小型企业孰优孰劣没有一个绝对的标准。

要素结构是指在一定的生产力系统中，各种生产力要素之间的数量配比关系，即生产力要素的比例结构。在一定的生产力系统中，不仅要求生产力各要素在质上要相互匹配、相互适应，还要求生产力的各要素——包括物的要素与物的要素、物的要素与人的要素、人的要素与人的要素、硬件要素与软件要素、软件要素与软件要素之间在数量比例上也要相互平衡，相互匹配。只有生产力各要素在量的比例结构上相互适应、相互平衡，才能避免生产力要素的闲置和浪费，才能取得最佳的经济效益。

产业结构是以产业划分为基础的生产力结构，它所反映的是一国或一地区产业部门的类别、规模、比例的相互依赖程度与协调状况等，主要指产业部门之间的相互关系和比例。对产业部门进行的分类，至今仍不统一。有的根据产品的用途把社会再生产分为生产资料的生产部门和消费资料的生产部门两大类；有的按照自然条件和技术条件把国民经济划分为农业、轻工业和重工业；有的按照生产进程把国民经济分为第一、第二、第三产业。每一种分类法都有其科学性，但也都有其不足之处。要保证产业结构的合理性，第一，它必须是完整的，而不是残缺不全的，即提供国内人民基本生活消费资料的产业、提供国内基本生产资料的产业和国防所必需的军事工业中的某些部门都必须完整；第二，每个产业部门内生产的产品和生产的要素以及各产业部门间的产品和生产的要素都必须平衡协调；第三，各部门的最终产品与社会需要之间应该是协调一致的。

生产力的质态结构和生产力的量态结构是生产力的基本结构之一。生产力的质态结构体现生产力结构的质的方面的比例关系，生产力的量态结构体现生产力结构的量的方面的比例关系；前者体现生产力的质，后者体现生产力的量。二者在整个生产力系统结构中存在着不可分离的密切关系。

（2）空间结构与时间结构。

在生产力系统的现实运动中，一定的质态和一定的量态相统一的生产力要素总要与一定的空间地域相结合，在一定的空间地域运动发展，而生产力各要素在空间地域运动发展又离不开一定的时间。因此，对现实生产力系统结构的分析，不仅要分析其质态结构和量态结构，还要分析其空间结构和时间结构。

所谓空间结构，是指构成生产力的各要素在空间上的分布状况以及组合方式。生产力的空间结构问题，从主体的创造活动而言，实际上就是生产力的空间布局问题。从表现形式上看，我们可以把生产力的空间结构具体分为地区结构和城乡结构。

地区结构是指生产力在地区空间的分布和组合状态，其具体内容可以概括为第一产业（农业）、第二产业（工业）、第三产业（服务业）的分布状态。

城乡结构是指生产力在城市和乡村的分布和组合状态。生产力的分布和组合除了表现为地区结构之外，在地域上必然体现为城市和乡村的布局状态，这就是生产力的城乡结构。城市是由生产力的发展和经济联系的增多而日益形成的。城市历来是经济中心，生产力比较发达。乡村生产力则比较落后，经济分散。从发达国家的实际情况来看，由于工业化程度高，城市化程度也高，大部分人口集中在城市，且在大城市周围形成了星罗棋布的中小卫星城市。大城市是生产力的辐射源，向中小城市辐射，带动中小城市生产力的发展，中小城市则把生产力向乡村辐射，带动乡村生产力的发展。这样，以一个大城市为中心，形成一个相对独立的区域，城市和乡村生产力可以得到同步发展。

所谓时间结构是指生产力在时间中的组成和构成方式，包括时间组成和时间构成两部分内容。

时间组成是生产力的各要素在时间上的结合。生产力系统的正常运转，必须以各种生产要素在时间上的正确组合为前提。生产要素的形成、使用时间不同，进入和退出生产过程的先后顺序也不同。但是，在现实的生产中，各不相同的生产要素又都必须同时进入生产过程，必须在同一时点上结合起来。否则，就难以形成现实的生产力。

时间构成是指生产要素在生产过程中的各种时间及其相互关系。产品的生产时间，从狭义上看指生产力的各要素从投入到产出的时间，包括劳动时间、厂内运输时间、自然力作用时间和必要的贮存时间，这一部分时间创造产品的价值，我们把它叫作劳动时间。广义的生产时间，是指各种生产要素从投入生产过程到进入消费之前的全部时间，除了包括上述生产时间，还包括原料与产品的运输时间、贮存时间和销售时间，这部分时间传统经济学认为不创造价值，把它叫作流通时间。从更为广泛的意义上看，生产过程除了包括上述生产时间，还包括一定的非生产时间，如生产的准备时间，产品的售后保修、服务时间等。

2. 生产力的功能

功能是事物作用于他物的能力，即系统作用于环境的能力。生产力作为系统，它有自身的功能。

（1）生产力系统的功能分析。

生产力系统的"元功能"。各个生产力要素在孤立状态下不依赖于生产力整体而具有的功能，叫生产力的"元功能"。生产力的要素性能越好，生产力的功能也就越大。要提高生产力水平，增强生产力的功能，首先必须提高生产力各要素的性能。

生产力系统的"本功能"。在生产力的"元功能"不为零，且其他情况不变的前提下，生产力要素的数量越多则生产力的功能越大。生产力各要素功能之和就构成生产力系统的"本功能"。

生产力系统的"构功能"。由生产力的结构所形成的功能称为生产力的"构功能"。合理的生产力结构会带来生产力要素所没有的新功能，若生产力要素不合理，"构功能"就不会出现。甚至会出现由于生产力的结构不合理，其整体功能小于要素功能的情况。

（2）生产力功能的具体表现。

解决人与自然的矛盾的功能。人是从自然界中分离出来的，然而人并不能摆脱自然界，还要时时依赖自然界。人类只能改造自然界，和自然界进行能量和物质的交换。人类和自然界进行交换的这种能力就是生产力。没有生产力，就不会有人类社会的产生，不会有人类社会和自然界的对立，同时也没有人类社会和自然界矛盾的解决，也就没有人类社会和自然界的对立统一。人类社会和自然界之间的矛盾不断解决，又不断产生，产生了再解决，由此推动着人类社会的进步和发展。

创造具有一定价值和使用价值的产品和劳务的功能。一切物质财富都是由生产力发挥作用创造的，一切劳务也都是由生产力的发展提供的。

决定生产关系和上层建筑的功能。生产力决定生产关系的性质，决定生产关系的具体形式，决定生产关系的变更。生产力对上层建筑既有间接的决定作用，也有直接的决定作用。

提高人的主体地位，促进人的全面发展的功能。生产力为人类提供物质生活资料只是解决了人的生存问题。生产力的不断发展，对自然界在更广、更深程度上的开发、控制和使用，越来越确证着人的主体地位。人在征服和改造自然界的同时，不仅征服和改造着人的"自然身"，而且改造着人的"自我"。在这种改造中，人的各方面才能得到全面的锻炼和发展，人的"自我"不断得到充实、丰富和完善。

3. 生产力的结构和功能的关系

生产力的结构和功能有着极为密切的关系，二者的关系可以从以下三个方面来分析。

（1）生产力的结构决定生产力的"构功能"。

第一，生产力的结构是生产力"构功能"形成的基础和前提。"构功能"是结构的功能，没有一定的结构，也就不会有一定的"构功能"。生产力结构的性质不同，其"构功能"的性质也不会相同。没有新结构，很难产生新的"构功能"。

第二，生产力结构是否合理，决定着"构功能"的大小。生产力结构越合理，生产力的"构功能"就越大，反之，生产力的"构功能"则越小。那么，从理论上看，什么样的生产力结构才是合理的呢？其一，生产力的结构必须具有相对的稳定性，而不能是经常变动不居的。生产力结构的相对稳定性，便于人们认识和把握这种结构，也便于人们根据生产力结构的需要去创造新的生产力要素或改变旧的生产力要素，从而认识和把握生产力发展的客观规律性。其二，生产力的结构必须是有序的而不是无序的。也就是说，生产力结构作为生产力各要素之间的相互联结的方式是有一定规则的。它表现为一定的方式，受一定的规律支配。其三，生产力的结构必须符合综合平衡的原则。生产力的各要素在质上必须是相互匹配的，在数量上必须是比例平衡的，在空间布局上必须是合理的，在时间上必须是"正点"组合的。其四，生产力的结构必须符合协调发展的原则。在生产力发展的过程中，生产力结构的某些方面总会出现一些新的情况和问题，产生一些不平衡的因素，这就必须对动态中产生的某些不平衡因素进行自觉调节和控制，以保护生产力系统持续、稳定的运行。

第三，生产力结构的变化决定生产力"构功能"的变化。生产力的结构虽然具有一定的稳定性，但不是绝对不变的。生产力的结构变了，生产力的"构功能"也会发生相应的变化。但是，生产力整体功能的变化不一定都是由生产力结构的变化引起的。因为，生产力的功能既来自结构，也来自要素，结构不变，要素变了，即要素质量提高了，性能增强了，数量增多了，也会带来生产力整体功能的变化。

（2）生产力的功能对生产力的结构具有反作用。

生产力在发挥功能时，必须和周围的环境进行能量、物质和信息的交换，也就是必须得到能量、物质和信息上的补充。一个孤立的系统在运动的过程中必然会出现"熵增加"的现象，"熵增加"达到一定程度，系统就会瓦解。但是，系统是开放的，它可以从系统之外吸收"负熵流"。如果生产力系统从环境中吸收的"负熵流"大于本身所产生的"熵增加"，生产力系统就会变得更为有序。反之，"负熵流"小于"熵增加"，"只贡献，不索取"，生产力系统必然会失去稳定性，从而走向解体。这说明，生产力的整体功能也要合理地发挥。整体功能的合理发挥，有利于整体结构的完善和提高。生产力整体功能的过分发挥或发挥不足，必然会引起生产力整体结构的畸形发展，出现局部退化以致严重破坏。

（3）生产力的结构和功能在一定的条件下可以相互转化。

生产力结构的变化会引起生产力功能的变化，出现新的功能。同样，生产力的功能发挥到一定程度，也会导致生产力新结构的产生。生产力的功能总是来自生产力的要素和结构。在一定的条件下，如果只注重发挥生产力的"元功能"和"本功能"，而忽视"构功能"，则生产力的结构就失去了意义，这种结构根本没有完善的可能性与必要性；如果只注重发挥生产力的某一个或某些要素的功能，而忽视其他要素的功能，则会忽视其他要素之间的结构，从而使这种结构失去意义；如果只注重发挥生产力的某一项功能，长此以往，生产力的结构都必须作相应的调整，以便发挥这种功能。越是得到充分利用的结构，就越得以发展，反之，则受到抑制。这就是所谓的"用进废退"。

生产力的结构和功能的关系还有其复杂性，这种复杂性主要表现在两个方面：

一是"同构异功"，即两个相同或相似的生产力结构却有着相异的功能。其主要原因是生产力的功能并不完全受生产力结构的决定，还要受生产力要素的制约。在既定的条件下，不同的生产力要素或质上相差不大的生产力要素可以有着相同的结构，但由于要素是有差别的，所以生产力的整体功能未必相同。另外，生产力功能的发挥除了受自身系统的决定之外，还要受系统所处的环境的影响。生产力具有功能，但这种功能能否充分发挥则是另一回事，这取决于多种因素。

二是"同功异构"，即两个生产力系统具有相同或相似的功能，但结构根本不同。这可以从两种情况来分析：一种情况是，两个生产力系统"A"和"B"，结构不同，要素也不同。"A"结构合理，但要素质次量少；"B"结构不合理，但要素质优量多。这样"A""B"这两个生产力系统的功能完全可以相同或相似。另一种情况是，生产力系统"A"和"B"的结构不同，要素不同，但所处环境相同，生产力功能的发挥也可能相同。

综上所述，对生产力结构和功能的关系要辩证地理解，"同构"未必"同功"，"同功"也未必"同构"，不能陷入机械决定论。

研究生产力的结构和功能之间的关系有着重要的理论和现实意义。剖析生产力的结构是把握生产力运动发展规律的关键，离开了对生产力结构的分析就不可能找到生产力运动发展的规律性。生产力的结构决定生产力的功能，要合理地发挥生产力的最佳整体功能，在实践过程中，就必须依据生产力整体功能的要求实现生产力整体结构的合理化。

（原文发表于《固原师专学报》，2004 年第 5 期）

论生产力的质态结构和量态结构

作为人类社会发展的最终决定力量的生产力，具有极为丰富的内容，构成系统整体，有着自己的内在结构。然而，我国理论界对生产力本身的结构研究十分薄弱。本文从生产力的质和量的分析入手，并结合理论的分析，指出我国社会生产力在质态结构和量态结构上存在的问题。

1. 生产力的质态结构

所谓生产力的质态结构，是指生产力质的方面的结构，即构成生产力系统的各要素在质上相互联系、相互结合的方式。这里所说的生产力系统，内容十分广泛，既包括微观的各构成要素，也包括宏观的不同行业、不同部门的生产力。因而，从这个意义上，我们可以把生产力的质态结构分为两个层次。

（1）微观质态结构。

微观质态结构指的是构成现实生产力的各要素之间的结构，即生产力的各要素必须在质上相互匹配、相互适应。这种质态结构的内容主要有：①构成生产力的物的要素与物的要素之间互相适应。先进的生产工具必须有相应的交通、能源以及其他基础设施来与之配套。即使是在生产工具内部也有一个各种工具相互配套的问题，正是这种相互配套的要求推动了社会生产力的发展。如18世纪英国工业革命时纺织机械的不断革新就是如此。②生产力中人的要素与人的要素之间要互相适应。熟练的工人要有先进的管理者与之相适应，先进的技术人员要有熟练的工人与之相适应；反对来，先进的管理者也要求先进的技术人员与熟练的工人与之相适应。在工人、技术人员、管理者内部也有一个相互适应的问题。如不同生产工序的工人必须在质上相互适应，不然，流水作业线就会因此脱节而降低生产效率。③生产力中的人的要素与物的要素要相互适应。先进的工具还要由先进的工人来操作，现代化的工厂要求现代化的管理者来管理。④生产力的硬件要素必须与软件要素相适应。如先进的机器设备，要有先进的科学技术来指导，要有先进的工艺流程、先进的生产方式与方法、配方等来与之相适应，现代化的劳动者必须接受现代化的教育训练等。⑤生产力中的硬件要素与软件要素相适应。信息与技术之间，工艺流程之间，生产的方式、方法之间等也都必须相互适应。

微观质态结构的合理化对于生产力的发展有着重要的意义，它是生产力要素向生产力现实转化的必要条件，微观质态结构的不合理，必然阻碍生产力水平的提高。我国生产力在微观质态结构上的不合理主要表现在：①软件要素落后于硬件要素。当今，经济发达国家都十分注重软件产业。软件的作用非常大，一个国家没有现代化的软件，就不会被认为是一个发达国家。而我国长期以来却极为忽视软件，教育、科学文化事业相当落后，投资也极少。如 1981 年，我国人均教育经费才 10.20 元，1988 年才达到 25.30 元，几乎处于世界上最低国家之列。②物的要素与物的要素不相适应。这里特指能源、交通、基础设施与生产工具的发展严重不适应，从而阻碍了生产力的发展。能源生产技术、设备落后，公路、铁路技术标准低、路况差等，基础设施在质上也不能与生产力的发展相适应。③人的要素与物的要素不相适应。改革开放十多年来，我国大量引进了先进的技术设备，但人的素质达不到要求，因而没有能够创造出应有的劳动生产率。

（2）宏观质态结构。

所谓宏观质态结构是指产业部门间的质态结构。它主要包含以下五个方面的内容：①产业部门的技术要达到一定水平；②第一产业与第二产业在质上要相互适应；③第二产业与第三产业在质上要相互适应；④第一产业与第三产业在质上要相互适应；⑤各产业内部各部门、各行业之间在质上也要相互适应。

宏观质态结构的合理化，对生产力的发展同样起着极大的作用。任何一个国家的经济发展，都是一个综合性指标，都要保证国民经济的平衡发展，国民经济平衡发展的基础则是宏观质态结构的合理化。要做到宏观质态结构的合理化，必须做到以上五个相互适应。宏观质态结构的不合理必然破坏国民经济的平衡发展。拿我国来说，宏观质态结构的不合理突出表现在：①产业部门的技术平均水平很低。中国工业技术的平均水平相当于国际 20 世纪 70 年代中期水平，大约落后于国际先进水平 30 年。[1] ②第一产业部门和第二产业部门在质上不相适应，差距过大。

---

① 熊映梧. 当代中国社会生产力考察［M］. 北京：人民出版社，1991：118.

我国的第一产业还是以人力、畜力、自然力为主要动力，以手工技术为主体的生产方式，农村相当一部分地区仍很落后。而我国对工业上的投资远远超过对农业的投资，城市工业发展较为迅速，新兴工业城市不断涌现，新兴技术不断被采用。第一产业和第二产业的劳动生产率之比，1985 年为1∶15.4，技术水平相差之大可见一斑，这表明我国生产力宏观质态结构的严重失衡。③我国的第三产业大大落后于第一、二产业。第三产业质量不高，不仅影响了自身的发展，也制约着第一、二产业的发展。④各产业内部在质上也不能互相匹配，互相适应。如在工业内部，以 1987 年为例，轻工业的劳动生产率是重工业的 1.36 倍，而重工业的原料工业又是采掘工业的 3.41 倍。而按行业来分，最高行业的劳动生产率是最低行业的22.4 倍，差距是如此悬殊！① 劳动生产率是技术水平的重要标志，从劳动生产率的差异上，可以看出工业内部在质态上差距之大。

生产力系统中的质态结构，是各种生产力要素质态状况的综合反映。要改善我国生产力系统的质态结构，必须十分注意低质要素在生产力系统中的制约作用。一个系统就好比一个木桶，木桶能装多少水，不是取决于木桶上最长的那块木板，而是取决于最短的那块木板。生产力系统功能的大小，也往往取决于生产力系统中的低质要素。因而，要实现生产力质态结构的合理化，必须从多数生产力要素的实际质态状况出发，不必片面地追求高水平的质态结构，要把重点放在加强或改造低质要素以及各种要素的合理匹配上，这是优化生产力质态结构，充分发挥生产力系统功能的最佳办法。也正因为如此，我国把"八五"计划和十年规划的建设重点放在能源、交通、基础设施等这些国民经济发展的"瓶颈"上。

2. 生产力的量态结构

生产力的量态结构，是生产力量的方面的结构状态，是构成生产力系统的各种要素在数量上的配置状况及其相互关系。它主要包括生产力的规模结构、要素结构和产业结构。

（1）规模结构。

所谓生产力的规模结构，是指不同规模的经济单位在国民经济中的地位和作用及其量的比例关系，表现为生产力要素的积聚程度。

对企业规模的划分，从不同的角度有不同的分类。一般按照生产力

---

① 熊映梧. 当代中国社会生产力考察 ［M］. 北京：人民出版社，1991：125－126.

要素在一定的经济实体内聚集的不同程度，把企业划分为大型、中型和小型三种。由于行业不同，大型、中型和小型企业孰优孰劣没有一个绝对的标准。从生产力规模结构的角度来看，要取得最佳的经济效益，必须做到以下两点：①根据企业的内部和外部条件，依据最佳经济效益原则来决定企业的规模。并不是企业的规模越大越好，也不是企业的规模越小越好，如果企业规模过小，不能在企业内部进行合理的分工与协作，专业化、技术化水平必然不高；此外还会造成企业设备闲置，机器的无形磨损相对增多等。反之，企业的规模过大，必然导致管理环节增多，管理费用的增长等，也影响经济效益。因而任何一个企业，必须根据企业的行业性质和特点以及企业的技术条件、工艺流程、市场条件、资源条件等因素而设定适度的规模。②一个地区内部不同规模的经济单位在量上必须比例协调，互相适应。在同一个地区，由于市场条件的有限性和资源的有限性，不可能在同一行业都办大规模的企业，也不可能都去办规模过小的企业。既要有技术、资金雄厚的龙头大企业，也要有与之相匹配的、为其服务的中小企业。

新中国成立后，我国的企业规模结构经历了一个演变过程。从1949年到1957年，企业规模逐渐由分散向集中转变，企业的规模不断扩大。1958年到1966年，先是在"大跃进"的影响下，中小型企业特别是小型企业盲目上马，日益增多。1981年以后，政府开始对部分中小型企业实行"关停并转"。1967年到1976年，城镇集体小企业萎缩，而作为机关、大企业附属物的小型工商企业大量涌现。1977年以后，乡镇企业迅速发展，国家也着力投资兴建了一批大型企业。

从目前来看，我国的企业规模结构存在如下问题：①尚缺少实力雄厚的巨大型企业集团。1988年末我国固定资产原值最高的企业是胜利油田会战指挥部，为126.8亿元人民币，而美国的埃克森石油公司1980年有固定资产原值565.77亿美元，为胜利油田的许多倍。从销售收入来看，大庆石油管理局是1988年石油行业销售收入最多的企业，为74.2亿元人民币，埃克森石油公司1980年销售收入为1 031.43亿美元，二者的差距很大。从钢铁行业来看，1988年末钢铁行业固定资产原值最高的企业是上海宝山钢铁总厂，为116.23亿元人民币，而美国钢铁公司1980年的固定资产原值为117.47亿美元（美国钢铁公司并不是世界上最大的钢铁公司）。1990年，首都钢铁公司实现销售收入91

亿元人民币①，而美国钢铁公司 1980 年的销售收入就达到了 124.72 亿美元。可见，我国的大型企业规模与世界发达国家相比显得太小。②国有大中型企业由于经营机制不完善等多种原因，效益不佳，有近三分之一的企业只能维持生存，还有八分之一的企业存在着亏损。这样，国有大中型企业在国民经济中的主导作用没能得到充分发挥。③农村实行联产责任制之后，经营规模变小，在小块土地上耕作没有条件采用先进的农机设备和耕作方式，这种微型规模使农村丧失了规模经济带来的生产力。因而，依据实际情况和农民自愿的原则，组建农村经济联合体是提高农村生产力的重要途径之一。

（2）要素结构。

所谓生产力的要素结构，是指在一定的生产力系统中，各种生产力要素之间的数量配比关系，即生产力要素的比例结构。

在一定的生产力系统中，不仅要求生产力各要素在质上要相互匹配，相互适应，还要求生产力的各要素之间在数量比例上也要相互平衡，相互匹配。只有生产力各要素在量的比例结构上相互适应，相互平衡，才能避免生产力要素的闲置和浪费，充分发挥生产力各要素的作用，使人尽其才，物尽其用，取得最佳的经济效益。反之，生产力要素在量的比例结构上失衡，必然不能做到人尽其才，物尽其用，从而造成人力、物力的闲置和浪费，影响企业的经济效益。

我国生产力诸要素在数量配比上，存在着以下问题：①劳动者内部人员配比不当。随着现代化事业的发展，客观上需要越来越多的文化型和科技型劳动者，而我国依然是体力型劳动者居多，其间的比例关系极不协调。如 1989 年，我国全民所有制单位有工程技术人员 480.7 万人，占职工总数的 4.8%；农业技术人员 53.2 万人，占职工总数的 0.53%；卫生技术人员 262.4 万人，占职工总数的 2.6%；科学研究人员 29.7 万人，占职工总数的 0.29%；教学人员 209.1 万人，占职工总数的 2.07%。全民所有制单位如此，集体所有制单位中的比例失衡现象则更严重。1989 年，集体所有制单位自然科学技术人员共 61.84 万人，只占职工总数的 1.76%。② ②劳动资料与劳动对象等物的要素之间配比不当。这主要表现为部分企业加工能力过大，而原材料得不到保证，只好停工待料，造成机器设备的闲置和浪费，如棉纺织业、麻纺织业等。再

---

①　此数据参考了 1992 年 4 月 27 日《光明日报》第三版的部分内容。

②　国家统计局. 中国统计年鉴 1990 ［M］. 北京：中国统计出版社，1990：762 - 764.

就是动力不足，能源短缺，设备因缺乏动力而不能满负荷运转。③劳动资料与劳动对象内部的不同环节在数量配比上不能相互平衡。我国城市各项基础设施落后，许多企业不得不办成一个"小社会"，企业不仅要组织生产，还要一应俱全地组织职工的生活，使企业背上了沉重的包袱，严重地影响了企业生产能力的发挥。因而，要促进我国社会生产力的发展，必须十分注意生产力各要素在量的配比上的平衡关系。

（3）产业结构。

产业结构是以产业划分为基础的生产力结构，它所反映的是一国或一地区产业部门的类别、规模、比例、相互依赖程度与协调状况等，主要指产业部门之间的相互关系和比例。

对产业部门进行分类，迄今在学术界仍有不同的看法。有的根据产品的经济用途把社会再生产分为生产资料的生产部门和消费资料的生产部门两大部分；有的按照自然条件和技术条件把国民经济划分为农业、轻工业和重工业；有的按照生产进程把国民经济分为第一产业、第二产业和第三产业。上述每一种分类法都有一定的道理，但也有不足之处。

什么样的产业结构是合理的产业结构呢？第一，产业结构必须是完整的，而不是残缺不全的，即供应国内人民基本生活消费资料的产业、供应基本生产资料的产业和国防所必需的军事工业中的某些部门都必须完整；第二，每个产业部门内以及各产业部门间的产品和生产的要素都必须平衡协调；第三，各部门的最终产品与社会需要之间应该是协调一致的。

我国产业结构方面存在的问题较多，概括地讲，主要有以下三点：①三次产业的劳动力结构和三次产业的产值结构发展不平衡，水平不一致。目前，中国三次产业劳动力结构大体相当于西方经济发达国家 20 世纪 70 年代的结构水平，三次产业的产值结构大体相当于西方发达国家 20 世纪 20 年代的结构水平，两者的水平几乎相差半个世纪。[①] ②产业结构为超前重工业化。新中国成立后，我国的重工业迅速发展，重工业在工业中的比重一度上升到 1958 年的 58.5%，后几经调整，虽有所下降，但直到 1989 年仍为 51.1%，轻工业只占 48.9%，这一比例与日本接近。我国还是一个低收入国家，重工业过重，势必要保持很高的积累率，从而影响人民生活水平的提高，经济效益也不会高。③最终劳动产品与社会需求之间不平衡。近几年，一度出现过大起大落的现象。在

---

① 熊映梧．当代中国社会生产力考察［M］．北京：人民出版社，1991：108.

一个时期需大于供，另一时期供又大于需，造成产品的积压。在产品上，表现为花色、品种单一，型号单一，消费者选择余地较小，有效供给差等。因此，必须根据现代社会的发展和人民生活的客观需求，通过经济、行政、立法等各种手段，调整我国的产业结构，使国民经济各部门能够持续、稳定、协调发展。

3. 质态结构和量态结构的关系

生产力的质态结构和量态结构是生产力的基本结构。生产力的质态结构体现为生产力结构的质的方面的比例关系，生产力的量态结构体现为生产力结构的量的方面的比例关系；前者体现生产力的质，后者体现生产力的量。二者在整个生产力系统结构中保持着不可分离的密切关系。

（1）生产力的质态结构和量态结构是否合理，均影响现实生产力的发挥。

任何现实的生产力，都是质和量的统一，因而都既具有质态结构也具有量态结构。只有质态结构而没有量态结构或只有量态结构而没有质态结构的生产力是不存在的。就现实的生产力来说，只存在质态结构或量态结构是否合理的问题，而不存在质态结构或量态结构的有无问题。质态结构不合理，生产力的发展速度就慢，量态结构不合理同样制约着生产力的发展。

（2）质态结构与量态结构互相制约。

质态结构是生产力结构的基础，量态结构的合理化建立在质态结构合理化的基础之上。生产力内部各要素、各部门间只有在质上相互匹配，相互适应，才能为量的比例上的相互平衡提供前提条件。如果在质上不能相互匹配，那就势必造成高质要素的部门发展快，而低质要素的部门发展速度愈来愈低下，引起量的比例上的失衡，从而也最终制约高质要素产业部门的发展。反过来，量的比例关系的失衡也促使质态结构的不合理更为加剧，质态结构的合理化要靠量态结构的合理化来保障。拿我国来说，正是因为质态结构的不合理，使得第三产业相对落后，不能与第一、二产业的发展在质上适应，从而也使得第三产业在量上主要表现为服务设施的不足和产值上落后于第一、二产业。在这里，我国第三产业的落后具有双重意义，既体现为质上的落后，也体现为量上的落后。由此可见，没有质态结构的合理化，也就不会有量态结构的合理化；没有量态结构的合理化，质态结构的合理化也就无从谈起。

（3）生产力的质态结构和量态结构的相互对应和协调一致是一个

动态的过程。

一般说来，质态结构不合理，量态结构也不会合理，量态结构不合理，质度结构也难以合理，但是，在不同的国家和地区，在不同的产业部门，在生产力发展的不同的具体阶段上，生产力结构的不合理必然会突出地表现在质态结构或量态结构的某一环节上。因而在生产力发展的过程中，对生产力的结构进行调整时必须有所侧重。另外，从理论上讲，质态结构和量态结构应该是相互对应、协调一致的。但是，由于生产力无时无刻不处于发展变化中，因而二者要保持绝对的协调一致也是不可能的。质态结构和量态结构是一个在生产力的运动中由基本合理到基本不合理再到新的基本合理的发展过程，这一过程也是生产力由低级到高级不断发展的过程。

科学地分析并调整我国现行的生产力结构，不断使之合理化，是发展我国社会生产力的重要途径。

［原文发表于《信阳师范学院学报（哲学社会科学版）》，1993 年第 1 期］

关于生产力标准问题的若干思考

党的十三大报告鲜明地提出了生产力标准问题，这无论是在理论上还是在实践上都具有重大的意义。然而，如何全面而准确地理解生产力标准问题，还需要作进一步探讨。

1. 生产力标准的含义

（1）不能把生产力标准归结为"物"的标准，并进而归结为"钱"的标准。有的同志认为，衡量一切工作以生产力为标准就是以生产出来的"物"的多少为标准。在商品经济快速发展的今天，实际上也就是以挣钱的多少为标准。笔者认为，这是对生产力标准的误解。以物或钱为标准，至少有以下弊端：①大大缩小了生产力的外延，导致对生产力极为严重的曲解；②非物质生产部门似乎与生产力的发展无关，这与生产力是检验一切工作得失成败的根本标准相冲突；③导致"一切向钱看"的错误倾向。

（2）不能把生产力标准看作静态的结果，而应看作一个动态的过程。生产力标准是否就是指目前生产力的状况？笔者认为仅从结果上衡量生产力有失偏颇，而应该坚持变化发展的观点。第一，把生产力目前的状况与过去的情况相比较，从性质、水平或速度、效益等方面加以对比，从而看出生产力发展与否、发展的程度如何。若失去了这种对比，便难以回答生产力是否发展的问题。第二，不能把生产力看作一个静态的结果，也就是说评价生产力标准不能只看现在的结果，只讲现实的生产力，还应该看潜在的生产力。所谓看潜在的生产力，就是看它们为生产力的进一步发展提供了哪些有利条件？这种现实的生产力有无发展前途？是为生产力的发展开辟了道路还是竭泽而渔，阻碍了生产力的进一步发展？那些经济上的，包括政治上的短视行为，尽管可取得眼前的"辉煌"成果，但是这些成果仅是昙花一现而已，随之而来的只能是生产力发展的缓慢、停滞甚至倒退。

（3）不能仅把生产力标准看成单一的因素，而应该将其视为一个综合性因素。把生产力标准看成单一因素，这突出表现在只用发展速度来衡量生产力的发展，而忽视了经济效益的提高。并且发展速度又总是用产值来计算的，认为总产值增长速度快，成绩就大，总产值增长速度慢，成绩就小，认为这就是坚持生产力标准。理论上的偏见，导致了经济生活中企业片面追求发展速度。因此，在求量的同时，一定要求质。在追求速度的同时，绝不可以忽视经济效益。如果把工资奖金摊入成本，结构不合理，产品质量差，那么，尽管总产值有很大增长，也不会给国家和人民带来多大的益处，反而会造成原材料和能源的巨大浪费。讲求经济效益就是以较小的投入获得较大的产出，就是以降低物资消耗、减少劳动力的支出来获得最大限度的产出。把效益作为衡量生产力发展状况及评价经济工作有无成效的综合性标准，应该说是合理的。明确了这一点，就可以避免当前人们在经济工作中盲目追求速度，导致经济发展速度很快，经济效益却不高的现象。但是，讲经济效益也并不是否认发展速度，而是说发展速度应建立在经济效益的基础之上。

（4）生产力标准既有物的因素，也有人的因素，是物的因素和人的因素的统一。就生产力的构成来说，它包括劳动工具、劳动对象和劳动者这三大要素，同样是物的因素和人的因素的统一。因此，讲生产力标准，不能只讲物的因素，或只讲物质成果，还要讲人的因素，讲人的素质，包括人的政治思想素质、文化素质和劳动技术素质。这样，在衡量一个单位、企业的工作得失成败时，就不能仅仅从物质成果、技术装备、生产工艺、原材料状况等物的方面来评价，还应考虑到劳动者的素质。实际上，对于物的因素的发展来说，劳动者素质的提高是其根本动力。马克思就将劳动者作为生产力中最革命、最活跃的因素。物的因素归根结底要由人来创造，离开了人的活动就无所谓生产力。因此，把劳动者的素质排除在生产力标准之外，无疑是不全面的。

（5）生产力标准既是认识问题的出发点，是检验认识的标准，又是衡量一切工作得失成败的根本标准，是二者的统一。所谓认识问题和考虑问题的出发点，就是我们在认识事物、考虑问题时要从是否有利于生产力的发展这一角度出发，凡有利于生产力发展的看法、认识都是正确的，是应该加以坚持的；凡不利于生产力发展的看法、认识都是错误的，是应该摒弃的。生产力标准同时又是衡量一切工作得失成败的根本标准，也就是在进行改革和建设的一切工作中都要立足于生产力的发展。只有真正推动生产力发展的工作才是真正富有成效的工作。

（6）讲生产力的标准，既要讲具体的生产力，又要讲一般的社会生产力。在这里，所谓具体的生产力是指各地区、企业、单位的生产力；一般的社会生产力是指全局的整个社会的生产力。衡量一个地区、一个企业、一个单位的工作得失成败时，不能仅仅着眼于地区、企业、单位的生产力本身，还要看这些地区、企业、单位对整个社会的生产力发展是否起到了推动作用。如果一个企业从本身来说确实取得了较好的经济效益，生产力水平有了较大的提高，然而，其生产力的发展是以牺牲他者的生产力发展为代价的，对整个社会生产力的发展不仅没有起到推动作用，反而起了抑制作用，那么，这个企业的工作就不应看作是卓有成效的。在我国社会主义的初级阶段，不同利益集团的出现是不可避免的。这些利益集团或是一个企业、一个单位，或是一个部门、一个阶层，它们追求自己特殊的利益是不可避免，且是应当的。由于各个利益集团追求着各自不同的利益，他们之间也就不可避免地要发生种种矛盾。能否正确解决这些矛盾关系到四个现代化建设的成败，而要正确解决这些矛盾就必须遵循部分服从整体、局部服从全局的原则。因此，如果某一利益集团为了本集团的利益而损害了其他集团的利益，甚至置全局的利益于不顾，那么，尽管这个利益集团的利益得到了满足，其生产力得到了发展，然而由于它以破坏整个社会的生产力的发展为前提，在以生产力为标准对其进行评价时，仍应该持否定态度。只有那些既促进了本利益集团的生产力发展，又切实地推动了整个社会生产力的发展，从而保证了全局利益得以满足的利益集团，才是真正坚持了生产力标准。

2. 生产力标准与实践标准

（1）生产力标准与实践标准并不矛盾，也无冲突之处。马克思主义哲学告诉我们，实践是检验认识正确与否的唯一标准。实践大体上可以分为三类：生产斗争、科学实验、处理社会关系的实践活动。科学实验、处理社会关系的实践活动是建立在生产斗争的基础之上的，没有物质资料的生产，人类的一切都将失去根基。人在同自然界作斗争的过程中所表现出来的能力，即生产力。可见，生产力标准与实践标准不是两个不同的标准，生产力标准是实践标准的应有之义。

（2）不仅如此，生产力标准还丰富和发展了实践标准。这表现在：①在理解实践标准的时候，人们都只认为它是检验认识正确与否的唯一标准，即真理的标准，仅仅局限在认识论的范围之内。而生产力标准则不然，它不仅是认识的出发点，是检验认识正确与否的标准，而且是我们衡量一切工作得失成败的标准，这就超出了认识论的范围进入到更广泛的领域。②生产力标准的提法既肯定了实践标准，又突出了生产斗争在人类整个实践活动中的地位，它是科学实验和处理社会关系实践的基础与前提，是人类赖以生存的支柱。③生产力是社会发展的根本动力，在处于社会主义初级阶段的中国，认识这一点尤为重要。在一个相当长的时期内，我们错误地认为阶级斗争是社会发展的根本动力，认为"阶级斗争一抓就灵"，"斗则进，不斗则退"，把抓阶级斗争当作第一位的长远任务。十一届三中全会以后，我党果断地抛弃了"以阶级斗争为纲"的口号，把工作的重点转移到经济建设上来，转移到发展生产上来。党的十三大又明确提出了生产力标准是检验我们一切工作得失成败的根本标准。这一过程就是我党对生产力的逐步认识过程，标志着我党认识水平的提高。我们国家之所以处于社会主义的初级阶段，归根到底是因为我们的生产力水平太低。只有大力发展生产力才能走出社会主义的初级阶段，社会主义的根本任务就是大力发展社会生产力。

（3）对于人类社会的发展来说，用生产力标准来衡量最为确切，最为根本，这与马克思的唯物史观是一致的。这是因为：①从标准本身的要求来看，它必须具有可度量性。如尺子之所以能度量其他物品的长度，是因为它本身具有可度量性（也有长度）。这种标准越是客观则越准确。人类社会是有人的意志参与其中的，对于人类社会这个活的有机体的发展水平的度量更要求其标准客观，以此来衡量它的进步程度。此外，作为衡量社会发展水平的尺度的标准，必须既是人类社会发展的根本动力，又贯彻于人类社会发展过程的始终。②从生产力本身的特性看，它是客观的，用马克思的话来说，它是"既得的力量"，由物质的要素构成，其本身具有可度量性，对生产力发展水平的测量可以达到十分精确的程度。因此，它符合作为标准的要求。③唯物史观认为，整个人类社会的大厦都建筑在生产力这块基石之上，由生产力决定的生产关系是人类社会这座大厦的基础。生产力发展的水平如何，决定着这座大厦的基本面貌。因而，要考察人类社会，不能不考虑生产力的发展状况。所以，列宁曾说，只有把一切社会关系归结到生产关系的高度，进而把生产关系归结到生产力的高度，才有可能把人类社会的发展看作是"自然的历史过程"，才能够用自然科学的精确眼光来考察人类社会的发展。正因为如此，马克思主义的创始人才把生产力作为人类社会发展最根本的动力，作为社会历史发展的客观尺度。

3. 生产力标准与四项基本原则

（1）坚持生产力标准与坚持四项基本原则根本上是一致的，不存在坚持生产力标准就无法坚持四项基本原则，也不存在坚持了四项基本原则就无法坚持生产力标准的问题。

（2）为什么要坚持社会主义道路、坚持人民民主专政、坚持中国共产党的领导、坚持马列主义毛泽东思想这四项基本原则呢？理由可以找出许多，但最根本的就是，坚持四项基本原则有利于发展社会生产力。社会主义最根本的任务就是大力发展社会生产力。正因为如此，我们才把四项基本原则写进了《中华人民共和国宪法》，使其成为我国的立国之本。

（3）社会主义究竟是什么样子的？我们当然可以从许多方面来回答，但其中必然有这么一条：社会主义应该创造出比资本主义高得多的生产力。社会主义姓"富"不姓"穷"。"穷"不是社会主义的本质特征，不应为社会主义社会所具有。而正与此相反，社会主义应该消灭贫穷，消灭困苦，以达到人民的共同富裕。不然，谈何社会主义优越于资本主义？消灭贫穷，走向富裕，靠什么？靠大力发展社会生产力。舍此根本途径，一切的一切都不过是空中楼阁。我国还处在社会主义初级阶段，还没有资格与已有二三百年历史的发达资本主义国家比富。因此，发展生产力的任务在我国就越发显得迫切。正如十三大报告所指出的："我们已经进入社会主义建设时期，发展生产力已经成为直接的中心任务。国家的富强，人民的富裕，教育科学文化事业的繁荣，公有制和人民民主政权的巩固和发展，一句话，社会主义优越性的充分发挥和吸引力的不断增强，归根到底，都取决于生产力的发展。"可见，要建设社会主义，就必须大力发展社会生产力。因此，坚持生产力标准就是为了更好地坚持社会主义道路。

（4）凡有利于生产力发展的东西就不违背四项基本原则。因为坚持四项基本原则最终还是要落实到发展生产力上，离开生产力的发展，四项基本原则便失去了实际意义。党的十三大报告指出："离开了生产力标准，用抽象原则和空想模式来裁判生活，只能败坏马克思主义的声誉……一切有利于生产力发展的东西，都是符合人民根本利益的，因而是社会主义所要求的，或者是社会主义所允许的。一切不利于生产力发展的东西，都是违反科学社会主义的，是社会主义所不允许的。"因此，只有从根本上坚持生产力的标准，才能更好地坚持四项基本原则。

4. 生产力标准与解放思想

（1）何谓解放思想？解放思想就是不受现成的观念、教条的束缚，一切从实际出发，实事求是，开动脑筋，想办法。马克思主义的认识论认为，人们的认识来自于认识对象，认识以认识对象为转移而不能与之相反。也就是说，我们考虑问题，制定方针、路线、政策和方案，都要从客观存在的事实出发，而不能从现成的思想、观点和条条框框出发。解放思想的对立面是思想僵化，死抱着某教条不放。认识的对象已发生了变化或以前的认识发生了错误，我们就应改变我们的认识，对该对象重新认识，以得到新的正确认识。倘若认识的对象已发生了变化，或已发现原来的认识是错误的，仍不更新认识，修正错误，反而拿这种错误的认识去裁判生活，裁判事实，这便是犯了主观主义、教条主义的错误，是思想僵化。

（2）坚持生产力标准就是一切要从生产力的实际出发。衡量我们的工作得失成败，就是要看生产力的实际，要看是否有利于生产力的发展，绝不能将某些条条框框，某些抽象的原则作为所谓的"标准"来衡量我们的工作，这是其一。其二，要真正做到发展社会主义生产力也必须从生产力的实际出发。建设有中国特色的社会主义，必须从中国的国情出发，目前最大的也是最为根本的实际则是生产力水平低下，这一原因，决定了我国还处于社会主义初级阶段。因此，从我国目前的生产力实际出发去发展生产力，是关系到建设有中国特色的社会主义的一个重大问题。我们的一切路线、方针、政策和方案都要从我国生产力的实际出发，各地区和部门也都必须从其生产力的实际出发才能真正推动社会生产力的发展。

（3）要坚持生产力标准，坚持从实际出发，解放思想，就必须破除从教条出发，从本本出发以及从所有和发展生产力相违背的思想观念出发，用唯物辩证法的观点去观察和分析问题。

必须破除在社会主义问题上的形而上学观念，坚持辩证分析的观点。既不能把社会主义说得尽善尽美，也不能把社会主义说得一无是处。在这个问题上，笔者认为有必要对我国四十年来的宣传工作作深刻的反思。社会主义制度的优越性无疑要宣传，但怎样才能使我们的宣传入心入脑，真正卓有成效？有人在宣传社会主义制度的优越性时，把社会主义尤其是我国的社会主义说得尽善尽美，这是脱离了中国社会主义实际的，一些不实之词不仅给反对社会主义的人留下了口实，而且引发人们的逆反心理。因此，既然要对社会主义重新认识，就要切实改进我们的宣传方式。社会主义社会既然是共产主义社会的一个初级阶段或低级阶段，就无疑是说明社会主义社会还存在着这样或那样的不足和缺陷，对于处于社会主义初级阶段的中国来说就更是如此。摆在我们面前的艰巨任务就是努力创造条件，大力发展社会生产力，使社会主义的优越性得到充分发挥。

我们既要进一步解放思想，以更大的决心加快改革的步伐，又要充分地认识到改革的艰巨性和复杂性，克服急于求成的思想。我们的生产力要有一个大的发展，为此必须坚定不移地积极推进经济体制改革。但是，必须立足于我国当前生产力的现实状况以及其他现实条件，按照经济发展的客观规律和体制改革的内在逻辑，积极而又稳妥地使改革取得实质性进展。那种遇到困难和挫折就全盘否定改革的观点是错误的，而希望改革一夜之间就能取得成功的观点，是因为没有充分认识到改革的长期性、艰巨性和复杂性，因而同样也是错误的。

既要看到社会主义和资本主义这两种社会制度的根本对立，也不要把这种对立绝对化。当代世界是社会主义和资本主义并存竞相发展的世界。由于社会制度的不同，二者的根本对立是明显的，但并不是绝对的对立，也不是在所有领域的对立。在某些领域二者是可以相容的，甚至可以携手合作。社会主义国家和资本主义国家的和平相处和经济上的相互引进与合作就是最突出的表现。之所以出现这种情况，就是因为有相同的或相近的生产力基础以及发展生产力的要求。既然如此，在对待我国社会上的一些现象时，就再也不能够沿用过去"贴标签"的方法，在姓"社"还是姓"资"这个问题上争论不休了。

总之，坚持生产力标准，需要重新加以认识的问题很多，这还有待于我们作进一步的探讨。只有破除旧观念，消除思想僵化，才能够坚持生产力标准，真正解放思想。

[原文发表于《信阳师范学院学报（哲学社会科学版)》，1989 年第 2 期]

社会企业化和企业社会化

在中国的社会结构和企业组织结构中，存在着一个十分突出的现象：社会企业化和企业社会化。以上现象的存在，影响了我国社会生产力的发展，妨碍了社会主义现代化的进程。深入剖析这种现象并制定消除这种现象的对策，无疑有着极为重要的意义。

1. 社会企业化与企业社会化的表现

所谓社会企业化，是指国家政府部门剥夺了属于企业或应由企业来行使的权力，担负了本应由企业担负的职能。在这里，社会企业化并不是指国家担负着社会经济文化建设的职能，而是特指政府直接参与了企业的生产经营活动，由政府部门去行使企业的职权，政府机构掌握着企业的生杀予夺大权。这些权力包括：企业的组织机构设置权、干部任免权、生产经营权、劳动用工权及工资分配权等。

从我国的现状来看，社会企业化主要表现在以下几个方面。

（1）政府决定着企业的组织结构形式和组织机构的设置。

按照组织行为学的理论，结合国内外成功企业的经验，企业的组织结构和组织机构的设计，要遵循以下原则：总体原则、集权与分权相结合的原则、责任与权利相结合的原则、稳定性与适应性相结合的原则、党政分开的原则等。因此，不论是企业组织之间的结构还是企业组织的内部结构，不论是企业组织的纵向层次结构还是横向部门结构，也不论是采取哪一种组织结构的具体形式，都必须体现这些原则。

遗憾的是，我国的企业组织结构的设计在相当程度上是以政府的意志为转移的，未能体现上述原则，使企业沦为政府的下属机构。政府下设各局委，如市政府设有与企业相关的经济贸易委员会、工业局、轻工业局、建材局、物资局、外贸局、劳动就业局、乡镇企业管理局、税务局、工商局、技术监督局、物价局等，这些局委的一个重要职能就是直接管理企业，尤其是经济贸易委员会、商业委员会、工业局、轻工业局、乡镇企业局等，它们直接对企业发号施令，企业在组织形式上成了隶属于它们的一个机构。有些局和企业本身是合二为一的，一套机构两块牌子，如物资局和物资公司、医药局和医药公司、外贸局和外贸公司等，它们既具有经营职能，又具有行政管理职能。这样，政府就成了经济活动的主体，成了市场的主体。在市场经济的赛场上，政府既是"运动员"，又是"裁判员"，还是"教练员"，企业直接接受来自政府的指令。

（2）政府决定着企业的生产方向和产品结构。

企业的生产方向和产品结构应由市场、原料和经济效益来决定，起主要决定作用的是市场因素。一个企业生产什么样的产品、产品选择怎样的花色等，都要看市场是否需要，需要程度如何。还应该看生产这种市场需要的产品其材料来源是否有保障，技术水平如何，有无经济效益。

由于我国的企业在一定程度上成了政府部门的一个机构，政府直接管理企业，因而，企业在决定生产方向和产品结构时不是依据市场，而是依据政府部门的指令，甚至依据个别领导的意图。随着改革开放的日渐深化和扩大，提拔任用干部越来越注重政绩，这无疑是正确的。但有些领导干部为了显示政绩，热衷于搞贷款、批项目、办开发区，脱离了本地区的实际，脱离了市场需要，造成人力、物力的浪费和经济效益的低下。有些领导干部，不去为企业的发展创造宽松的环境和有利条件，却直接插手企业事务，干涉企业生产方向和产品结构的调整，使企业失去了经营自主权。

（3）政府掌握着企业的人事和劳动用工权。

由于政府把企业变成了自己所属的一个部门，因而，企业的人事安排、人员的进出都由政府来决定。企业的领导不是由民主选举产生的，而是由上级直接任命的；企业招工与否，由劳动部门决定，而不是由企业自身决定；企业人员的流动也要由政府人事部门批准，而不是由企业或职工根据自己的情况而定。

（4）社会上存在的权钱交易等不正之风也是社会企业化的一个重要表现。

在通常情况下，企业经营的核心是经济效益，社会效益只居其次。价值规律、等价交换是企业经营必须遵循的准则。这种准则一旦放大到社会的其他领域中去，其弊端则立刻显现。社会上存在的权钱交易等不正之风正是"等价交换"的变形。搞权钱交易的人把整个社会当成了一个大企业，把全部社会活动等同于企业经营活动，把人民赋予的权力当作谋取个人私利的工具。

所谓企业社会化，不是指企业生产的社会化，而是指企业除担负着生产经营任务之外，还担负着企业职工生老病死、衣食住行、子女教育等方面的任务，一个企业宛如一个小社会，即通常人们所说的企业办社会的现象。

从我国的企业来看，企业社会化主要表现在以下几个方面。

（1）企业的级别与政府机关相对应，等级严格。

我国的企业，从管理科学上可以分为大、中、小企业，也可以分为国家一级、二级，省一级、二级企业。但除此之外，企业还有所谓的行政级别，即省部级企业、地级企业、县级企业、科级企业等。这种划分又往往与企业的主管部门相联系，省政府直属的企业可定为地市级企业。地市直属的企业可定为县级企业，县政府直属的企业可定为科级企业。一般说来，不会出现县政府直属的企业级别被定为县级或更高级别的情况。这样，一个企业的级别就由其主管部门的级别而定了。级别的高低又往往形成了在资金、原材料、市场等方面的不公平竞争。

（2）企业管理人员的职级与政府人员职级相对应。

由于企业的级别与政府机关的级别相对应，导致企业管理人员的职级与政府人员的职级相对应。一个县级企业，其主要领导者只能享受县级待遇，其中层干部只能享受科级待遇。一个县政府直属的企业，其主要领导者只能享受科级待遇（只有极个别的骨干企业可享受副县级待遇），其中层干部只能享受"股级"待遇。这里的"待遇"，既包括政治待遇，也包括经济生活待遇。从这里可以看出，在中国，"官本位"的思想已深入社会生活的各个方面。从理论上看，企业作为一个经济实体，其级别和管理者应享有的待遇都只能由企业所获得的经济效益的高低、大小来定，而不能视其主管部门的级别而定。这种依主管部门的级别来定企业的级别并以此来核定企业管理人员的职级的做法，其结果只是把企业当成了社会的、政府所属的一个机构，在使企业社会化的同时，也进一步强化了社会企业化。

（3）企业建有全套生活服务设施，形成了一个"小社会"。

在中国的企业里，"就业""福利""社会保障"是三位一体的，形成了一个小社会。在这个小社会里，不仅有车间及管理机构，而且还有全套的职工生活服务设施。如职工住宅、职工医院、子弟学校、幼儿园、俱乐部、商店、粮店、劳动服务公司、副食品生产基地等。一句话，社会上有的，企业几乎都有。企业甚至专设后勤副厂长一名，来管理庞大的后勤服务系统。有的大型企业所拥有的生活服务设施甚至超过了当地政府，而当地政府常常是靠向这些大企业"化缘"过日子。

2. 社会企业化和企业社会化的根源

社会企业化和企业社会化是我国社会特有的现象，从总体上来看，它们都是高度集中的计划经济的产物。

社会企业化的根源主要在于政企体制不分。多年来，我们习惯于用行政手段来管理经济，因而也就很自然地把企业当作政府的一个下属部门，使企业隶属于政府机构，由政府主管部门直接支配企业的生产经营活动。企业级别根据主管部门的级别高低而定，企业管理人员的职级与政府行政机关人员的职级相对应，实际上就是为了便于政府对企业的直接管理。

在高度集中的计划经济体制之下，社会企业化是必然的。随着改革开放的深入发展，由高度集中而导致的社会企业化正日渐削弱。但在政企体制尚未完全分开的情况下，社会企业化还在一定程度上存在着。实行政企分开，使企业真正成为一个自负盈亏，自主经营的经济实体仍是经济体制改革面临的一个重要任务。然而当前，政企体制在有些地方不仅没有根本分开，反而进一步粘连。一些人和一些部门仍十分迷恋计划经济体制之下的权力，变相攥紧权力，如各种"翻牌公司"的出现即是突出的表现。更有个别领导，为实现本地区的经济腾飞，打着"宏观调控""为企业服务"的幌子直接干涉企业的生产经营活动，"强迫命令"和"乱摊派"有禁无止。可见，只要政企体制没有完全分开，企业就不可能有真正的自主权，社会企业化的现象就不会完全消失。

企业社会化的根源主要在于企业功能的紊乱。这种紊乱主要表现在两个方面：一是企业本身应有的功能没有得到充分发挥，其原因是社会企业化，政府剥夺了企业的部分权力；二是企业本不应有的功能却不得不去发挥，不该干的事却不得不去干。如职工的福利及社会保障等，这本应由社会、政府来负责，但企业却不得不为此付出巨大的精力。

社会企业化和企业社会化实际上是一个问题的两个方面。二者互为因果，恶性循环。社会企业化使企业丧失了应有的权力，而政府又把自己理应担负的功能转嫁给了企业，因而必然产生企业社会化。这就形成了所谓的"市长和厂长错位"的独特现象。反过来，企业的社会化使得企业的级别、管理人员的职级等统统行政化了，从而为政府提供了直接管理企业的条件，进而形成社会企业化。

3. 社会企业化和企业社会化的危害

社会企业化和企业社会化是社会和企业功能的紊乱，其存在严重妨碍了社会主义市场经济体制的建立，背离了市场经济运行的规律，造成了社会经济生活领域里的许多混乱和畸形现象，严重压抑了企业的活力，影响了生产力的发展和我国社会主义现代化的进程。

社会企业化造成了不良后果，主要表现在以下几个方面。

（1）社会企业化使企业失去了经营自主权，从而失去了活力。

企业的一切经营活动都由政府主管部门来决定，企业作为一个经济实体、市场活动的主体则难以独立，难以做到自负盈亏、自主经营、根据市场的变化来调整和改变企业的生产方向以及产品结构。企业想干、该干的事情不能干，不想干、不该干的事情却必须得干。企业失去了压力、动力和活力，经济效益必然低下，生产力水平也就难以提高。

（2）社会企业化助长了社会不正之风。

过多的干预必然孕育着腐败。企业的一切权力属于政府部门，因而各企业在物资、原材料、技术市场等方面的竞争中存在着差别和不平等，这些差别的存在恰好为以权谋私的人所利用，并为他们进行权钱交易提供了方便。另外，企业的领导者不是由企业职工民主选举产生，而是由政府主管部门任命，也容易造成任人唯亲的现象。

（3）社会企业化还容易助长企业领导者的形式主义和官僚主义作风。

由于企业没有人事权，干部的任免由政府主管部门决定，企业领导者的升迁主要取决于主管部门领导者的意图。这样企业领导者往往把目光盯在"上面"，看上级的眼色行事，只对上级负责，"看市长多了，看市场少了"，不能全心全意把企业经营好。即使是看政绩用干部，若不是以"凭党性干工作"为保证，也容易造成企业领导人只追求短期效益，干点"面子活"，该扎扎实实干的活不干，摆摆样子，走走过场，使形式主义的恶习愈演愈烈。

（4）社会企业化，使党政部门缺乏足够的精力加强党政建设，也不能从宏观上调控社会经济生活。

由于党政部门过多地直接干预企业的生产经营活动，企业的大小事务都要向有关部门请示汇报，这样，党政部门经常陷入具体事务之中，难有更多的精力加强党的建设，加强廉政建设，也难以摆脱局部、放眼全局，发挥对社会经济生活的宏观调控作用。

企业社会化对社会经济的发展也有很大的危害，这主要表现在以下四个方面。

（1）企业社会化造成了企业规模的虚假，延长了企业生产能力的形成期，加重了企业负担。

由于企业社会化，企业内部兴建了大量的福利保健设施，这些福利保健设施的费用可算作企业的资产，但在生产过程中却发挥不了多大的作用，这就造成了企业规模的虚报。实际上，相同规模的外国企业，其经济效益要比国内企业高得多。

在我国，要办一个企业尤其是大中型企业，确实是"兵马未动，粮草先行"。企业要成为一个生产单位，必须首先是一个消费单位。因而，在建厂房，装设备之前，先要建住房、学校、医院等。这样，既影响了企业生产能力的形成，也占用了大量的生产建设资金。企业职工的生老病死、衣食住行都由企业来管，消耗了企业领导的大量精力，使他们不能专心致志地从事生产经营管理。如大同矿务局在岗与离退休职工及家属共 46 万人，相当于一个不小的城市。企业什么都管，严重影响了企业家对生产经营的管理。再如，东风汽车公司 9 万名职工中，教师6 000名，医务人员 3 000 名，各类非汽车生产、管理、技术人员占职工总数的 32.4%，由此而占用的生产资金也就可想而知。

企业社会化实际上是企业替国家承担了社会职能，同时也承担了相当大的费用开支。企业既要上交税款，又得自己"办社会"，这种双重负担对企业来说是一个相当沉重的"包袱"。企业如牛负重，气喘吁吁，怎么能在市场经济之海里游出好成绩？

（2）企业社会化，使企业集就业、福利和社会保障为一体，影响了劳动者的流动，造成了劳动生产率的降低。

在我国，就业和福利、社会保障是联系在一起的，即只有就业者才能得到福利，才能得到社会保障。这与发达国家的情形刚好相反，在发达国家，失去职业的人才能得到社会福利和社会保障。而在我国，没有就业——更确切些说是没有在公有制企业里就业——就不能享受各种福利、保障。这样，就造成了多方面的问题，一是自谋职业者甚少，因为即使自己从事个体生产等，仍不能享受社会福利及保障，这既扩大了就业者与非就业者之间的矛盾，也给我国政府带来了沉重的就业压力；二是为解决上述问题必然采取低工资高就业的政策，即保证人人都有一口饭吃，而不是从生产方面来考虑，这就必然形成企业非效率性地大量吸收就业者，造成劳动生产率的降低。

（3）企业社会化还造成了消费基金的膨胀，并强化了经济过程中非货币化的倾向。

消费基金主要包括工资和国家用于职工的福利、补贴等。工资的增长容易计算也容易控制，但由于就业者享受着国家对职工提供的住房、水电、粮油、副食品等方面的补贴，在企业内部享受着各种福利、保障等，这一部分基金不仅难以统计，也更难以控制，"隐蔽性"较大，这一部分消费基金的增长速度比工资的增长速度要快得多。并且，福利和保障纳入企业之后，给实物分配、物物交换和大量补贴开了方便之门。生产紧缺商品的企业往往拿紧缺商品去换取廉价的农副产品等分配给企业职工，逢年过节也大发实物，且有年甚一年之趋势。中共中央、国务院曾三令五申严禁各单位滥发实物，严禁公费过年过节，其问题的严重性可见一斑。

（4）企业社会化，企业的级别与所属的行政部门相联系，企业管理人员的职级与政府人员职级相对应，影响了企业的生产经营活动和企业管理人员的积极性。

企业的主管部门级别越低，企业的级别也就越低，其生产经营活动所受到的来自主管部门的直接干扰也就越大，主管部门越多，其生产经营活动所受到的限制也就越多。企业的级别越低，企业管理者所享受的政治、经济待遇也就越低。很少有企业管理者所享受的政治、经济待遇会随企业经济效益的提高而提高。因此，那些经营得好而级别低的企业的管理者，必然缺乏积极性，其奋斗的目标只能是挤进行政机关担任高一级的职务，从而造成人才的浪费。另外，级别低的企业，其技术人员的职称等问题也因上级给的名额少而难以解决，从而影响了企业技术人员的生产积极性。总之，社会企业化和企业社会化都不利于社会生产力的发展，造成人力、物力、财力的极大浪费，影响了企业经济效益的提高和社会的发展，因而必须采取切实有效的措施。

4. 消除社会企业化和企业社会化现象的对策

消除社会企业化和企业社会化的现象，必须从深化体制改革、转换政府机构职能和企业经营机制诸方面着手，着重做好以下四个方面的工作。

（1）进一步深化经济体制改革，努力转换国有企业经营机制。

做好这方面的工作需要注意以下几点：其一，把企业当作一个真正独立的经济实体，自负盈亏，自主经营，把企业从各行政机构中分离出来；其二，企业的级别不再依它所隶属的政府部门而定，而是按其规模的大小和经济效益的高低而定。可以设想，由国家颁布一定的标准，确定企业的级别，其企业管理者享有相应的政治经济待遇；其三，企业的一切工作应以经济效益为核心，安排企业的生产和劳动力配置应着眼于提高劳动生产率，企业的人事权、劳动用工权等完全由企业依法行使。

（2）进一步深化政治体制改革，转换政府机构职能，真正做到政企分开。

首先，精简行政机构。行政机构过多，分工过细，是企业办事难的重要原因之一。其次，转换政府机构职能。把各级行政机构对企业的直接领导职能逐步转换为企业的服务职能；把大批行政机构变成经济实体并与原来的行政职能脱钩，直接参与市场竞争，实行"小机构，大服务"，真正做到政企分开。最后，在实际工作中力克形式主义和官僚主义。

（3）健全社会化服务体系。

大力发展第三产业，健全社会化服务体系，把企业承担的部分社会服务职能从企业中剥离出来，把企业从繁重的后勤服务负担中解放出来，使企业管理者致力于企业的经营管理。把企业的后勤服务设施交由社会来办，更能发挥其经济效益。

（4）改革和健全社会保障体系。

社会保障制度的改革已迫在眉睫，住房、公费医疗、社会救济等制度已到了非彻底改革不可的时候了。尽快完善失业、养老、医疗、工伤等社会保障制度，并制定相应的法规，使之社会化、规范化、法制化。企业职工的住房和公费医疗均可由社会统筹解决，建立离退休基金，本着国家、集体和个人兼顾的原则合理解决这些问题。不然，不仅造成了巨大的浪费，还会引发许多社会矛盾，使社会风气败坏。在社会救济等保障方面，应该遵循这么一条原则，即对于那些应交纳和能够交纳保险金的人实行强制性交纳，对于那些失业者以及丧失劳动能力且无力交纳保险金的人，给予一定的补贴和救济，保证人们的最低生活水平。这样，不仅可以减轻企业的负担，还可以减缓就业者和非就业者的矛盾，起到稳定社会秩序的作用。

[原文发表于《信阳师范学院学报（哲学社会科学版）》，1995年第2期]

关于我国企业技术创新的几个问题

江泽民总书记指出："创新是一个民族进步的灵魂，是国家兴旺发达的不竭动力。一个没有创新能力的民族，难以屹立于世界先进民族之林。"党的十一届三中全会以来，国有企业为改革开放和社会主义现代化建设做出了巨大贡献。国有企业改革和发展在取得新的进展的同时，也存在一些比较突出的问题和困难。解决这些问题的根本出路，一是要加快以建立现代企业制度为目标的企业改革的步伐；二是要加大以提高经济效益为中心的技术创新力度。

1. 企业是技术创新的主体

20 世纪初，美籍著名经济学家熊彼特基于科技与经济发展的关系来考察资本主义与社会主义的发展前途。这种理论与研究方法引起了西方经济学界的普遍关注，对西方经济学的发展产生了重大影响。熊彼特认为，经济的发展是通过经济体系内在的创造性来实现的。这种创造性的基本内涵是旨在建立一种新的生产函数或供给函数，在生产体系中引入生产要素和生产条件，形成一种新的组合，即技术创新体系。技术创新是把我们通常讲的发明创造和科技成果引入生产体系，创造出能够满足市场需求的商品，从而实现其商业价值的动态过程。因此，技术创新是科技与经济的结合点或中间环节，它既是一种技术行为，也是一种经济行为。

从 20 世纪 70 年代末起，冯希伯尔、伦德尔提出在技术创新中，用户、供应商等都对技术创新起着重要作用，这成为"技术创新是一个系统"概念的雏形。英国著名学者费里曼指出，日本的技术创新主要不是来自于正式的研究开发，创新者主要是来自生产部门的工程师、车间里的技术工人。在随后的考察中人们发现，开发设计、质量控制、教育培训及来自市场的反馈等都对科学技术成果商业化有着重要的影响。同时，许多技术创新可在没有正式的研究开发的基础上产生。于是发展出了"技术创新"的概念，即必须把从新设想的开始到其商业化看作是一个过程，其中，研究开发只是创新的一个阶段，设计、试验、制造和营销是实现技术创新链环的其他阶段。由此引起了一股研究技术创新的世界性潮流，直至今日。

国内关于技术创新的研究也已持续了十多年。技术创新不是强调先有科技成果，再去搞成果转化和商业化，而是从一个一体化的思路来考虑科技、经济结合的问题，从课题立项起就应从市场应用出发。从主体上来讲，企业与科研部门在创新中的作用都很重要，但企业是技术创新的主体。从投入角度上来讲，仅对研究开发投入是不够的，应同样注重设计、中试。从机制上来讲，它强调市场在创新资源配置上的重要性，一个竞争的市场环境要比一个聪明的政府在推动创新中的作用大得多。技术创新实际上是一个技术经济概念，源于人们对于科学技术与经济发展的探求。从社会角度来看，我们可以对技术创新做出如下解释：技术创新是由创新主体企业所启动和实践，以成功的市场开拓为目标导向，以新技术设想的引入为起点，经过创新决策、研究与开发、技术转化和技术扩散等环节或阶段，从而在高层次上实现技术和各种生产要素重新组合及其社会化和社会整合，最终达到改变技术创新主体的经济地位和社会地位的社会行动或行动系统。从企业的角度上来讲，技术创新是指企业应用创新的知识和新技术、新工艺，采用新的生产方式和经营管理模式，提高产品质量，开发生产新的产品，提供新的服务，占据市场并实现市场价值的过程。技术创新虽然包括技术行为，但由于它成功与否的标志在于产品的市场实现程度，所以，技术创新更重要的一个属性，是经济行为。这就决定了技术创新的主体是企业。

2. 我国企业技术创新中存在的问题

与发达国家相比，我国企业技术创新工作目前还很落后，存在的问题主要有以下四点。

（1）企业的创新主体地位不够明确。

由于我国正处于计划经济体制向市场经济体制的转轨阶段，所以出现技术创新的主体模糊不清，导致技术创新主体错位的现象。目前，技术创新主体大多是科研院所，属于"科研院所主导型"技术创新体系，这是计划经济体制下形成的。而在市场经济条件下，技术创新的主体应是企业，因而，这在客观上形成了技术创新主体的错位。在思想上，企业认为技术创新是科研机构的事情，而缺乏技术创新的动力；在行为上，许多企业不愿增加或根本就不愿对技术创新投资；在创新成果的转让上，增加了转让成本和费用，不利于企业利用新技术进行技术改造。由于技术创新主体错位，进一步导致了作为技术创新供给者的科研院所和高等院校与作为技术创新需求者的企业在科技成果供需上存在着结构性矛盾。因此，要求以企业为主体的技术创新应与以科技为主的知识创新相结合。只有以科技为主的知识创新为基础，技术创新才能进行和发展。

（2）企业创新动力不足。

在理论上，社会主义国有资产以全民的名义占有、管理和运用，这是一层委托—代理关系。国家将国有资产加以分割，委托给部门、地方，部门和地方再委托给国有企业，投入实际经济运行，这已经是几层委托—代理关系了。国有企业资产经过几次委托之后，资产的来历已经变得"模糊"，至少对企业来说，来得比较容易。国有企业主管部门不仅控制着资金及其他资源，而且牢牢掌握着国有企业的人事任命权。企业的董事会、监事会起不到非国有企业股份公司那样的作用。在这种情况下，企业及其经营者的创新动力主要来自剩余索取权和国家授予的荣誉、行政提升等。但是这些创新的动力因素往往又容易被下列因素弱化：经营者的任期短，导致经营者行为短期化，失去为企业长期发展和资本增值而进行创新的动力；企业使用的资本一部分来自国家，一部分来自银行，资本的边际增加对经营者来说几乎是无成本的，这种预算约束软化现象大大弱化了企业家的创新努力程度；公平竞争的市场环境没有建立起来，行政权力还在资源配置和企业绩效评价中占支配地位，企业家处于英雄无用武之地。有才能的经营者与其施展自己万般本领去冒险创新，还不如以低廉的成本去"寻租"，去走"门路"，获得上级行政领导的"特殊政策"，一纸批文就可以为企业赢得"经济效益"。社会经济环境如此，何必去创新呢？

（3）企业创新空间狭小。

经济体制改革前，国有企业创新空间是极其狭小的。这集中表现在国有企业缺乏活力，产品几十年"一贯制"。改革之后，国有企业活动空间特别是创新空间有所扩大，一方面，通过改革初期的"放权让利"等措施，企业及其经营者有了相当大的权力；另一方面，社会经济环境又处于大的转换之中，计划经济体制已被突破，国有企业的经营者已经拥有了比以前大得多的权力和活动空间。但是，从国有企业本身来看，它的创新行为仍然受到诸多限制，最主要的还是体制方面的原因。一方面，政企不分，在某种意义上企业仍然从属于政府，是政府的一个"变相"的部门，不必要的行政干预仍然没有解除；另一方面，社会大环境的改革与企业内部的改革不同步。此外，还有其他方面的限制，如行业限制、地区限制、所有制限制等。从企业的经营者来看，国有企业的"经理"，在改革期间，既是"政治人"，又是"经济人"，这种双重属性决定了他们要在当前的社会经济环境中做出慎重而又精明的选择。企业经营者的这种双重身份，限制了他们在经济领域里的活动空间，从而制约了其创新的空间。

（4）企业创新能力不高。

据统计，1996年我国从事研究与发展的总人数和企业研究与发展的总人数均居世界前4名，而我国科学研究和专利指标的国际竞争力分别排在世界第32位和第21位。我国企业技术创新能力不强，一方面与我国的科研投入不足和市场机制发育不完善有关，另一方面也与我国现行的创新体制及运行机制不尽合理有关。拿中国的IT企业来说，由于没有自己的知识产权，大都在做低增值的工作，而创新能力的缺乏使他们在可以预见的将来无力摆脱这一困境。企业要有较强的创新能力，必须具备一支有较强创新能力的企业家队伍。国有企业目前正面临着一些不利于其自身成长的因素，如没有经营能力的人占据着经营者的位置；所有制、部门利益、地方利益、集团利益等排斥"非我"成分的企业家并抑制其发挥才干等。因此，企业家自身的素质以及外部环境对企业家自身的制约也影响着企业的技术创新能力。

3. 我国企业技术创新的对策

（1）转变观念，使企业真正成为技术创新主体。

在全社会要真正树立企业是技术创新主体的观念。有人认为，科研院所、高等学校、企业，甚至中介机构都是技术创新的主体，这种观点忽视了企业在技术创新中的重要作用。诚然，科研院所、高等学校都可以为技术创新做出很大的贡献，但是，唯有企业才是技术创新的核心。因此，在制定宏观经济政策时，对企业不能只"鼓励发展"，而不"鼓励创新"。"鼓励发展"过多关注企业发展实绩，对企业发展的技术基础关注不够，可能出现企业在短期内发展较快，但缺乏长期竞争力的状况；"鼓励创新"则不同，技术创新是企业竞争力的基础，是企业稳定发展的必要条件，是既有高风险又有高收益的活动，如果创新失败，企业可能会遭到重大损失。因此，在企业进行技术创新时，政府要大力支持，并给予一定的资金支持，这样才能确保企业长期稳定发展。许多发达国家都鼓励企业创新，如美国建立企业新产品开发的奖惩机制。一般来说，企业每年有一个利润计划指标，完成指标后，公司总裁可以拿到100%的工资和占工资15%～20%的红利，全体员工都会相应地增加收入；如果完不成利润指标，各级人员的红利都要打折扣。如果企业连续多年没有接受科技成果转化或开发出新产品，老产品进入衰减期，销售额下降，企业经理就会被解雇，员工也会被裁减。这一无情的法则，说明了企业从总裁到员工与科技成果转化、新产品开发的直接关系，因此，美国企业开发新产品的积极性很高。

企业要成为技术创新的主体，自身必须加大对创新的投资力度。瑞典产品创新的投资主要来自于企业。据统计，1993、1995、1997年瑞典企业 R&D 投入占 GDP 的比例分别高达 2.5%、2.7% 和 2.9%，基本上占瑞典每年 R&D 总投资的 75%，企业真正成了技术创新主体。在 20世纪 80 年代，巴西的科技发展基本在政府宏观政策的主导下进行，几乎所有的科研资金都由联邦政府提供，几乎所有的科技项目也都由国家开设的科研机构和联邦大学进行。进入 20 世纪 90 年代后，这种政府主导型的科技发展模式显然不再适应市场竞争的需要，于是巴西政府对本国的科技创新体制进行了一系列改革，旨在转换政府和企业在科技创新体系中的角色，逐步让企业发挥更大的作用。而现阶段我国企业技术创新的投资水平较低，同时技术创新投资意识也较弱，因此应该通过立法来促进企业在产品创新中的投资力度，促使企业成为决策的主体、开发的主体、投资的主体、利益分配的主体和风险承担的主体。

（2）实行政企分开，扩大企业创新空间。

政企分开是国有企业获得充分的创新空间必须具备的前提条件。要做到这一点，难度很大，但经验和经济规律告诉我们，这是问题的关键所在，不如此，国有企业就称不上是真正的企业，国有企业的经营者就称不上是真正的企业家。政企分开，就必须转变政府职能，把政府职能转到为企业技术创新提供环境和服务上。在这方面，发达国家的成功经验可资借鉴。美国为中小企业技术创新服务提供两项基本措施：一是资金。中小企业初创阶段，大多缺少资金，各地经济发展办公室在确定项目或技术前途的基础上，说服个人、企业或风险基金来帮助中小企业获得投资。二是广泛采用"孵化器"培育企业。所谓"孵化器"就是政府花钱租下一座大楼，并提供秘书、办公用品、水电、通信、法律、财务、行政管理等服务，小企业不用付房租，只要象征性地付一点管理费就可以开业。"孵化器"最大的优点是企业可以集中精力进行技术创新。再如，巴西把科研资金的筹集与使用作为科技体制改革的突破点。政府在增加联邦科技经费的同时，积极鼓励企业在科技领域进行投资。从 1990 年起，政府先后颁布了四部法令，对进行科技投资的企业实行财政和税收扶持。从 1992 年起，巴西政府对石油、电信、化工等部门用于科技创新的进口科研设备和机器减免进口税。拥有这些部门的企业如果将利润的 5% 用于科技创新，则可减免企业所得税。根据巴西政府制定的政策，到 2003 年科技投资在国民生产总值中的比重将达到 2%，而其中企业投资的比重将提高到 40% 左右，成为科技创新的真正主力。日本为使中小企业在重整经济中发挥应有的作用，朝野上下高度重视促进中小企业的技术进步，对中小企业进行技术指导。为了有效解决中小企业在创新中所需的资金问题，日本政府坚持通过财政、信贷、补偿损失和给予税法上的优惠政策来保护、扶持中小企业的发展。

（3）采取有效措施，提高企业创新能力，构建技术创新体系。

技术创新体系一般由企业创新体系、产学研合作体系、基础研究体系、技术引进体系、重大技术攻关及产业化体系、中介服务体系、政策支持体系等组成。上述体系，有的要求政府直接参与，如重大技术攻关及产业化体系；有的要求政府进行引导，如企业创新体系、基础研究体系、技术引进体系、产学研合作体系、中介服务体系等；有的则完全来自政府，如政策支持体系。因此，政府要制定相应的政策、制度和工作规范，加快构建技术创新体系。

改善经济运行环境，建立健全风险投资市场。在这方面，瑞典的经验值得借鉴。瑞典的风险投资业对企业的产品开发和企业发展起到了十分重要的作用。投资者包括商业化投资者、私营风险投资公司、风险投资管理基金组织、政府风险投资机构、外国投资者以及隶属大型企业集团为其核心业务相关技术作投资的风险投资公司等，投资方式也多种多样。这些风险投资为瑞典的高技术产品开发提供了全过程的资金支持，即从研究成果到形成产业规模，除一部分成果开发得到政府的拨款支持外，大部分成果开发、新产品开发及中试开发项目是通过商业运作形式，以风险融资方式获得支持的。现在瑞典是北欧及西欧开放程度最高、企业创新最为活跃的国家之一。我们支持企业创新也应该制定相关政策，鼓励企业进行有偿担保，化解企业进行技术创新的风险。

建设一批创新型大企业和企业集团。一个国家在世界经济中的地位，很大程度上取决于有一批在全球经济中能够参与竞争的大的集团公司。我国要参与国际竞争，必须要形成一批像奔驰、西门子、杜邦、三菱那样的企业集团。这些著名企业的国际竞争力着重体现在组织运用世界资源的能力和超前研究开发的能力上，关键是有领先的技术和领先的产品，核心是形成不断创新的机制。通过实施技术创新工程，促使一批国有大中型企业和企业集团建立技术创新体系和有效运行机制，提高企业的发展后劲和市场竞争力，加速实施大企业、大集团战略，并带动相关中小企业的发展。

[原文发表于《信阳师范学院学报（哲学社会科学版）》，2002 年第 4 期]

毛泽东、 邓小平理论研究

略论新民主主义社会论的命运

新民主主义社会论是指新民主主义革命胜利后中国将要建立一个独立、自由、民主的社会，即新民主主义社会的学说，它不仅正确地揭示了中国社会的基本矛盾，而且解决了落后的中国怎样发展新民主主义以及怎样实现社会主义等重大理论问题。遗憾的是，随着党在过渡时期总路线的加速实施以及社会主义改造的基本完成，新民主主义社会论旋即退出历史舞台。但实践证明，新民主主义社会论所揭示的真理并没有消失，它以一种与时俱进的样态体现在社会主义初级阶段理论中。这一重大历史时刻的高度重合映现着马克思主义的历史辩证法。

1. 新民主主义社会论的诞生与发展

鸦片战争后，中国逐步沦为半殖民地半封建社会，昔日的泱泱大国成为资本主义列强恣意宰割的羔羊。为实现国家的独立和人民的幸福，中国人民进行了不屈不挠的斗争，无数革命仁人志士坚持不懈地探索救国救民的真理。从"自强""求富"的洋务运动到资产阶级改良运动，直至孙中山领导的资产阶级民主革命，都在一定程度上推动了中国社会的进步，但都没有改变中国备受凌辱的厄运，积贫积弱的悲惨状况继续恶化，劳苦大众依然生活在水深火热之中。历史表明，旧式的资产阶级民主革命无法完成民族、民主革命的历史使命。推翻"帝国主义、封建主义、官僚资本主义"三座大山，建立一个新社会、新国家的任务历史性地落在了中国无产阶级的肩上。十月革命的胜利为黑暗的旧中国指明了前进的方向。毛泽东曾经评价："十月革命一声炮响，为我们送来了马克思主义。"在马克思主义理论的指导下，中国无产阶级的先进分子建立了自己的先锋队——中国共产党，制订了党的最高纲领和最低纲领，并在长期的革命实践中，积累了丰富的经验，提高了运用马克思主义理论解决中国实际问题的能力。

发生在20世纪30年代的全球性经济危机使帝国主义国家和殖民地半殖民地国家之间的矛盾加深。日本帝国主义对中国的侵略，把中国推向了亡国灭种的危险境地，代表大地主大资产阶级利益的国民党的独裁统治更进一步激化了国内的阶级矛盾。"向何处去"一时成为决定中华民族命运的重大抉择。以毛泽东为代表的中国共产党人站在历史的前列，审时度势，他们以非凡的胆略，在清算党内教条主义和经验主义的错误以及全面总结中国革命的经验和教训的基础上，创造性地提出了中国革命的基本方略，及时地回答了时代提出的新问题。

从 1939 年底到 1940 年初，毛泽东相继发表《中国革命和中国共产党》《新民主主义论》两篇文章，它们立足于中国社会的实际，揭示了中国革命的性质，指明了中国革命的对象、任务、动力及发展前途，新民主主义社会论应运而生。随着革命形势的发展，新民主主义社会论得到进一步丰富与完善。1945 年，党的七大报告把建立一个独立、自由、民主、统一、富强的新民主主义的中国①确定为新民主主义革命的具体奋斗目标；1949 年 3 月，中国共产党七届二中全会详细制定了未来新中国的经济、政治、外交等方面的基本政策；在新民主主义革命已经取得了决定性的胜利，即将建立新中国的关键时刻，毛泽东发表了《论人民民主专政》一文。该文运用马克思主义的国家学说，论述了即将建立的新中国的国家性质、各阶级在国家中的地位及相互关系等重要内容。至此，新民主主义社会论已发展成为一个涵盖新民主主义社会的政治纲领、经济纲领、文化纲领以及国体、政体等方面的完备的理论体系。

1949 年 9 月底，中国人民政治协商会议第一届全体会议通过的《中国人民政治协商会议共同纲领》规定中华人民共和国是人民民主专政的国家，工人阶级是国家的领导阶级，工农联盟是新政权的阶级基础，同时，团结各民主阶级和国内各民族。② 新民主主义社会论正式付诸实施，并成功地指导了新中国的社会建设，实现了中国社会由半殖民地半封建社会向新民主主义社会的根本性转变。

2. 新民主主义社会论的终结

在《新民主主义论》中，毛泽东曾对中国革命的前途作过设想。他认为，像中国这样半殖民地半封建的经济落后的国家，其革命不可能"毕其功于一役"，而必须分两步走：第一步或者说第一阶段必须"建立以中国无产阶级为首领的中国各个革命阶级联合专政的新民主主义的社会"③。在此基础上，开始第二步，即第二阶段是"建立中国社会主

---

① 中共中央文献研究室. 毛泽东文集：第三卷 [M]. 北京：人民出版社，1996：303 - 304.

② 中央档案馆. 中共中央文件选集：第十四册（一九四八———一九四九）[M]. 北京：中共中央党校出版社，1987：731 - 732.

③ 毛泽东. 毛泽东选集：第二卷 [M]. 北京：人民出版社，1991：672.

义的社会"①。而且，作为第一阶段的新民主主义社会，其前身是封建主义的社会，其后身是社会主义社会。② 因此，在这个意义上，新民主主义社会是一个承前启后的过渡阶段，但中国革命以及中国社会的特殊性决定了这个阶段必须经过长期的准备才能走向社会主义社会。

那么，究竟需要准备多久才能向社会主义过渡一直没有说明，直到抗战胜利后，随着国共两党和谈的破裂、国内革命战争的爆发以及共产党领导下的人民革命力量的日益壮大，革命胜利在望之际，毛泽东才开始考虑过渡问题。1948 年底，毛泽东在中央政治局会议上曾两度提及这个问题。他先在刘少奇发言时的插话中指出，"也许全国胜利后还要十五年"③ 才能向资本主义全线进攻，后在会议作结论时说，"我国在经济上完成民族独立，还要一二十年时间。我们要努力发展经济，由发展新民主主义经济过渡到社会主义"④。与《新民主主义论》相比，新民主主义社会论又向前发展了一步。毛泽东在《新民主主义论》中初步设想了中国革命的大致步骤，而没有具体说明第一阶段所需要的时间。但在这次会议上，他不仅提出第一阶段的发展时间（十五年或一二十年），还提出了第一阶段的主要任务（发展新民主主义经济）。从语言表述来看，《新民主主义论》中的"发展"带有"过渡"的意味，而这次会议提到的"发展"是指发展经济，或者说是发展新民主主义经济。显然，《新民主主义论》中的"发展"成了这次会议中"过渡"的代名词了。后来发生的一系列变化证实，由"发展"到"过渡"的转变表明毛泽东也改变了对新民主主义社会的看法。

1949 年 1 月，毛泽东还在中央政治局会议上要求不要急于过渡，同时还特意提醒："如果希望搞社会主义，太快了，会翻筋斗。"⑤ 因此，同年 3 月召开的中共七届二中全会就没有提具体的过渡时间。然而，在 7 月举行的中央团校第一期毕业典礼上，他又提到了过渡时间，他说："二十年后我们工业发展到一定程度，看其情况进入社会主义。"⑥ 在第一届中国人民政治协商会议召开期间，当有人问什么时候过渡到社会主义时，他说大概需要二三十年。可是，这个观点并没有写

① 毛泽东. 毛泽东选集：第二卷［M］. 北京：人民出版社，1991：672.
② 毛泽东. 毛泽东选集：第二卷［M］. 北京：人民出版社，1991：672.
③ 中共中央文献研究室. 刘少奇论新中国经济建设［M］. 北京：中央文献出版社，1993：7.
④ 中共中央文献研究室. 毛泽东文集：第五卷［M］. 北京：人民出版社，1996：146.
⑤ 中共中央文献研究室. 毛泽东文集：第五卷［M］. 北京：人民出版社，1996：236.
⑥ 中共中央文献研究室. 毛泽东年谱：下卷［M］. 北京：中央文献出版社，2005：525.

入《共同纲领》，纲领仅规定了中华人民共和国的性质①，而对新民主主义发展方向只字未提。应该说，这与毛泽东有很大关联，因为他在政协筹备会上说："纲领中只说现阶段的任务，如果再说得远一点就变空洞了。就是说，纲领是带有时间性，有变动的。"② 鉴于此，刘少奇在政协开幕式的致辞中说《共同纲领》就已包括了中国共产党的所有最低纲领，"共产党的当前政策，就是要全部实现自己的最低纲领"③。周恩来在作《共同纲领（草案）》说明时也说，总纲中之所以没有把新民主主义向更高级的社会主义和共产主义的这个发展前途写出来，是因为考虑到："应该经过宣传、解释特别是实践来证明给全国人民看。只有经过全国人民在自己的实践中认识到这是唯一的最好的前途，才会真正承认它，并愿意全心全意为它而奋斗。"④ 虽然他们对纲领没有载入社会主义前途的意见是一致的，也都作了解释，但理由都不是很充分。其实，最根本的原因可能是中国共产党担心过早提出社会主义前途会乱了资产阶级的阵脚，妨碍即将诞生的新中国的社会建设。

总的看来，包括毛泽东在内的中央领导人不止一次地论及新民主主义社会的时间，并普遍认为发展的时间应该较长。然而，他们各自所说的时间都不是十分精确，时间长短也有所不同。尤其是毛泽东，他的表述前后不一，甚至还出现了几次反复，时而提及过渡时间，时而对过渡时间闭口不谈。由此观之，究竟何时向社会主义过渡，毛泽东本人也犹豫不决。真正把过渡时间确定下来的是 1951 年初召开的中共中央政治局会议，这次会议把"三年准备、十年计划经济建设"确定为新民主主义社会的建设时间，同时也是中国共产党首次以会议的形式正式公布的时间。

新中国成立之初，中国先后开展了一系列巩固新民主主义革命成果的斗争，解决了革命的遗留问题，为新民主主义社会建设创造了有利的国际、国内条件。但是，毛泽东却认为向资产阶级发动总攻的时机来了。1952 年 2 月，毛泽东提到过渡时期，他说："什么叫过渡时期？过渡时期的步骤是走向社会主义。"⑤ 他还把"过渡"类比为过桥，走十

---

① 中央档案馆．中共中央文件选集：第十四册［M］．北京：中共中央党校出版社，1987：731－732．

② 薄一波．若干重大决策与事件的回顾（修订本）：上卷［M］．北京：人民出版社，1997：31．

③ 刘少奇．刘少奇选集：上卷［M］．北京：人民出版社，1981：434．

④ 中共中央文献编辑委员会．周恩来选集：上卷［M］．北京：人民出版社，1997：368．

⑤ 薄一波．若干重大决策与事件的回顾［M］．北京：中共中央党校出版社，1991：215．

步到十五步就走完了，就是说用十年到十五年时间完成过渡的任务。同年 6 月，他又在一个文件上批语："在打倒地主阶级和官僚资产阶级以后，中国内部的主要矛盾即是工人阶级与民族资产阶级的矛盾，故不应再将民族资产阶级称为中间阶级。"① 毛泽东已改变了对民族资产阶级的态度，并开始酝酿过渡的实际步骤。所以，他在 9 月的中央书记处会议上就迫不及待地提出："十年到十五年完成社会主义改造，而不是十年以后才过渡到社会主义。"② 不久，刘少奇访问苏联，把过渡的想法向斯大林做了汇报，并得到了肯定，这使毛泽东更加坚定了"过渡"的信念。为便于实行社会主义改造，1953 年 6 月的中共中央政治局会议上，他在批评"确立新民主主义社会秩序"的思想后，提出了党在过渡时期的总路线和总任务。从这时起，他甚至不再使用"新民主主义"这个提法，而直接以"过渡时期"取而代之。在他看来，过渡时期既是新民主主义时期，又是逐步走向社会主义时期，还是社会主义公有经济成分在国民经济的比重逐步扩大而私有经济逐步缩小的时期。③当年 12 月，党在过渡时期的总路线正式公布，即"从中华人民共和国成立，到社会主义改造基本完成，这是一个过渡时期。党在这个过渡时期的总路线和总任务，是要在一个相当长的时期内，逐步实现国家的社会主义工业化，并逐步实现国家对农业、对手工业和对资本主义工商业的社会主义改造"④。这简称为"一化三改"总路线，其目的就是"使资产阶级、资本主义在六亿人口的中国绝种"⑤。

按照总路线的要求，完成社会主义改造需要十到十五年。实际上，改造一开始就表现出急躁倾向，但毛泽东却不以为然，反而对异议者提出批评。从此，急躁情绪愈来愈重，改造步子越来越大。更有甚者，在 1955 年 7 月，于《关于农业合作化问题》的报告中掀起反对右倾保守之风。由于该报告的推波助澜，全国很快掀起了对农业、工商业和手工业改造的高潮。到 1956 年底，我国就宣布社会主义改造基本完成，新民主主义社会论旋即消失在历史中。

综观新民主主义社会论的退场过程，以 1952 年 6 月毛泽东提出"不应再将民族资产阶级称为中间阶级"为界，大致分为前后两个不同

① 中共中央文献研究室. 毛泽东文集：第六卷［M］. 北京：人民出版社，1999：231.

② 林蕴晖，范守信，等. 20 世纪的中国：凯歌行进的时期［M］. 郑州：河南人民出版社，1996：303.

③ 薄一波. 若干重大决策与事件的回顾［M］. 北京：中共中央党校出版社，1991：228.

④ 毛泽东. 毛泽东选集：第五卷［M］. 北京：人民出版社，1977：89.

⑤ 毛泽东. 毛泽东选集：第五卷［M］. 北京：人民出版社，1977：198.

阶段。在此之前的构想是先"发展"一段相当长时期的新民主主义社会，然后"过渡"到社会主义。在此之后，就不再提"发展"，只单纯地讲"过渡"。而过渡的方式就是改造，就是对农业、手工业和资本主义工商业的改造。因此，非公有经济成分不但没能得到实际的巩固与发展，反而还在不断地被改造、被"绝种"，把"现在为巩固新民主主义制度而斗争"和"在将来要为转变到社会主义制度而斗争"[①] 合二为一，缩短了新民主主义社会的时间，使我国提早进入社会主义。社会主义制度的确立，使中国第一次实现了没有剥削、没有压迫的美好理想，但也给后来的社会主义建设埋下很多隐患。

3. 新民主主义社会论的重提

1956 年社会主义改造完成后，我国进入社会主义建设时期，也就是进入社会主义初级阶段。建设社会主义作为一项全新的事业，我们既没有现成的经验，又不能照抄照搬别国的模式。经过二十多年的探索，社会主义建设虽然取得了一些成就，但也付出了沉重的代价。这一时期经济发展缓慢，人民生活水平低下，形成了事实上贫穷的社会主义。邓小平同志曾说，贫穷不是社会主义。那么，如何建设社会主义就是中国共产党首要解决的问题。在社会主义建设难以为继的背景下，1978 年底，中国共产党及时召开了十一届三中全会。会议认真总结了我国社会主义建设的经验和教训，做出了改革开放的重大决策，打破了传统的计划经济体制，在坚持公有制主体地位的前提下，鼓励、支持和引导其他非公有制经济的发展。但这样的制度又与新民主主义社会的经济制度极其相似，从而勾起了人们对新民主主义社会的追忆，也引发了人们的疑惑：我们是不是又回到了新民主主义社会？

经过近十年的改革开放，人们对社会主义有了更进一步的认识，这也为社会主义初级阶段理论的形成奠定了坚实基础。1987 年，十三大报告第一次比较完整系统地论述了社会主义初级阶段理论。报告认为，从社会主义改造基本完成到社会主义现代化基本实现的一百年都属于社会主义初级阶段，我们的社会主义是脱胎于半殖民地半封建的社会；报告还指出了我国社会主义初级阶段的时间起点和社会来源。这样看似正确的表述其实潜藏着深刻的历史的和逻辑的矛盾。如果按照前一句话的理解，社会主义初级阶段的起点应该是 1956 年；而如果按照后一句话的理解，问题就显现了。如果说社会主义是脱胎于半殖民地半封建的社

① 刘少奇. 刘少奇选集：下卷［M］. 北京：人民出版社，1985：60.

会的话，那么，半殖民地半封建社会又是哪一年结束的呢？如果是1949年，那么就与社会主义初级阶段的起点相矛盾。如果是1956年，那无疑等于说，从1949年到1956年的七年间，我国还是半殖民地半封建社会，进而意味着1949年新中国成立时，"三座大山"还没被推翻。若此，中国共产党是怎样建立新国家的呢？其中的矛盾不言而喻。造成矛盾的原因在于理论的不彻底，所以，社会主义初级阶段理论一经提出立即引起人们的误解。其中最具代表性的是著名哲学家冯友兰，他认为，邓小平最伟大的功绩之一就是又回到了毛泽东的新民主主义。姑且不论这个观点正确与否，仅"又回到了毛泽东的新民主主义"就足以警示人们，在建设有中国特色社会主义的过程中，人们首先必须厘清社会主义初级阶段理论与新民主主义社会论的关系，做到以理服人。否则，不仅无法对建国以来党的历史给予科学的评价，而且无法确定社会主义初级阶段理论的理论渊源。党史专家胡绳当时就强烈呼吁要尊重历史，特别强调要从新中国成立以来的历史经验中得出社会主义初级阶段理论。① 如果割断它与历史的联系就会使其丧失存在的合法性。这个重大问题也引起了政府高层和其他学者的关注。1988年春，薄一波在中央顾问委员会上谈到，在新中国还没成立时，毛泽东和中央其他领导同志都主张，在革命胜利后要先搞一段新民主主义社会建设。但事实上，由于改造过急、过快，只搞了几年就结束了。"对于这一段历史，我们还可以进一步加以研究。比如说，新民主主义社会搞的时间再长一点，是不是会更好一些呢？更有利我国社会生产力的发展和社会制度的逐步健全呢？"② 同年底，于光远也表达了类似的思想，他在一次会议上的发言中说，新民主主义论包含新民主主义革命论和新民主主义社会论两个有机的组成部分。其中，"新民主主义社会论的基本点"就是"中国要建立一个既要使社会主义经济迅速发展，又要允许资本主义经济也有一个相当的发展的历史时期"，"在五十年后的今天，特别是'社会主义初级阶段论'提出之后，我们对'新民主主义社会论'的认识可以大大深化了"。③ "新民主主义社会论"的概念就是在这次发言中被首次提出来的，并引起学界的高度关注。不难想象，如果早一些时间提出新

---

① 张太原. 新民主主义社会论与社会主义初级阶段论的关系［J］. 党史研究与教学，2011（2）：23.

② 龚育之. 党史札记末编［M］. 北京：中共党史出版社，2008：145–146.

③ 边鹏飞，柯红波. 从"新民主主义社会论"到"社会主义初级阶段论"［M］. 北京：人民出版社，2000：153.

民主主义社会论，可能不会引起逻辑上的冲突和冯友兰先生的误解。反过来说，也正是有了这些问题才推动理论研究更加深入、彻底。

总之，新民主主义社会论的沉浮不是历史的错觉，而是其真理性存在的体现。能否坚持新民主主义社会论直接检验着中国共产党能否坚持实事求是的思想路线，进而影响着中国社会主义建设事业的发展。因此，新民主主义社会论的经历也折射出马克思主义中国化的历史进程和中国共产党人对中国社会主义现代化道路的探索过程。以史为鉴，可以知兴替。只有尊重历史，才能避免犯历史虚无主义的错误，才能不断汲取历史的养分，才能正视现实，少走弯路。这就是深化新民主主义社会论研究的价值所在。

[该文与陈红心合著，原文发表于《山西师大学报（社会科学版）》，2012 年第 1 期]

试论毛泽东经济发展战略思想

毛泽东经济发展战略思想是毛泽东经济思想的重要组成部分，其内容极为丰富。认真学习毛泽东经济发展战略思想，对于指导我国市场经济体制的建立，加快我国现代化进程，促进国民经济高效、协调运行，具有重大的理论意义和现实意义。

1. 经济发展的战略目标

毛泽东在建国前夕和社会主义改造基本完成以后，多次指出，要把全党的工作重点转移到经济建设和科学技术方面来，以便逐步实现工业、农业、国防和科学技术现代化，把我国建设成为一个伟大的社会主义国家。对这一战略目标毛泽东作了多方面的论述。

首先，毛泽东提出制定经济发展战略目标的指导思想是发展社会生产力，摆脱贫困，提高人民生活水平。毛泽东十分注重生产力的发展，早在抗日战争时期，他就指出"发展经济，保障供给，是我们经济工作和财政工作的总方针"①，经济工作是"中心的或第一位的工作"。离开经济工作而谈教育和学习，是空话；离开经济工作而谈"革命"，是革自己的命。因此，各部门的主要负责同志都必须"充分地注意经济工作的领导，要强调研究经济工作的内容，负责制定经济工作的计划，配备经济工作的干部，检查经济工作的成效"②。他还说，"中国一切政党的政策及其实践在中国人民中所表现的作用的好坏、大小，归根到底，看它对于中国人民的生产力的发展是否有帮助及其帮助之大小，看它是束缚生产力的，还是解放生产力的"③。新中国建立后，毛泽东更是把主要精力放在了经济工作上，放在发展社会生产力上。他认为，我们要建立社会主义的生产关系，是因为它"有利于生产力的迅速向前发展"④，

① 中共中央文献编辑委员会. 毛泽东著作选读［M］. 北京：人民出版社，1986：575.
② 中共中央文献编辑委员会. 毛泽东著作选读［M］. 北京：人民出版社，1986：565－566.
③ 毛泽东. 毛泽东选集：第三卷［M］. 2版. 北京：人民出版社，1991：1079.
④ 中共中央文献编辑委员会. 毛泽东著作选读［M］. 北京：人民出版社，1986：705.

他还指出，"社会主义革命的目的是为了解放生产力"①。在《关于正确处理人民内部矛盾问题》一文中，毛泽东提出了社会主义社会基本矛盾的理论，认为我们的根本任务是发展社会生产力。只有生产力发展了，才能从根本上消灭资本主义。

摆脱贫困，提高人民生活水平，是发展生产力的落脚点，也是毛泽东一生的追求。在抗日战争时期，他就指出"一切空话都是无用的，必须给人民以看得见的物质福利"，"要组织人民、领导人民、帮助人民发展生产，增加他们的物质福利，并在这个基础上一步一步地提高他们的政治觉悟和文化程度"。② 新中国的建立为消灭贫困，提高人民生活水平提供了良好的政治条件。毛泽东认为，必须在生产力领域内掀"起一个革命"，以"满足人民日益增长的需要，提高人民的生活水平"。③他清醒地看到，"我们国家被帝国主义剥削了一百多年，变成一个很穷的国家，不但农民生活水平低，工人和知识分子的生活水平也很低。要有几十年时间，经过艰苦的努力，才能逐步将全体人民的生活水平逐步提高起来"④。

其次，毛泽东指出制定经济发展战略目标必须从国情出发，即必须建立在对本国国情正确认识的基础之上。民主革命时期，毛泽东和其他老一辈无产阶级革命家，正是从分析我国当时的基本国情出发，探索中国革命的规律，找到了以农村包围城市，最后夺取全国胜利的正确道路。社会主义革命时期，以毛泽东为代表的中国共产党人，在正确地分析了我国基本国情的基础上，制定了党在过渡时期的总路线，胜利地完成了从新民主主义到社会主义的伟大转变。在《论十大关系》中，他又进一步分析了中国国情，指出："我们一为'穷'，二为'白'，'穷'就是没有多少工业，农业也不发达。'白'，就是一张白纸，文化水平、科学水平都不高。"⑤毛泽东强调了我国社会主义建设要从中国是一个一穷二白和农业大国的情况出发。

再次，毛泽东还指出制定经济发展战略目标必须考虑国际环境。毛泽东认为，中国与发达国家相比，生产力水平落后几十年。我国有六亿人口，又有那么大一块地方，资源也丰富，又有先进的社会主义制度，

① 中共中央文献编辑委员会. 毛泽东著作选读［M］. 北京：人民出版社，1986：711.
② 中共中央文献编辑委员会. 毛泽东著作选读［M］. 北京：人民出版社，1986：563－564.
③ 中共中央文献编辑委员会. 毛泽东著作选读［M］. 北京：人民出版社，1986：705.
④ 中共中央文献编辑委员会. 毛泽东著作选读［M］. 北京：人民出版社，1986：775.
⑤ 中共中央文献编辑委员会. 毛泽东著作选读［M］. 北京：人民出版社，1986：743.

完全应该赶上先进的国家。"如果不在今后几十年内，争取彻底改变我国经济和技术远远落后于帝国主义国家的状态，挨打是不可避免的。""我们应当以挨打为出发点来部署我们的工作，力求在一个不太长久的时间内改变我国社会经济、技术方面的落后状态，否则我们就要犯错误。"①

最后，毛泽东在多种场合，通过多种方式，一再阐述了我国经济发展的战略目标。新中国成立后，当务之急是恢复和发展国民经济，毛泽东立即对我国社会经济发展的远景作了规划，为我国的经济发展制定了战略目标。1954年6月，他就明确指出："我们的总目标，是为建设一个伟大的社会主义国家而奋斗。我们是一个六亿人口的大国，要实现社会主义工业化，要实现农业的社会主义化、机械化，要建设一个伟大的社会主义国家。"② 这里，他不仅提出了经济发展的战略目标，而且根据当时的国情概述了这一战略目标的基本内容，即社会主义工业化、农业的社会主义化、机械化。这是工业现代化、农业现代化的最初提法。1954年9月，在第一届全国人大一次会议的开幕词中，毛泽东再一次明确提出："我们的总任务是：团结全国人民，争取一切国际朋友的支援，为了建设一个伟大的社会主义国家而奋斗，为了保卫国际和平和发展人类进步事业而奋斗。"还说，"准备在几个五年计划之内，将我们现在这样一个经济上文化上落后的国家，建设成为一个工业化的具有高度现代化程度的伟大的国家"③。在此，毛泽东对经济发展战略目标的内容又有所扩展，他把"具有高度现代文化程度"作为"伟大的国家"的内涵之一。在某种意义上可以说，这是科学技术现代化的最初提法。此外，在这个开幕词中，毛泽东还指出，建设一个伟大的社会主义国家，这是正义的事业，是"我们的前人从来没有做过的极其光荣伟大的事业"，"领导我们事业的核心力量是中国共产党"，"我们有充分的信心，克服一切艰难困苦，将我国建设成为一个伟大的社会主义共和国"，"我们的目的一定要达到。我们的目的一定能够达到"。这充分体现了毛泽东对这一战略目标的坚定信念和执着追求。

在《关于正确处理人民内部矛盾的问题》一文中，当讲到人民民主专政时，毛泽东又一次提出了我国经济发展的战略目标问题——专政的目的是"保卫全体人民进行和平劳动，将我国建设成为一个具有现代

---

① 中共中央文献编辑委员会. 毛泽东著作选读 [M]. 北京：人民出版社，1986：848 - 849.
② 中共中央文献编辑委员会. 毛泽东著作选读 [M]. 北京：人民出版社，1986：715.
③ 中共中央文献编辑委员会. 毛泽东著作选读 [M]. 北京：人民出版社，1986：712.

工业、现代农业和现代科学文化的社会主义国家"①。与以前相比，这一次明确地提出了工业、农业和科学技术的现代化，进一步确定了我国经济发展战略目标的内涵。

此外，在《论十大关系》中以及在 1957 年 3 月召开的全国宣传工作会议的讲话中，毛泽东都多次强调，我们坚定不移的目标是建设伟大的社会主义强国。他指出，"我们要调动一切直接的和间接的力量，为把我国建设成为一个强大的社会主义国家而奋斗"②。"我们一定要努力把党内党外、国内国外的一切积极的因素，直接的、间接的积极因素，全部调动起来，把我国建设成为一个强大的社会主义国家。"③

在 1964 年底到 1965 年初召开的第三届全国人民代表大会第一次会议上，周恩来宣布：我国国民经济即将进入一个新的发展时期，1966 年将开始执行第三个五年计划，全国人民要努力奋斗，把我国逐步建设成为一个具有现代农业、现代工业、现代国防和现代科学技术的社会主义强国。这是第一次在这样庄严的场合郑重地向全国人民提出四个现代化的任务。实现社会主义现代化这一战略目标至此就有了完整的内容。这一宏伟的任务由于"文化大革命"的发生而没有能够按计划付诸实施。

十一届三中全会以后，邓小平根据中国的国情和经济发展的客观规律，总结了经济工作的得失成败，提出了我国现代化建设战略目标的总体构想，且把这一战略目标进一步明确化、具体化、精确化。自 1979 年以来，邓小平多次明确提出，我们搞四个现代化，最低的目标是达到小康水平，即到 20 世纪末，工农业生产总值翻两番，人均国民生产总值达到 800 美元。在此基础上，我们还要在 21 世纪三十年到五十年内，接近较发达国家的水平。这是一个宏伟的目标，有了这个目标，就有了社会主义现代化建设的总体蓝图，就有了凝聚全党和全国各族人民共同为之团结奋斗的基点和前进方向。

2. 经济发展的战略步骤

我国经济发展的战略目标是实现社会主义现代化。在我国这个生产力落后的国家，要实现这一目标不可能一蹴而就，必须分阶段、有步骤地实现。对此，毛泽东同志有过大量的论述。

---

① 中共中央文献编辑委员会．毛泽东著作选读 ［M］．北京：人民出版社，1986：715．
② 中共中央文献编辑委员会．毛泽东著作选读 ［M］．北京：人民出版社，1986：760．
③ 中共中央文献编辑委员会．毛泽东著作选读 ［M］．北京：人民出版社，1986：721．

1954 年 6 月，毛泽东提出："要建成一个伟大的社会主义国家，究竟需要多少时间？现在不讲死，大概是三个五年计划，即十五年左右，可以打下一个基础。……我看，我们要建成一个伟大的社会主义国家，大概经过五十年即十个五年计划，就差不多了。"①在这一思想的指导下，初步形成了实现经济发展战略目标的战略步骤，即第一个五年计划主要是奠定实现工业化的初步基础，第二个五年计划主要是建立工业化的巩固基础，经过几个五年计划，经过几十年的努力，"改变我国在经济上和科学文化上的落后状态，迅速达到世界先进水平"②。"要使我国富强起来，需要几十年艰苦奋斗的时间"，这是依据中国国情得出的结论。毛泽东认为，我们国家还是一个很穷的国家，在短时间内无法根本改变这种状况。他在 1955 年 3 月党的全国代表会议上再次提出：在我们这样一个大国里面，情况是复杂的，国民经济原来又很落后，要建成社会主义社会，并不是一件轻而易举的事。要建成一个强大的高度社会主义工业化的国家，就需要几十年的艰苦努力，比如说，要有五十年时间，即 20 世纪的下半个世纪达成。

正因为穷，中国人民摆脱贫困走向富强的愿望才特别强烈。在这种愿望的驱使下，毛泽东发动了旨在使经济高速增长的"大跃进"运动，要求在十五年或更短的时间内实现"超英赶美"，其结果是欲速则不达，国民经济的发展遭到了严重破坏。

社会主义经济建设正反两方面的经验教训使毛泽东和中国共产党人进一步认识到了实现建设社会主义现代化强国这一战略目标的艰巨性和长期性。因而，20 世纪 60 年代初，党和毛泽东对国民经济发展的战略部署作了调整。在 1962 年 1 月召开的中央工作会议上，毛泽东指出："建设强大的社会主义经济，在中国，五十年不行，会要一百年，或者更多的时间。……在我国，要建设起强大的社会主义经济，我估计要花一百多年。"还说，"要使生产力很大地发展起来，要赶上和超过世界上最先进的资本主义国家，没有一百多年的时间，我看是不行的"。他语重心长地说："我劝同志们宁肯把困难想得多点，因而把时间设想长一点。"③可见，这时的毛泽东在经济发展的战略步骤的问题上是比较清醒的。他注意到了两点：一是中国的底子太薄，二是我们搞社会主义经济建设还没有经验，"碰了许多钉子"。因此，他得出结论："要准备

---

① 中共中央文献编辑委员会. 毛泽东著作选读［M］. 北京：人民出版社，1986：744.
② 中共中央文献编辑委员会. 毛泽东著作选读［M］. 北京：人民出版社，1986：712.
③ 中共中央文献编辑委员会. 毛泽东著作选读［M］. 北京：人民出版社，1986：718.

着由于盲目性而遭受到许多的失误和挫折，从而取得经验，取得最后的胜利。由这点出发，把时间设想的长一点，是有许多的好处的，设想得短了反而有害。"① 遗憾的是，毛泽东的战略思想没能具体化为科学的方针政策。随着党和毛泽东指导思想的"左"倾错误的发展，特别是由于"文化大革命"的进行，毛泽东的上述经济发展战略的思想终被束之高阁。

科学地制定我国经济发展的战略部署，是以邓小平为核心的党的第二代领导集体的重要贡献之一。早在 1981 年，党的十一届六中全会指出，我们应该从国情出发，量力而行，有步骤、分阶段地实现现代化。1982 年 9 月，党的十二大制定了到 20 世纪末工农业生产总值翻两番的战略目标，在战略部署上分两步走：前十年以准备条件为重点，打好基础，为国民经济的进一步发展创造条件；后十年将进入一个新的经济振兴时期。1987 年 4 月，邓小平在会见外宾时完整、系统地阐述了"三步走"的战略部署。同年 10 月，党的十三大将邓小平"三步走"的战略构想用党的文件的形式确定了下来：党的十一届三中全会以后，我国经济建设的战略部署大体分三步走。即第一步，实现国民生产总值比 1980 年翻一番，解决人民的温饱问题，这个任务已经基本实现。第二步，到 20 世纪末，使国民生产总值再增长一倍，人民生活达到小康水平。第三步，到 21 世纪中叶，人均国民生产总值达到中等发达国家水平，人民生活比较富裕，基本实现现代化。党的十四大再次肯定了基本实现现代化必须分三步走的战略部署，并进一步提出了近期和长远的三个奋斗目标。即在 20 世纪 90 年代，我们要初步建立起新的经济体制，实现达到小康水平的第二步发展目标。再经过 20 年的努力，到建党一百周年的时候，我们将在各方面形成一整套更加成熟、更加完整的制度。在这样的基础上，到 21 世纪中叶建国一百周年的时候，就能达到第三步发展目标，基本实现社会主义现代化。这样就使"三步走"战略步骤更加明确，更加具体化。"三步走"战略是我党认识上的一个伟大飞跃，它为我国经济建设的健康发展提供了基本保证。一是"三步走"战略要求我们搞经济建设必须从现有的生产水平出发，不能不顾客观条件从而提出不切实际的目标；二是"三步走"战略要求我们搞经济建设必须遵循经济发展的客观规律，循序渐进，不能提出不切实际的高速度；三是"三步走"战略可以有效地防止经济建设中"左"和

① 中共中央文献编辑委员会. 毛泽东著作选读 [M]. 北京：人民出版社，1986：827－828.

"右"的错误。

3. 经济发展的战略措施

正确的战略目标必须靠正确的战略措施和手段才能实现。毛泽东强调，把国内外一切积极因素调动起来，为社会主义事业服务。这是毛泽东制定的实现建设社会主义现代化强国这一战略目标的基本战略方针。这一战略方针，既是毛泽东群众路线的卓越运用，也是坚持群众路线的具体体现。围绕这一基本的战略方针，毛泽东结合中国实际，阐述了实现经济发展战略目标的主要战略措施。

第一，优先发展重工业，以带动国民经济的高速发展。我国生产力的落后，既表现在农业上，也表现在工业基础上，而工业的落后又制约了农业生产力及其他生产力水平的提高。因此，新中国成立后，毛泽东一直十分注重发展工业，尤其注重优先发展重工业。他对轻工业和农业也不忽视。在《论十大关系》一文中，他曾指出："重工业是我国建设的重点。必须优先发展生产资料的生产，这是已决定了的。但是决不可以因此忽视生活资料尤其是粮食的生产。……重工业和轻工业、农业的关系必须处理好。"基于"一万年太久，只争朝夕"的紧迫感，毛泽东还多次强调要抓住机遇，抓紧时间，打破常规，保持经济发展的一定速度。他曾经指出："我们不能走世界各国技术发展的老路，跟在别人后面一步一步地爬行。我们必须打破常规，着重采用先进技术，在一个不太长的历史时期内，把我国建设成为一个社会主义的现代化强国。"[1]

邓小平也一直认为，二十年实现工农业生产总值翻两番，时间是很紧迫的，必须抓紧，否则会有落空的危险。他多次强调：实现翻两番，各项工作"要早点着手进行"，"要抓紧"，"要抢时间"，项目"能早上的就集中资金早上，早上一年早得利一年"，要抓住机遇，真抓实干，加快经济发展速度，力争几年上一个台阶。同时，邓小平还指出，抢时间，争速度，不是鼓励不切实际的高速度，而是在讲求效益的基础上，稳步协调发展。[2] 党的十四大也强调指出，要抓住有利时机，加快经济发展，真正使经济建设上一个新台阶。这就要求我们要走出一条速度快、效益高的经济发展的新路子，为此，必须进一步加快经济体制改革的步伐，建立社会主义市场经济新体制，转换国有企业经营机制，进一步扩大对外开放的领域，更多更好地利用国外的资金、资源、技术和管

① 中共中央文献编辑委员会. 毛泽东著作选读［M］. 北京：人民出版社，1986：827.
② 邓小平. 建设有中国特色的社会主义［M］. 2版. 北京：人民出版社，1987.

理经验，抓好经济结构的调整。

第二，以农业为基础，以工业为主导。毛泽东在重视重工业的同时，并没有忽视农业；在讲到工业现代化时，也提出要实现农业的现代化。他多次告诫全党：中国是一个人口大国，吃饭是第一件大事，因而要把农业放在突出的位置上。在 1957 年 1 月召开的各省市自治区党委书记会议上，他特别强调了农业的基础地位。他说，农业关系国计民生极大，不抓粮食，总有一天要天下大乱。因为，农业关系到几亿人的吃饭问题，农业搞好了，人心就稳定了；农业为工业提供原料，还是工业的重要市场，农业不发展，工业的发展就没有保证；出口物资主要是农产品，没有农产品的出口，就不能进口各种工业设备；农业还是积累的重要来源，为工业的发展提供资金。因此，毛泽东认为，在一定意义上可以说，农业就是工业，没有农业就没有工业。他指出：如果我们真想使工业化更快、更好地进行的话，那就要注重农业、轻工业，使粮食和轻工业原料更多些，积累更多些。没有农业的现代化，就不可能有中国的现代化。邓小平对农业问题也非常重视。他多次强调：农业是根本，这一点千万不要忘记。他说："中国社会是不是安定，中国经济能不能发展，首先要看农业能不能发展，农民生活是不是好起来。"他还特别强调科学技术对农业发展的作用，提出了"农业的发展一靠政策，二靠科学。科学技术的发展和作用是无穷无尽的"[①] 这一著名观点。

第三，依靠科学技术发展社会生产力。毛泽东十分重视科学技术。早在 1956 年 1 月的一次讲话中，他就指出：要使我国的经济发展迅速达到世界先进水平，决定一切的是"要有数量足够的、优秀的科学技术专家"[②]。没有科学技术的发展，不可能有工业和农业的现代化。他曾多次号召全党同志要懂业务，要学习科学技术，做到又红又专。他对知识分子工作很是重视，指出："我国艰巨的社会主义建设事业，需要尽可能多的知识分子为它服务。"[③] 对知识分子要给予信任，帮助他们解决实际问题，发挥他们的聪明才智。邓小平则明确指出，科学技术是第一生产力。他总结了第二次世界大战以来，特别是当代经济发展的新趋势和新经验，反复强调指出"四个现代化，关键是科学技术现代化"，社会生产力的"巨大的发展……最主要的是靠科学的力量、技术的力量"。1988 年，邓小平在一次谈话中进一步指出："马克思说过科学是

---

① 邓小平．建设有中国特色的社会主义 ［M］．2 版．北京：人民出版社，1987.
② 中共中央文献编辑委员会．毛泽东著作选读 ［M］．北京：人民出版社，1986：718.
③ 中共中央文献编辑委员会．毛泽东著作选读 ［M］．北京：人民出版社，1986：779.

生产力，事实证明，这话讲得很对。依我看，科学技术是第一生产力。"这个论断，是对马克思主义生产力理论的丰富和发展，是对 20 世纪以来科学技术在生产力中的地位和作用的新认识和新概括，它对我国的现代化建设具有深远的指导意义。

第四，改革开放是实现经济发展战略目标的必由之路。毛泽东认为，社会主义的生产关系和生产力之间、上层建筑和经济基础之间基本上是相适合的，但由于社会主义制度建立的时间还不长等原因，它们之间必然存在着这样或那样的矛盾。解决这个矛盾的方法，就是进行社会主义改革。鉴于苏联经济建设的经验教训，他多次指出，要搞好综合平衡，处理好国家、生产单位和生产者个人的关系，给企业更多的自主权。"把什么东西统统集中在中央或省市，不给工厂一点权力，一点机动的余地，一点利益，恐怕不妥。"① 还提出要发挥中央和地方两个积极性。对我国经济体制的改革，他也做过有益的探索。1956 年 12 月，在一次谈话中，他提出了这样的想法：可以开夫妻店，可以雇工，可以开私营工厂。私人投资开厂，定息也有出路，华侨投资一百年不要没收，可以消灭了资本主义，又搞资本主义。毛泽东还特别强调要"有计划地大大发展社会主义的商品生产"，指出价值法则是"一个伟大的学校"。在读苏联《政治经济学教科书》时他再次指出：社会主义的商品生产、价值规律等，是适应于生产力发展要求的，因此要发展商品经济。他还强调要加强对外联系，实行对外开放。对外国先进的技术、经验等要学习、引进，并且要结合中国实际，消化吸收，不能照抄照搬。邓小平在新的历史条件下发展了这一思想，指出改革开放是"实现宏伟目标的根本政策"，要在 21 世纪中期使中国达到中等发达国家水平，不经过改革是不行的，改革开放放弃不得，照过去的老框框做，肯定达不到我们的战略目标。他在 1992 年的南行讲话中，进一步强调指出，革命是解放生产力，改革也是解放生产力。过去只讲在社会主义条件下发展生产力，没有讲还要通过改革解放生产力。应该把解放生产力和发展生产力两个讲全了。正是由于实行了改革开放的政策，我国的经济发展才取得了举世瞩目的成就，使人民从改革开放中看到了社会主义的美好前景。

总之，毛泽东在领导我国社会主义革命和建设的实践中，就我国经济发展战略提出了一些可贵的思想，这些思想至今仍是我们宝贵的精神

---

① 中共中央文献编辑委员会. 毛泽东著作选读［M］. 北京：人民出版社，1986：727.

财富。但由于多方面因素的影响，这些重要思想并没有在实践中得到全面的贯彻落实。十一届三中全会以后，邓小平根据国内外形势的发展变化，认真总结历史经验，提出了一整套具有中国特色的经济发展战略思想，解决了毛泽东想解决而没能很好解决的问题。这些思想是对毛泽东经济发展战略思想的继承和发展，必将对社会主义现代化建设起到极为深远的指导作用。

　　［该文与陈铭书、王文臣合著，原文发表于《信阳师范学院学报（哲学社会科学版）》，1993 年第 4 期］

毛泽东思想民族观的集中体现

——读毛泽东《致彭德怀、西北局》

民族问题是一个关系到多民族国家兴衰安危的大问题。我国的民族关系在十年改革中得到了很大改善，民族事业空前发展，但由于种种原因，民族问题依然存在。国外敌对势力没有放弃对我们的"和平演变"，他们继续挑拨我们的民族关系，破坏我们民族的团结和国家的稳定统一。在这种情况之下，我们更应加强马列主义、毛泽东思想民族观的研究和教育，用以指导我们的民族工作。为此，重读毛泽东《致彭德怀、西北局》这封信，对于我们正确处理民族关系，做好民族工作具有极重要的指导意义。

收入《毛泽东书信选集》之中的《致彭德怀、西北局》写于1949年11月14日。当时，我西北人民解放军在彭德怀、贺龙同志的领导之下已经解放了大西北。但是，各地都还遗留国民党马步芳部的残余势力，他们利用历史形成的民族矛盾的心理，散布谣言，制造混乱，挑拨民族关系，反对共产党的领导，煽动一部分人组织叛乱，使西北地区出现了一些不安定因素。在这种情况之下，我们党的工作如稍有疏忽，就会引起少数民族人民的更大疑虑，从而扩大事态，给敌人以可乘之机。当时的青海省委多次向毛泽东同志和中央反映这一情况。毛泽东同志了解到这一情况之后，经过慎重考虑，写信给彭德怀和西北局的同志，论述了解决民族关系的基本政策和种种途径，为妥善地处理民族关系指明了方向。

1. 坚持民族平等和民族团结的原则

坚持民族平等和民族团结是马克思主义民族观的核心问题，也是马克思主义解决民族问题的基本原则。无产阶级的伟大导师马克思和恩格斯一贯热情支持被压迫民族的斗争。波兰长期受到普鲁士的统治。1848年，欧洲革命唤醒了波兰人民，他们举行游行示威，要求实行政治自由和民族平等。恩格斯当时指出，德国在获得自由的同时，也应该给毗邻受压迫民族以自由。"德国将来自由的程度要看它给予毗邻民族自由的多少而定。"① 马克思、恩格斯还指出："任何民族当他还在压迫别的民族时，不能成为自由的民族。"② 19 世纪 60 年代初，一度处于低潮的欧洲革命形势又开始走向高潮，这时备受压迫的波兰人民又举行了反抗沙皇统治的武装起义。马克思和恩格斯对此十分关注，并随历史条件的变化，对波兰民族问题的认识又深入了一步，把波兰民族的解放看作是欧洲革命的中心一环。继波兰问题之后，爱尔兰的民族问题又引起了马克思和恩格斯的极大关注。马克思认为，英国工人阶级在爱尔兰问题上应该采取的正确纲领是：让爱尔兰民族"自治和脱离英国而独立"③，并指出，爱尔兰民族的解放是英国工人阶级解放的先决条件。

由此可见，马克思和恩格斯一贯关心民族问题，支持民族平等和民族团结的要求，把民族的自由和独立提到了极为重要的地位。他们坚决反对民族压迫、民族奴役和不平等，并且把民族问题与工人阶级的解放联系在一起。

列宁根据新的时代各民族的状况以及革命形势发展的特点，阐述了解决民族问题的重要政策。在第一次世界大战期间，列宁于 1916 年写下了《社会主义革命和民族自决权（提纲）》《关于自决问题的争论总结》等重要文章，着重阐明了在帝国主义时代民族殖民地问题和无产阶级革命之间的关系，论述了无产阶级政党应该怎样制定正确的关于民族殖民地问题的有关纲领和政策。他指出："社会主义取得胜利以后，必须实行完全的民主。因此，不但要使各民族完全平等，而且还要实现被压迫民族的自决权。"④ 我们知道，马克思和恩格斯在无产阶级专政国家的结构形式上是不主张建立联邦制国家的，但是，为了消除民族之间的不平等，他们也就允许建立联邦制。列宁也说："与其存在民族不平等，不如建立联邦制，作为实行完全的民主集中制的唯一道路。主张集中制的马克思正是从这种观点出发的，他甚至宁愿爱尔兰和英国结成联

① 马克思，恩格斯. 马克思恩格斯全集：第五卷［M］. 中共中央马克思恩格斯列宁斯大林著作编译局，译. 北京：人民出版社，1958：178.
② 马克思，恩格斯. 马克思恩格斯全集：第四卷［M］. 中共中央马克思恩格斯列宁斯大林著作编译局，译. 北京：人民出版社，1972：410.
③ 马克思，恩格斯. 马克思恩格斯全集：第十六卷［M］. 中共中央马克思恩格斯列宁斯大林著作编译局，译. 北京：人民出版社，1964：440.
④ 中共中央马克思恩格斯列宁斯大林著作编译局. 列宁选集：第二卷［M］. 北京：人民出版社，1960：716.

邦，也不愿爱尔兰受英国人的暴力支配。"① 由此可见，实现民族平等和民族团结，具有多么重要的意义。

我们党关于民族问题的原则和政策，都是依据马克思列宁主义的民族观而制定的，同时又根据中国的具体情况而带有中国特色。我国自古以来就是一个多民族的国家。历史上各民族有短期互为仇敌的时候，也有互相联系的时候；有互不往来的时候，也有交往密切的时候；有的民族曾一度上升为压迫民族，有的民族曾一度或始终处于被压迫的地位。从总体上讲，人口众多的汉族经济文化比较发达，汉族居于统治地位的时间比其他民族要长得多。他们凭借国家政权的力量，在压迫本民族被剥削阶级的同时也压迫少数民族的广大人民，因而在我国历史上，民族之间又存在着歧视、隔阂和纷争。历史事实已经证明，凡是民族团结、民族融合的时期，这段历史就向上发展，社会就会呈现出空前的繁荣和稳定。反之，如果民族歧视、民族不平等、不团结的现象十分严重，势必造成民族矛盾尖锐化，社会就会战乱四起，动荡不安。因此，在我们这个多民族的国家，解决民族问题具有特别重大的意义。

中国共产党历来重视民族问题。我党自成立那一天起就提倡民族平等和民族团结，反对民族剥削、民族压迫和民族歧视。1931 年 11 月召开的中华工农兵苏维埃第一次全国代表大会和 1934 年 1 月召开的第二次全国代表大会通过的《中华苏维埃共和国宪法大纲》，都对民族自决权问题作了明确规定。在 1938 年 11 月 6 日的六届六中全会上又提出了联合建立统一的多民族的国家，实行民族区域自治，以保护各少数民族有权管理本民族的各项事务。毛泽东还曾指出："允许蒙、回、藏、苗、瑶、彝、番各民族平等权利，在共同对日的原则下，有自己管理自己事务之权，同时与汉族联合建立统一的国家。"② 可以说，这是我党第一次明确提出实行民族区域自治的政策。1941 年颁布的《陕甘宁边区施政纲领》正式确认了党的民族区域自治政策。民族区域自治政策是我党依据马克思列宁主义原理，根据我国情况制定的解决民族问题的基本政策。实行这一政策，既可以充分实现民族平等，又可以在民族平等的基础上加强各民族的团结，从而促进各民族的共同繁荣和发展。因此，毛泽东同志在《致彭德怀、西北局》这封信中明确指出，要在"一切工

---

① 中共中央马克思恩格斯列宁斯大林著作编译局. 列宁选集：第二卷 [M]. 北京：人民出版社，1960：719.

② 宪法起草委员会. 中国苏维埃共和国宪法大纲 [N]. 人民日报，1953 – 09 – 09.

作中坚持民族平等和民族团结的政策"①。"在一切工作中坚持"，就不是在某一部门、某一单位、某一工作中坚持，而是在各个部门、各个单位、各项工作中，坚持民族平等和民族团结的原则。若不如此，就违背了马克思主义的民族观，就不能够处理好错综复杂的民族关系，从而给革命事业带来损失。

在社会主义初级阶段，我们仍然要坚持民族平等和民族团结的原则。在我国，尽管各民族人数不同，历史发展过程不同，经济文化发展水平不同，但他们都对中华民族和人类历史的发展做出过自己的贡献。所以，各民族应处于同等的地位，享受平等的权利。这种平等，首先是政治权利和社会地位的平等，其次是经济和文化的平等。即各民族成员都享有宪法和法律规定的同等的公民权利，履行公民的义务，并享有发展本民族经济和文化的权利。坚持民族平等的原则，必须反对民族歧视。要实现民族间的真正平等，必须创造条件解决民族间事实上不平等的问题。历史遗留下来的民族间事实上的不平等是我国民族问题的实质所在。在社会主义初级阶段，我们必须正确地执行党的民族政策，调动各族人民的积极性，为消除各民族间事实上的不平等创造必要的条件。

民族平等是民族团结的基础。由中国共产党领导的社会主义现代化建设事业，符合全国各族人民的根本利益，是全国各族人民的共同事业。在民族平等的基础上，我国各族人民自愿联系在一起，同心同德，为建设社会主义现代化而努力奋斗。当前，在国外敌对势力加强对我国进行各种形式的渗透而挑拨我们民族关系的情况下，搞好各民族之间的团结就有着更为突出的意义。国家的统一，各民族的团结，是我国社会主义现代化建设事业稳步前进的基本保证，也是我国社会稳定的基础。坚持民族团结，必须坚决反对任何分裂主义，认真清除资产阶级自由化思想的影响，以保证国家和社会的团结和稳定。

要正确地贯彻和执行党的民族平等和民族团结的政策，必须加强同人民群众的联系。在历史上，我国少数民族中受压迫最深、受歧视最重的是劳动人民。因此，必须在人民群众中开展广泛而深入的宣传教育工作，使党的民族政策在群众中真正地贯彻执行下去。正如毛泽东同志在这封信中指出："省委地委县委集中注意做艰苦的群众工作。"② 做群众工作，从群众中来，到群众中去正是我们党的优良传统。党的十三届六

---

① 中共中央文献研究室. 毛泽东书信选集［M］. 北京：人民出版社，1983：349.
② 中共中央文献研究室. 毛泽东书信选集［M］. 北京：人民出版社，1983：349.

中全会强调，全党同志必须尽一切努力恢复和发扬我党密切联系群众的优良传统和工作作风。这对于正确处理好我国的民族关系，贯彻执行党的民族平等与民族团结的政策也具有重要的指导意义。

2. 组织统一战线的政府

统一战线是我们党取得新民主主义革命胜利的法宝之一。我们党一贯十分注重统一战线工作，主张建立统一战线的政府。毛泽东同志在《致彭德怀、西北局》中说："各级政权机关均应按各民族人口多少，分配名额，大量吸收回族及其他少数民族能够和我们合作的人参加政府工作。在目前时期应一律组织联合政府，即统一战线政府。"①

我国自秦以来就建立了统一的多民族国家，民族的统一和融合总是主流。各民族在相互交往中互通有无，相互促进，共同发展。受经济及战争等因素的影响，有的民族多次迁徙，从而形成了民族间的杂居。在近代，我国各族人民共同遭受着国内统治阶级的剥削和压迫，民族压迫的灾难也落在了各民族广大劳动群众的身上。同时，各民族又共同遭受着帝国主义列强的剥削和掠夺。这种共同的遭遇，正是各族人民团结一致的基础。各族人民虽然也对帝国主义、封建主义、官僚资本主义的剥削和压迫作过无数次的反抗，但由于没有中国共产党的领导，终究归于失败。中国共产党是全国各族人民利益的忠实代表。为了民族的解放、祖国的昌盛，我党特别注意团结全国各族人民、各民主党派和无党派人士，并建立广泛的统一战线。在抗日战争中，我党就号召组织不仅包括各党派而且包括各民族在内的广泛的统一战线。抗日战争胜利以后，中国面临着两个前途。中国共产党要领导各族人民争取中国的光明前途，建立由人民当家做主的政府。这个政府，正如毛泽东同志信中所说的，是"联合政府"和"统一战线政府"。

统一战线政府将如何组织呢？毛泽东同志在这封信中说得很清楚："各级政权机关均应按各民族人口多少，分配名额。"尽管当时西北各地区少数民族很多，但是就其人口绝对数量来说，还是以汉族为多。其他民族虽有一定数量的人口，但数量不一，有多有少。各民族参加政权机关的人数取决于该民族的人口总数。按比例分配名额，不是死板的、机械的，而是带有一定的灵活性，这其中也包括给少数民族增加代表名额。

选择什么样的人参加政权机关呢？信中指出：吸收"能够和我们合

① 中共中央文献研究室．毛泽东书信选集［M］．北京：人民出版社，1983：349.

作的人参加政府工作"。在少数民族中，对社会主义持拥护态度的人占大多数，他们拥护祖国的统一和民族团结，能够为祖国建设事业做出贡献。但是，也应该看到，地方民族主义也还不同程度地存在着，也有一些妄图分裂祖国统一的野心家和企图破坏社会主义事业、反对共产党的领导的分子。当时西北地区的形势就说明了这一点。还有一些人为时势所迫不得不伪装自己，掩盖自己的真实面目。如果把这些人选入政权机关，参加政府工作，那么，时机一到，他们就会撕下伪装，原形毕露，公开反对共产党的领导或利用手中的职权破坏民族间的团结，挑起民族纠纷，破坏我们的革命事业。这些人是坚决不能被吸收参加政府工作的。只有那些坚持共产党的领导，坚持民族平等和民族团结原则，坚持走社会主义道路的德才兼备的人，才能够被选入参加政府工作。只有这样，才能够建立起一个代表人民意志，为各族人民服务且有各民族参加的统一战线的政府。

新中国成立后，我国确立了民族区域自治制度。这一制度是我国各民族团结的政治保障。1984 年，《中华人民共和国民族区域自治法》正式颁布施行，这样，各族人民当家做主，管理国家事务和本民族事务的权力就不仅得到了国家的承认和尊重，而且有了法律保障，从而把人民当家做主真正落到了实处。

3. 培养大批的少数民族干部

我们的党是为全国人民谋利益的党，它不仅要领导汉族人民而且要领导全国各族人民进行革命斗争，夺取国家政权，建立新的有各族人民参加的人民民主专政的国家政权。要进行革命斗争，不仅要有正确的路线、方针和政策，还要有大批的领导干部把它贯彻到实际的工作中去。我们党要解放各族人民，就必须培养各民族的革命干部，使他们成为革命斗争中的骨干。只有这些骨干才能根据各民族的具体情况把党的方针、政策加以贯彻执行，才能真正地做好群众的工作，取得群众的信任，从而领导群众积极参加革命斗争。我们党早就认识到这一点，在我们的党和军队中就有很多少数民族出身的领导干部，如关向应、韦拔群、马本斋等，少数民族出身的基层领导人员就更多一些。我们党的领袖对培养少数民族干部曾作过重要指示。例如，刘少奇同志 1937 年 5月指出："我们要大批训练军事、政治干部。过去我们的干部特别是有经验的干部大批牺牲，我们要在短期内补救这个缺陷，要训练上万的干部。"① 这无疑包含着要培养大量的少数民族干部之意。毛泽东同志在《致彭德怀、西北局》这封信中明确要求"要大批培养少数民族干部"，以实现在联合政府中汉族和少数民族更好地合作。新中国成立后，我们党也仍然十分重视这项工作，毛泽东同志于 1951 年 2 月 28 日指出："认真在各少数民族中进行工作，推行区域自治和训练少数民族干部是两项中心工作。"② 可见，毛泽东同志把培养少数民族干部提到了与民族区域自治同等重要的地位。

怎样培养少数民族干部？毛泽东同志指出："青海、甘肃、新疆、宁夏、陕西各省省委及一切有少数民族存在地方的地委，都应开办少数民族干部训练班，或干部训练学校。"③ 这种训练班的形式，可以使培训者得到集中的学习和指导，能够在较短时间内基本了解马克思主义基本理论，提高他们的共产主义觉悟。所以这种形式是在民族干部极缺的情况下培养民族干部的主要途径。当然，培养民族干部还可以采取其他形式，但没有开办民族干部训练班这么集中、有效。所以，毛泽东同志特别嘱咐彭德怀和西北局的同志，"请你们注意这一点"。

在社会主义初级阶段，培养、提拔和使用少数民族干部仍是一个十分重要的问题。民族干部是我们实行民族区域自治、解决民族问题的关键所在，我们党一直注意民族干部的培养工作。到目前为止，仅民族区域自治地方就建立了 90 多所高等院校和一批党校，这些学校为少数民族培养了大批领导干部和专门人才。正因为有这些人才，我国的民族工作才取得了较好的成绩。但是，也应该看到，当前少数民族干部的数量还是不足，高中层领导干部更少。而且，素质上也还不高，还没有得到良好的马克思主义基本理论的训练。因此，当务之急是培养和提拔一批坚持四项基本原则，热爱社会主义祖国，能为加强祖国统一和民族团结服务的干部。对这些干部，应送入各级党校进行系统的训练，放手让他们工作，充分信任他们，依靠他们去贯彻、执行党的民族政策以及其他方针政策，使他们得到尽快的锻炼和提高，为各民族的共同繁荣发挥聪明才智。

总之，毛泽东同志的这封信，根据中国的具体情况，坚持而且发展了马克思列宁主义的民族理论。文字虽少，但内容完整丰富。不仅给当时西北局的领导同志处理民族问题以重大指导，而且也是新中国成立后

① 刘少奇. 刘少奇选集：上卷［M］. 北京：人民出版社，1981：78.
② 毛泽东. 毛泽东选集：第五卷［M］. 北京：人民出版社，1977：37.
③ 中共中央文献研究室. 毛泽东书信选集［M］. 北京：人民出版社，1983：349.

制定我国民族政策的指针，对我们当前的民族工作仍然具有现实的指导意义。这封信是迄今可见的毛泽东同志关于民族政策的完整论述，是毛泽东思想民族观的集中体现。

[原文发表于《信阳师范学院学报（哲学社会科学版)》，1991 年第 3 期]

简论邓小平主体性思想

邓小平在回答什么是社会主义、如何建设社会主义、如何巩固和发展社会主义这一系列问题时，始终把人民群众置于历史主体的地位，把满足人民群众的需要、提高人民生活水平作为各项工作的出发点，体现出极为丰富而深刻的主体性思想。

1. 解放思想，实事求是——邓小平主体性思想的精髓

解放思想，实事求是是邓小平建设有中国特色社会主义理论的精髓，也是邓小平主体性思想的精髓。

实事求是和主体性，二者都是在人类活动中发生，并反过来影响和制约实践活动的东西，具有深刻的内在联系。实事求是的思想路线，是我们党在长期革命斗争实践中，领导全国人民发挥主体性的正反两方面经验的理论概括。

列宁曾说，世界不会满足人，人决心以自己的行动来改变世界。而人要改变世界，不仅要根据主体自身的内在尺度，还必须认识、揭示、掌握、运用被改造的客体自身所固有的规律，按照客观规律办事，在改造客体的过程中改造主体自身，改造主体的认识能力，改造主体和客体之间的关系，在客观规律的基础上，实现合主体的目的性（善和美）和合客体的规律性（真）的一致，从而达到改造客体和主体自身改造的一致性。由此可见，这样的主体性，本来就包含着实事求是，或者说，实事求是本来就是主体性的内在要求和本质规定，发挥主体性的过程就是实事求是的过程。实事求是作为主体性的内在要求和本质规定，只有在发挥主体性的过程中才能表现出来，发挥作用，并逐渐被人们认识。我国革命和建设事业的实践证明，什么时候我们办事情、想问题真正做到了一切从实际出发，实事求是，人民群众的主体性就能有效而充分地发挥；反之，一旦背离了实事求是的原则，人民群众的主体性就会被压抑、损伤，我们的事业就要遭受挫折。正是这正反两方面经验的长期积累，我们党才在马克思主义世界观和方法论的指导下，逐步认识、形成、提出和完善了实事求是的思想路线。这条路线，就是充分而有效

地发挥主体性的路线。

2. 尊重人民群众的实践和创造——邓小平主体性思想的集中体现

邓小平一直坚持人民群众是历史活动的主体的观点，认为改革开放的方针政策不是从书本上得来的，而是从人民群众的实践中取得的。他尊重人民群众的意愿，支持人民群众的伟大创造，把人民群众的支持、拥护和人民群众的无限创造力看作是改革必然成功的决定性因素。

创造性是主体性的突出表现。邓小平充分肯定了人民群众的首创精神。早在20世纪60年代初期，邓小平就支持包产到户这一农民群众的创造。十一届三中全会以来，经济体制改革首先在农村打开了突破口，邓小平满腔热情地给予支持，使联产承包责任制很快在全国推广开来。他指出："在农村发展多种经营，发展新型的乡镇企业，容纳了大量剩余劳动力，这不是我们领导出的主意，而是基层农业单位和农民自己的创造。"他在多次讲话中，都鼓励大家"要有创造性"，"要创新"，要"大胆地试，大胆地闯"。邓小平还善于把人民群众创造的经验加以总结概括，提升到方针、政策的高度，作为全面工作的指导，他说："很多事是别人发明的，群众发明的，我只不过把它们概括起来，提出了方针政策。"① 在南行讲话中他又指出："农村搞家庭联产承包，这个发明权是农民的。农村改革中的好多东西，都是基层创造出来，我们把它拿来加工提高作为全国的指导。"②

他还多次指出，在改革开放的过程中一定要把群众的积极性和创造性保护好、引导好、发挥好，绝不能挫伤群众的积极性，无视群众的创造性。在领导方法、工作方法上，邓小平坚决地贯彻了从群众中来、到群众中去的群众路线，把人民群众看作是力量和智慧的源泉。

邓小平充分相信群众，依靠群众，把人民群众的支持和拥护看作是改革成功的关键所在。人民群众是我国社会的主体，也是改革的主体。有了人民群众的全力支持和拥护，我们的改革和建设就有了胜利之本，就有了吸取智慧和力量的最深厚的源泉，就有了正确决策，减少和防止失误就有了可靠的保证。邓小平说："我相信，凡是符合最大多数人的根本利益，受到广大人民拥护的事情，不论前进的道路上还有多少困难，一定会得到成功。"③ 改革旧的经济体制，解放和发展生产力，提

---

① 邓小平. 邓小平文选：第三卷 [M]. 北京：人民出版社，1993：272.

② 邓小平. 邓小平文选：第三卷 [M]. 北京：人民出版社，1993：382.

③ 邓小平. 邓小平文选：第三卷 [M]. 北京：人民出版社，1993：142.

高人民群众的生活水平，最符合广大人民群众的根本利益，必然得到广大人民群众的支持和拥护，这是我国改革开放所拥有的最为广泛的群众基础，也是改革开放一定会取得成功的根本原因之所在。

改革开放的方针、政策要得到人民群众的拥护还必须被群众理解。群众理解了，才能把党的方针政策内化为自己的自觉行动。因此，邓小平十分注重对党的路线、方针、政策的宣传、解释，注意对群众的教育和引导。比如对市场经济问题，邓小平早在 1979 年就提出来社会主义也可以搞市场经济，但那时人民群众尚未觉悟，全党还未就这一问题达成共识，他就耐心等待、耐心启发和引导，在南行讲话中再次明确提出。最后，党的十四大终于以党的文件的形式把建立社会主义市场经济体制作为改革的目标模式确定下来。这一过程充分体现了邓小平对人民群众这一历史主体的尊重。

在如何确定判断改革得失成败的标准这一问题上，也充分反映着邓小平的主体性思想。邓小平认为，应该把是否符合人民利益以及人民群众是否赞成作为衡量改革得失成败的标准。正是由于坚持了这个标准，邓小平才充满信心地说："我们现在的路子走对了，人民高兴，我们也有信心。我们的政策是不会变的。要变的话，只会变得更好。"① 他还说："改变现在的政策，国家要受损失，人民要受损失，人民不会赞成，首先是八亿农民不会赞成"②。在南行讲话中，邓小平更加明确地指出："谁要改变三中全会以来的路线、方针、政策，老百姓不答应，谁就会被打倒。"③ 可见，对于改革开放的各项方针、政策，邓小平总是着眼于"人民拥护不拥护""人民赞成不赞成""人民答应不答应""人民高兴不高兴"。也正是如此，邓小平建设有中国特色社会主义理论才赢得了亿万人民群众的普遍拥护。

3. 满足人民群众的需要——邓小平主体性思想的落脚点

邓小平认为，社会主义的根本任务就是发展生产力，以满足人民群众日益增长的物质文化需要，提高人民生活水平。在我国改革开放的实践中，邓小平一直把摆脱贫困，满足人民群众日益增长的需要，提高人民生活水平，作为改革开放、发展社会生产力的根本目的。他指出："贫穷不是社会主义，社会主义要消灭贫穷。不发展生产力，不提高人

　　① 邓小平. 邓小平文选：第三卷 ［M］. 北京：人民出版社，1993：29.
　　② 邓小平. 邓小平文选：第三卷 ［M］. 北京：人民出版社，1993：83－84.
　　③ 邓小平. 邓小平文选：第三卷 ［M］. 北京：人民出版社，1993：371.

民的生活水平，不能说是符合社会主义要求的。"① 在南行讲话中，他把能否发展生产力、提高人民生活水平看得异常重要："不坚持社会主义，不改革开放，不发展经济，不改善人民生活，只能是死路一条。"② 他还总结，我们之所以能闯过"六四"这一关，就是因为我们搞了改革开放，促进了经济发展，人民生活得到了改善。邓小平还进一步指出，社会主义改革的根本目的，是使全国人民走向共同富裕，而不是两极分化。他多次讲过，党的政策是允许一部分人先富裕起来。在一部分人先富这个问题上，他先后使用过"允许""让""提倡""鼓励"这些字眼，越来越清晰地表明对部分人先富裕起来的支持态度。但他同时也指出："鼓励一部分地区、一部分人先富裕起来，也正是为了带动越来越多的人富裕起来，达到共同富裕的目的。"③ 1985 年 3 月，他对这一问题作过十分清楚的说明："社会主义的目的就是要全国人民共同富裕，不是两极分化。如果我们的政策导致两极分化，我们就失败了；如果产生了什么新的资产阶级，那我们就真是走了邪路了。"④ 在南行讲话中，邓小平回顾说："共同富裕的构想是这样提出来的：一部分地区有条件先发展起来，一部分地区发展慢点，先发展起来的地区带动后发展的地区，最终达到共同富裕。"⑤ 可见，让一部分人先富裕起来是实现共同富裕的必由之路，实现全国人民的共同富裕是社会主义的本质要求，也是中国共产党的根本宗旨在现阶段的具体体现。

（原文发表于《学习论坛》，1994 年第 11 期）

① 邓小平. 邓小平文选：第三卷 [M]. 北京：人民出版社，1993：116.
② 邓小平. 邓小平文选：第三卷 [M]. 北京：人民出版社，1993：370.
③ 邓小平. 邓小平文选：第三卷 [M]. 北京：人民出版社，1993：142.
④ 邓小平. 邓小平文选：第三卷 [M]. 北京：人民出版社，1993：111.
⑤ 邓小平. 邓小平文选：第三卷 [M]. 北京：人民出版社，1993：374.

邓小平的主体性思想探析

人类在实践活动中不断地创造自己的历史，并力图在实践中不断地认识自我，改造自我，发展自我，进而展示其主体性。所谓主体性，是人作为历史主体的根本特性，是指主体的主导地位以及对客体能动地认识和改造的特性，其根本内容是人的实践能力和创造力。人们在实践中，一方面，必须按照客体的尺度——客体的属性、本质和运动规律办事；另一方面，更重要的是要从自身出发，按照自己的需要、能力去理解和改造客体，处处把人的尺度运用到对象中去，使客体成为对人有用之物。

人的主体性是具体的、历史的，人们在社会关系中所处的地位不同，其主体性也就不同。我国社会主义制度的建立，为人的主体性的发挥提供了空前广阔的前景，但是，我国旧的政治经济体制，没有充分肯定人的主体地位，导致人的主体性没能得到充分发挥。这在实践中表现为，忽视生产力对社会发展的决定作用，忽视主体需要对生产力发展的巨大推动作用，忽视生产力的主体尺度，未能充分满足广大人民群众的正当需要，压抑了群众的社会主义创造热情。可见，随着社会主义事业的发展，人的主体性问题越来越凸显出来。

从这个意义上说，改革就是革除束缚人的主体性的旧体制，解放人的创造活力。在改革开放的伟大实践中产生的邓小平建设有中国特色社会主义理论，对人的主体性问题给予了极大的关注。邓小平在回答什么是社会主义、如何建设社会主义、如何巩固和发展社会主义这一系列问题时，自始至终把人民群众置于历史主体的地位，把满足人民群众的需要、提高人民的生活水平作为各项工作的出发点，形成了丰富且深刻的主体性思想。正确认识邓小平同志的主体性思想，对我们在社会主义市场经济条件下充分调动人的积极性、增强自主性和竞争意识有着十分重要的意义。

1. 解放思想，实事求是——邓小平主体性思想的精髓

解放思想，实事求是是邓小平建设有中国特色社会主义理论的精

髓，也是邓小平主体性思想的精髓。

实事求是是辩证唯物主义的根本要求。坚持物质第一性、意识第二性，物质决定意识的唯物主义原理，必然要求我们在制定路线、方针、政策时，做到从实际出发，实事求是。实事求是和主体性是在人类活动中发生并反过来影响和制约实践活动的东西，二者有着深刻的内在联系。实事求是的思想路线，本来就是中国共产党在长期的革命斗争实践中，对领导全国人民发挥主体性的正反两方面经验的理论概括。

列宁曾在《哲学笔记》中说："世界不会满足人，人决心以自己的行动来改变世界。"而人要改变世界不仅要根据主体自身的内在尺度，还必须认识、掌握、运用被改造的客体自身所固有的规律，按照客观规律办事，在改造客体的过程中改造主体自身，改造主体的认识能力，改造主体和客体之间的关系，在客观规律的基础上，实现合主体的目的性和合客体的规律性的统一，从而达到改造客体和主体自身改造的统一。由此可见，这样的主体性，本来就包含着实事求是，或者说，实事求是本来就是主体性的内在要求和本质规定，发挥主体性的过程就是实事求是的过程。我国革命和建设事业的长期实践反复证明，什么时候我们办事情、想问题真正做到了一切从实际出发，实事求是，人民群众的主体性就能有效而充分地发挥；反之，一旦背离了实事求是的原则，人民群众的主体性就会被压抑、损伤，我们的事业就要遭受挫折。正是这正反两方面经验的长期积累，中国共产党才在马克思主义世界观和方法论的指导下，逐渐认识、形成、提出和完善了实事求是的思想路线。这条路线，就是我们党领导全国人民在推翻旧社会、建设新中国的伟大实践中发挥主体性的哲学概括。实事求是的思想路线，就是充分有效地坚持发挥主体性的路线。

实事求是这一正确的思想路线在"文化大革命"中遭到了严重破坏，所以，十一届三中全会召开前夕，邓小平指出："解放思想，开动脑筋，实事求是，团结一致向前看，首先是解放思想。只有思想解放了，我们才能正确地以马克思列宁主义、毛泽东思想为指导，解决过去遗留的问题，正确地改革同生产力迅速发展不相适应的生产关系和上层建筑，根据我国的实际情况，确定实现四个现代化的具体道路、方针、方法和措施。"[①] 邓小平的这段话，是随后召开的十一届三中全会的指导思想之一。

---

① 邓小平. 邓小平文选（1975—1982年）[M]. 北京：人民出版社，1983：131.

什么叫解放思想？邓小平指出："解放思想，是指在马克思主义指导下打破习惯势力和主观偏见的束缚，研究新情况，解决新问题。"①依据客观实际情况的变化，不断突破旧的思想框框和习惯势力的束缚，这是人类应有的一种积极的、主动的精神状态，更是共产党人应有的创新勇气。从这个意义上说，无论是整个人类社会发展史和人类思想发展史，还是中国的革命和建设史，都是一部立足于人类实践活动的思想解放史。邓小平多次强调指出：不打破思想僵化，不大大解放干部和群众的思想，四个现代化就没有希望；一个党，一个国家，一个民族，如果一切从本本出发，思想僵化，迷信盛行，那就不能前进，它的生机就停止了，就要亡党亡国。

邓小平还特别论述了解放思想与实事求是的关系。他指出："解放思想，就是使思想和实际相符合，使主观和客观相符合，就是实事求是。今后，在一切工作中要真正坚持实事求是就必须继续解放思想。"②只有解放思想，才能达到实事求是，只有坚持实事求是，一切从实际出发，才能真正破除旧思想、旧观念的束缚，才能真正解放思想。如果一切从本本出发，从教条出发，必然是主观主义，必然要背离实事求是的原则，从而压抑和损害人民群众的主体性。十一届三中全会以来，我们正是在解放思想，实事求是这一思想路线指引下，才有了改革开放的一系列方针政策，才有了建设有中国特色的社会主义理论，才取得了改革开放的伟大成果。

2. 尊重人民群众的实践和创造——邓小平主体性思想的集中表现

邓小平一直坚持人民群众是历史活动的主体的观点，认为改革开放的方针政策不是从书本上得来的，而是从人民群众的实践中取得的。他尊重人民群众的意愿，支持人民群众的伟大创造，把人民群众的支持、拥护和无限创造力看作是改革必然成功的决定性因素。

创造性是主体性的最高表现。主体活动在本质上是一种改造客体原有状态、创造新的客体满足自身需要的活动。创造意味着突破，创造前所未有的有价值的东西。在现代社会，创造性已成为主体的最高需要。人们要求通过创造性活动，发挥自身潜能，增强主体地位。能否发挥人的创造性，既是衡量个人主体性的尺度，又是社会文明程度的一个标志。在改革开放的实践中，邓小平充分肯定和尊重人民群众的首创精

---

① 邓小平．邓小平文选（1975—1982 年）［M］．北京：人民出版社，1983：243.
② 邓小平．邓小平文选（1975—1982 年）［M］．北京：人民出版社，1983：323.

神，高度赞扬人民群众的主体性。他认为改革开放中许多好的东西都是群众在实践中提出来的，是"别人发明的，群众发明的"，是由"基层创造出来"的，是人民群众的智慧。在实际工作中，邓小平对于建设有中国特色的社会主义，对于改革开放，对于社会主义市场经济，从理论到实践，他从来都不是先制定一套固定模式，而是在确定前进方向、目标和基本路线的前提下，尊重群众的实践，尊重群众的创造，充分发挥人民群众的主体性，总结实践经验，进行理论概括，推广成功做法。比如，农村中的联产承包责任制，一开始只是个别省份和少数地区搞起来的，而且还受到"左"的思想的干扰和批判。邓小平同志及时总结农民群众的伟大创造，满腔热情地给予支持，使联产承包责任制很快在全国推广开来。当农村发展多种经营，出现了乡镇企业这个新生事物时，邓小平也给予了有力的支持。他在一次谈话中指出，在农村发展多种经营，发展新型的乡镇企业，容纳了大量剩余劳动力，这不是我们领导出的主意，而是基层农业单位和农民自己的创造，这个创造极大地发展了农村生产力。他在多次讲话中，都鼓励大家"要有创造性""要创新"，要"大胆地试，大胆地闯"，认为没有一点儿闯的精神，没有一点儿"冒"的精神，没有一股子气，没有一股子劲儿，就走不出一条新路，就干不出新的事业。

能动性是人能够成为主体的根本特征。能动性就是人的主动性、积极性。能否充分调动人的积极性，关系到人的主体性能否充分发挥和人的主体地位能否确立的问题。主体的积极性能否充分发挥出来受到各种条件的制约，尤其是要受制度条件和体制条件的制约。社会主义制度的建立为人民群众发挥聪明才智提供了良好的制度条件，但在高度集中的计划经济体制和僵化的政治体制之下，国家直接管理企业，企业严格遵守国家的指令性计划，国家的主体性无限膨胀，以至于遏制了企业和劳动者个人的主体性。加之中国的国情极为复杂，国家计划不可能严密、周到和完全符合实际，因而国家的主体性其实也难以充分而有效地发挥。改革，就是要革除旧体制压抑人的主体性的弊端。经济体制改革的取向——建立社会主义市场经济体制的内在根据，就在于市场经济体制能够充分发挥人的主体性，调动起人的积极性。邓小平认为，改革的中心内容就是调动积极性。1986 年 9—11 月，他集中谈了政治体制改革的问题，并多次指出，改革的目的就是调动人民群众的积极性，调动人民群众的积极性才是最大的民主。对经济体制问题，他多次说，权力要下放，企业有自主权，才有积极性；劳动者劳动的好坏、多少要与其物质利益联系起来，劳动者才有积极性。他总结了农村经济体制改革的经验，归结为一点就是调动了农民的积极性。他说："党的十一届三中全会以后决定进行农村改革，给农民自主权，给基层民主权，这样一下子就把农民的积极性调动起来了，把基层的积极性调动起来了，面貌就改变了。"① 因此，城市经济体制改革也要下放权力，广泛调动工人和知识分子的积极性。邓小平还多次指出，在改革开放的过程中，一定要把群众的积极性和创造性保护好、引导好、发挥好，绝不能挫伤群众的积极性，无视群众的创造性。在领导方法、工作方法上，邓小平坚决地贯彻了从群众中来，到群众中去的群众路线，把人民群众看作是力量和智慧的源泉。

邓小平充分相信群众，依靠群众，把人民群众的支持和拥护看作是改革成功的关键所在。社会主义改革是人民的事业，是人民群众自觉参加和实现自己利益的事业。人民群众是我国社会的主体，也是社会主义改革的主体。有了人民群众的全力支持和拥护，我们的改革和建设就有了胜利之本，就有了吸取智慧和力量的最深厚的源泉，就有了正确决策，减少和防止失误就有了可靠的保证。邓小平在回顾改革开放过程时指出："改革是大家的主意，人民的要求。"在客观层面上把人民利益置于高于一切的地位，反映在主观层面上，必然是一切以人民的意志、愿望、要求为转移，以此作为是否真正地按照人民利益办事的"显示器"和"晴雨表"。凡是不符合人民群众的根本利益的，人民就不赞成、不满意，也就不会在实际行动上给予支持；凡是符合人民群众的根本利益的，人民就赞成、满意，在实际行动上就会给予有力的支持。改革旧体制，解放和发展生产力，提高人民群众的生活水平，最符合广大人民群众的根本利益，因此能得到广大人民群众的支持和拥护，这是我国改革开放能取得伟大成就的根本原因。因此，邓小平坚定地相信，凡是符合最大多数人的根本利益，受到广大人民拥护的事情，不论前进的道路上有多少困难，一定会得到成功。

在如何判断改革得失成败的标准这一问题上，也充分反映着邓小平的主体性思想。邓小平认为，应该把是否符合人民的根本利益作为衡量改革得失成败的标准。对于这个标准，邓小平曾多次论述过。第一次是1979 年 10 月，他在一次讲话中指出："对实现四个现代化是有利还是

---

① 邓小平. 邓小平文选：第三卷［M］. 北京：人民出版社，1993：238.

有害，应当成为衡量一切工作的最根本的是非标准。"① 1983 年 11 月，在一次谈话中他又说："各项工作都要有助于建设有中国特色的社会主义，都要以是否有助于人民的富裕幸福，是否有助于国家的兴旺发达，作为衡量做得对或不对的标准。"②

在 1992 年春视察南方的谈话（南行讲话）中他再次指出："判断的标准，应该是主要看是否有利于发展社会主义社会的生产力，是否有利于增强社会主义国家的综合国力，是否有利于提高人民的生活水平。"③

从这些论述中可以看出：第一，邓小平始终坚持真理标准和价值标准的统一，把是否符合人民群众的根本利益作为各项工作包括改革开放做得对或不对的标准，这是价值标准。价值标准的社会形式是人民的实践。在谈到"证券、股市，这些东西究竟好不好，有没有危险，是不是资本主义独有的东西，社会主义能不能用"这一问题时，邓小平反复强调"允许看，但要坚决地试"。"试"，就是实践；"看"，就是看实践，由实践来检验这些东西是否符合人民群众的根本利益。第二，邓小平始终把人民群众置于历史主体的地位，把符合人民群众的根本利益作为最根本的价值目标。在"三个有利于"的标准之中，社会主义社会的生产力本质上是人民群众的生产力，综合国力实际上是人民群众整体的综合实力，满足人民群众日益增长的物质文化需要，提高全体人民的物质文化生活水平，是生产力和增强综合国力的最终目的，也是社会主义的根本目的之所在。正是由于坚持了这个标准，邓小平在谈到改革时，总是充满信心地说："我们现在的路子走对了，人民高兴，我们也有信心。我们的政策是不会变的……因为，在这短短的十几年内，我们国家发展得这么快，使人民高兴，世界瞩目，这就足以证明三中全会以来路线、方针、政策的正确性，谁想变也变不了。""只有坚持这条路线，人民才能相信你、拥护你。谁要改变三中全会以来的路线、方针、政策，老百姓不答应，谁就会被打倒。"④ 可见，对于改革开放的各项方针、政策，邓小平总是着眼于"人民拥护不拥护""人民赞成不赞成""人民答应不答应""人民高兴不高兴"。也正是如此，邓小平建设有中国特色社会主义理论才赢得了中国亿万人民群众的普遍拥护。

---

① 邓小平 . 邓小平文选（1975—1982 年）［M］. 北京：人民出版社，1983：181.
② 邓小平 . 邓小平文选：第三卷［M］. 北京：人民出版社，1993：23.
③ 邓小平 . 邓小平文选：第三卷［M］. 北京：人民出版社，1993：372.
④ 邓小平 . 邓小平文选：第三卷［M］. 北京：人民出版社，1993：371.

3. 满足人民群众的需要——邓小平主体性思想的落脚点

主体认识和改造客体，就是为了使客体发生符合主体目的的变化。在这一过程中，主体的本质力量对象化为改造了的客体，客体非对象化为主体的内在本性，既满足了主体的愿望和需要，又进一步确证并增强了主体的本质力量。主体的认识和实践，要遵循客体尺度和主体尺度。按照客体尺度，主体要"如实地"反映客观情况，按照主体尺度，就是使客体"为我"服务。"如实"总是渗透着"为我"的原则。人类的生产实践在任何水平上都是客体尺度与人的内在尺度的统一。如果忽视了人的活动的"为我"性，在理论上就会对主体性的理解产生偏差，在实践中就必然不会关心对人们的物质文化生活的改善。

在改革开放前的二十年时间里，我们正是忽视了人的活动的"为我"性，"以阶级斗争为纲"，忽视发展生产力，不重视提高人民的生活水平。从1957年起，我们生产力的发展非常缓慢。拿农村来说，到1966年的十年间，农民的收入没有增长多少。虽然一些地区的农民生活比较宽裕，但是多数地区的农民还处在贫困状态。"文化大革命"更是走到了极端。"四人帮"搞"宁要社会主义的草，不要资本主义的苗"，把贫穷作为社会主义的特征。

邓小平总结了历史的经验教训，指出："在社会主义国家，一个真正的马克思主义政党在执政以后，一定要致力于发展生产力，并在这个基础上逐步提高人民的生活水平。"① 他认为，社会主义的优越性归根到底要体现在它的生产力比资本主义发展得更快一些、更高一些，并且在发展生产力的基础上不断改善人民的物质文化生活；贫穷不是社会主义，社会主义要消灭贫穷。不发展生产力，不提高人民的生活水平，不能说是符合社会主义要求的。在1992年春视察南方的谈话（南行讲话）中，他把能否发展生产力，能否提高人民的生活看得异常重要。"不坚持社会主义，不改革开放，不发展经济，不改善人民生活，只能是死路一条。"② 他还总结说，我们之所以能过"六四"这一关，就是因为我们搞了改革开放，促进了经济发展，人民生活得到了改善。可以说，实现人民利益，满足人民需要，提高人民生活水平，是邓小平考虑问题，制定路线、方针、政策的出发点和落脚点。在走什么样的道路的问题上，邓小平从中国人民的根本利益出发，明确指出，中国只能走社会主

---

① 邓小平．邓小平文选：第三卷［M］．北京：人民出版社，1993：28.
② 邓小平．邓小平文选：第三卷［M］．北京：人民出版社，1993：370.

义道路而不能走资本主义道路。道理很简单，中国人口多而落后，走资本主义道路，大多数人仍然摆脱不了贫穷，只有社会主义制度才能从根本上解决摆脱贫穷的问题。在经济发展的环境问题上，邓小平认为，要顺利发展生产力，必须保持社会稳定，避免动荡，因而稳定是中国人民的最高利益，坚持"两手抓"，就是保护人民的利益不受侵害。在经济发展的战略步骤上，邓小平提出要"三步走"，每一步都以提高人民群众的物质和文化生活水平为目的，都以人民的利益为中心。在为什么要坚持改革开放，坚持党的基本路线一百年不动摇等一系列问题上，邓小平无一不是以提高人民的生活水平为落脚点。因此，在这个意义上可以说，离开了人民生活水平的提高，就没有真正的社会主义，建设有中国特色的社会主义理论也就失去了灵魂。

邓小平还进一步指出，社会主义的根本目的是使全国人民走向共同富裕，而不是两极分化。他说："社会主义的本质，是解放生产力，发展生产力，消灭剥削，消除两极分化，最终达到共同富裕。"[1] 他多次讲过，党的政策是允许一部分人先富裕起来，在一部分人先富这个问题上，他先后使用过"允许""让""提倡""鼓励"这些字眼，越来越清晰地表明对部分人先富裕起来的支持态度。同时他也指出，让一部分人先富，是为了带动越来越多的人富裕起来，从而达到共同富裕的目的。一部分人先富，是实现共同富裕的必由之路。实现全国人民的共同富裕是社会主义的本质要求，也是中国共产党的根本宗旨在现阶段的具体体现。

[原文发表于《信阳师范学院学报（哲学社会科学版）》，1996 年第 1 期]

---

① 邓小平．邓小平文选：第三卷［M］．北京：人民出版社，1993：373.

论邓小平人民主体思想的时代性

邓小平理论是当代中国的马克思主义，是马克思主义在中国发展的新阶段。作为贯穿于邓小平理论之中的人民主体思想，它同时也是马克思主义人民主体思想在中国发展的新阶段。邓小平的人民主体思想是在十一届三中全会以后逐步形成和发展起来的，因而它必然带有这一时期的鲜明特色。

1. 从通过改革以调动人民积极性这一问题着眼，紧紧抓住经济建设这个中心

粉碎"四人帮"之后，中国面临的核心问题，是把全党工作的着重点由"以阶级斗争为纲"转移到"以经济建设为中心"这个轨道上来，为此就必须对阻碍生产力发展的原有经济体制进行改革。基于旧的体制严重压抑人民群众主体性的认识这一点，邓小平十分关注改革过程中的主体自身状况。他非常注意调动人的积极性，发挥人的聪明才智这个问题。他认为，旧的经济体制的根本缺陷就是国家对企业统得过死，企业失去了自主权，因而企业的主体性难以发挥。他说：在旧的经济体制之下，"权力不下放，企业没有自主权，也就没有责任，搞得好坏都由上面负责。全部由上面包起来，怎么能搞好工作，调动积极性?"①企业对劳动者管得过死，劳动者的劳动数量和质量与其物质利益很难联系起来，这就妨碍了劳动者主体性的发挥，压抑了劳动者的积极性。因而，对旧的体制进行改革的中心内容是调动人民群众的积极性。邓小平多次指出，调动人民群众的积极性是改革的中心内容，是改革的直接目标，"进行政治体制改革的目的，总的来说是要消除官僚主义，发展社会主义民主，调动人民和基层单位的积极性"。改革的总目标有三个，"第三个目标是调动基层和工人、农民、知识分子的积极性"②。邓小平认为，如果人民群众的积极性得不到发挥，人民群众的聪明才智就调动

---

① 邓小平．邓小平文选：第三卷［M］．北京：人民出版社，1993：110.
② 邓小平．邓小平文选：第三卷［M］．北京：人民出版社，1993：180.

不起来，我们的社会主义现代化建设就没有希望。只要把人民群众的积极性充分调动起来，把人民群众的聪明才智充分发挥出来，我们的社会主义现代化建设就是有希望的。可见，对于调动人民群众这一历史主体的积极性，邓小平给予了多么大的关注。

邓小平还强调，不仅要调动劳动者个人的积极性，还要通过改革来调动基层单位、企业的积极性。他指出，用多种形式把所有权和经营权分开，以调动企业积极性，这是改革的一个很重要的方面。他还指出："在调动企业积极性的问题上，我们有些同志总是囿于传统的观点，思想不解放，受一些条条框框的束缚，不敢大胆创新。"其实，只要有利于调动企业积极性，有利于发展生产力的方法、手段，都可以用。邓小平曾多次总结过农村经济体制改革成功的经验，认为农村经济体制改革的成功就是给农民自主权，给基层自主权，调动农民和基层的积极性。"农村改革是权力下放，城市经济体制改革也要权力下放，下放给企业，下放给基层，同时广泛调动工人和知识分子的积极性，让他们参与管理，实现管理民主化。各方面都要解决这个问题。"① 解决的根本办法就是改革旧体制。不改革旧的体制，生产力就不能发展，人民生活水平就不能得到提高，人民就不满意，人民就不信任我们，人民就没有建设社会主义的积极性和主动性。正如邓小平所说："如果不进行这场革命，不论党和政府的整个方针、政策怎样正确，工作怎样有成绩，我们却只能眼睁睁地看着党和政府的机构这样地缺少朝气、缺少效率，正确的方针、政策不能充分贯彻，工作不能得到更大的成绩，我们怎么能得到人民的谅解，我们自己又怎能安心？"② 只有对旧体制进行有计划、有步骤而又坚决彻底的改革，人民才会信任我们党的领导，我们党的事业才有无限的希望。

劳动者是生产力中最积极的因素，是社会生产力的主体。解放生产力，实质上就是解放人的创造活力，恢复人在生产中的主体地位。邓小平正是从当代中国的实际出发并以此为着眼点来阐述改革的必要性的。

2. 尊重知识，尊重人才，强调科学技术是第一生产力

当今世界正经历着一场以信息技术为主要标志的新的技术革命。这次新技术革命将带来产业结构、劳动方式、管理方式、生活方式等各个

① 邓小平. 邓小平文选：第三卷［M］. 北京：人民出版社，1993：180.
② 邓小平. 邓小平文选：第二卷［M］. 北京：人民出版社，1983：397.

领域的重大变革。邓小平总结了第二次世界大战以来，特别是当代世界经济发展的新趋势和新经验，多次强调指出"科学技术是第一生产力"，因此，要"尊重知识，尊重人才"。

"科学技术是生产力"是马克思提出的观点，是马克思主义的一个重要原理。邓小平一贯坚持马克思的这个重要观点。早在 1975 年，邓小平指导起草《中国科学院工作汇报提纲》时，就针对"文化大革命"对经济和科技的破坏，以马克思的"生产力中也包括科学"的思想为依据，指出科学技术是生产力。1978 年，他在全国科学大会开幕式上又重申了这一观点。1988 年 9 月，他在两次谈话中都指出，马克思讲过科学技术是生产力，这是非常正确的，现在看来，这样讲还不够，恐怕科学技术是第一生产力。

生产力的基本因素，即实体性因素，是生产资料和劳动者。此外，还包括科学技术、管理等非实体性因素，其中以科学技术为最重要。无论是劳动者还是生产资料都离不开科学技术。特别是在 20 世纪下半叶以来，随着高科技的发展，科技对生产力的促进作用有了突飞猛进的提高。高科技对生产力其他要素所起的作用，不只是按乘法倍数增长，更是按几何级指数增长。现代科学已走到生产的前面，日益成为生产的先导。19 世纪以前，科学技术和生产的关系，表现为"生产—技术—科学"的循环过程。近代科学实验从生产中分离出来，成为人类社会的一种基本实践和方法，随着现代工业的发展，许多科学上的重大发现从实验室中产生，然后应用于生产过程。因此就出现了"科学—技术—生产"新的循环过程。并且，科技进步已经成为推动现代社会国民经济增长的首要因素。一方面，自然科学从知识形态的生产力转化为物质生产力的周期日益缩短，科学技术的成果转化为直接生产力的速度越来越快，例如，蒸汽机使用了 100 年时间，电动机使用了 75 年时间，电子管使用了 31 年时间，晶体管使用了 5 年时间。另一方面，科学技术应用于生产过程，所创造的价值越来越高。一些发达资本主义国家在 20 世纪初，其科学技术因素在劳动生产率和经济增长中的贡献仅占 5% ～ 20%，而在 20 世纪末已达到 60% ～80%。由此可见，科学技术在生产力因素中的"第一"地位是由实践所确定的。正是从这个意义上说，科学技术是第一生产力。

邓小平抓住时代特点，做出了"科学技术是第一生产力"的论断，这是对 20 世纪以来科学技术在生产力中的地位和作用的新认识和新概括。同时，邓小平还指出，要充分发挥科学技术在经济建设中的作用，必须在全社会树立起尊重科学、尊重知识、尊重人才的良好风尚，充分调动广大科技人员这一科技主体的积极性和创造性。他呼吁要在党内造成一种良好气氛：尊重知识，尊重人才。人才难得，要想方设法调动他们的积极性。首先，提高他们的政治地位，承认知识分子也是劳动者，是工人阶级的一部分；其次，要让他们有用武之地并用其所长，避其所短；再次，要建立奖励制度，重在鼓励，重点在奖，既要有精神鼓励，也要有物质奖励；最后，要切实让知识分子发挥作用，为其排忧解难，"要调动科学和教育工作者的积极性，光空讲不行，还要给他们创造条件，切切实实地帮助他们解决一些具体问题"①。要特别解决好少数高级知识分子的待遇问题，尊重他们，调动了他们的积极性，他们就会为现代化建设做出更大的贡献。

3. 稳定是中国最大的政治，人心稳定是社会稳定的根本

经过了十年动乱，中国特别需要稳定。邓小平在领导我国人民进行有中国特色的社会主义建设的过程中，反复告诫全党和全国各族人民一定要重视社会稳定问题。他说，中国的最高利益是稳定；中国的问题，压倒一切的是需要稳定，中国摆脱贫困、实现四个现代化，最关键的问题是需要稳定；我们搞四化，搞改革开放，关键是稳定。

只有稳定，才能使我国各族人民安居乐业。十年内乱期间，社会动荡，人心惶惶，国无宁日，民无宁日，国民经济得不到发展，人民生活得不到改善，人民安居乐业无从谈起。粉碎"四人帮"之后，国家思强盛，人民思安定。正如邓小平所说，过去我们吃了十年苦头，再乱，人民吃不消，人民也不愿意。我们党果断地抛弃了"以阶级斗争为纲"，致力于社会的稳定，社会生产力水平迅速提高，人民群众才过上了安居乐业的生活。

稳定是加快改革和经济发展的前提条件。只有稳定，改革才能顺利进行，经济发展才能取得可靠的保证。邓小平曾经指出，要达到我们的目标，需要些什么条件呢？第一条，需要政治稳定，第二条就是现行的政策不变，不变也就是稳定。这就是说，中国要发展，必须有安定的政治环境。"没有安定团结的局面，不可能搞建设，更不可能实行改革开放政策，这些都搞不成。"② 中国的主要目标是发展，是摆脱落后，使国力增强，使人民生活逐步得到改善，为此，就必须有一个安定团结的

---

① 邓小平. 邓小平文选：第二卷 ［M］. 北京：人民出版社，1983：56.
② 邓小平. 邓小平文选：第三卷 ［M］. 北京：人民出版社，1993：199.

政治环境。

社会稳定包括政治稳定、经济稳定和人心（思想）稳定。政治稳定，是一个社会稳定的最明显的标志，也是一个社会稳定的关键。政治稳定最重要的是政权（政局）的稳定，也就是权力的核心有足够的能力驾驭局势，平衡社会各方面的力量。权力的行使是快速、协调、健康的，人民生活水平不断提高。经济稳定是社会稳定的基础。经济状况决定着社会的政治状况和人民的思想状况，经济不稳定往往是政治不稳定的根源。经济稳定表明社会生产关系和生产力的发展是基本相适应的，生产力的发展速度是合理的，是社会可以承受的，生产力的布局、结构也是合理的，既能保持在现有条件下增长，又具有可持续发展的潜力。生产力发展的落脚点最终体现为人民群众的生活水平有较大幅度的提高，人民群众从生产力的发展中得到了实惠。人心稳定是人民群众对社会变革和社会发展有着充分的思想准备和思想承受能力，人们有着共同的社会理想和统一的社会价值观。人心稳定是社会最深层次的稳定。经济稳定是社会稳定的基础，社会不稳定，往往来源于经济的不稳定，而社会不稳定的突出表现是人心不稳。在某些特殊的历史发展时期，即使经济稳定发展，但由于其他方面的诱因也可造成人心不稳定，而人心不稳又会引起社会政治的不稳定，从而造成社会的动荡。有时，即使经济不稳定，只要政府多加引导，采取种种得力措施来稳定人心，也可能形成社会的稳定局面。从中可见人心稳定对社会稳定的重要性。邓小平非常重视人心的稳定，他提出，在社会主义现代化建设的过程中，既要抓物质文明建设，也要抓精神文明建设。抓精神文明建设，打击违法犯罪行为等，就是要增强人民的凝聚力、向心力，就是稳定人心，保持社会安定。邓小平在谈到对毛泽东的评价时指出："对毛泽东同志晚年错误的批评不能过分，不能出格，因为否定这样一个伟大的历史人物，意味着否定我们国家的一段重要历史。这就会造成思想混乱，导致政治不稳定。"[①]

中国在改革开放的进程中，如果追求西方的民主、形式上的民主，"只会出现国家混乱、人心涣散的局面"[②]。

稳定是中国人民的根本利益之所在，人民群众需要稳定，而实现稳定又离不开人民群众。人民群众情绪的稳定是社会稳定之根本，社会稳

---

① 邓小平．邓小平文选：第三卷［M］．北京：人民出版社，1993：284.
② 邓小平．邓小平文选：第三卷［M］．北京：人民出版社，1993：284.

定的局面要靠人民群众来创造，也要靠人民群众来维护。人民也只有看到稳定带来的好处，看到现行政策的好处，才能真正稳定下来。不论国际气候怎样变化，只要我们争得了这一点，就稳如泰山。

（原文发表于《社会主义研究》，1999 年第 5 期）

邓小平的主体性思想与我国经济体制改革

邓小平建设有中国特色社会主义理论包含着丰富的主体性思想。江泽民在党的十四大报告中指出："建设有中国特色社会主义理论是正确的，是符合最广大人民的利益和要求的。"他还说，邓小平"尊重实践，尊重群众，时刻关注最广大人民的利益和愿望，善于概括群众的经验和创造"。在学习《邓小平文选》第三卷报告会上的讲话中他又指出：邓小平"尊重群众，热爱人民，总是时刻关注最广大人民的利益和愿望，把'人民拥护不拥护''人民赞成不赞成''人民高兴不高兴''人民答应不答应'作为制定各项方针政策的出发点和归宿"。这是对邓小平主体性思想的高度概括。我国经济体制改革与邓小平的主体性思想有着极为密切的联系，经济体制改革的目标——建立社会主义市场经济体制，集中体现了邓小平的主体性思想。

1. 旧的经济体制压抑人的积极性，阻碍生产力的发展，这决定了改革的必要性

新中国成立后，我国的经济体制一直沿用苏联模式。这种模式在历史上对我国国民经济的恢复和发展确实起到了一定的积极作用。但随着生产力的发展，它的弊端日益显露出来。僵化的经济体制阻碍了社会经济的发展。邓小平作为我党第二代领导集体的核心，时刻把生产力的发展和人民群众的忧乐牢记在心，改革高度集中的计划经济体制，解放和发展生产力一直是他日思夜想的重大问题。早在十一届三中全会召开前夕，他就大声疾呼："现在我国的经济管理体制权力过于集中，应该有计划地大胆下放，否则不利于充分发挥国家、地方、企业和劳动者个人四个方面的积极性，也不利于实行现代化的经济管理和提高劳动生产率。"他还指出："当前最迫切的是扩大厂矿企业和生产队的自主权，使每一个工厂和生产队能够千方百计地发挥主动创造精神。"[①] 这个观点是随后召开的十一届三中全会的主题思想。

---

① 邓小平. 邓小平文选：第二卷［M］. 北京：人民出版社，1983：145 – 146.

邓小平十分关注主体自身的状况。他非常注重调动人的积极性，发挥人的聪明才智这个问题。他认为，旧的经济体制的根本缺陷就是国家对企业统得过死，企业失去了自主权，因而企业的主体性难以发挥。他说："在旧的经济体制之下，权力不下放，企业没有自主权，也就没有责任，搞得好坏都是上面负责。全部由上面包起来，怎么能搞好工作，调动积极性？"① 企业对劳动者管得过死，劳动者的劳动数量和质量与其物质利益很难联系起来，这就妨碍了劳动者主体性的发挥，压抑了劳动者的积极性、主动性和创造性。因此，他多次指出，我们要发展生产力，就必须改革旧的经济体制，调动劳动者的积极性。他在 1985 年 8 月会见外宾时说："要发展生产力，经济体制改革是必由之路。"② 1987 年 6 月，他又说："我是主张改革的，不改革就没有出路，旧的那一套经过几十年的实践证明是不成功的。过去我们搬用别国的模式，结果阻碍了生产力的发展，在思想上导致僵化，妨碍人民和基层积极性的发挥。"他回顾了我国社会主义建设的历史，指出："中国社会从 1958 年到 1978 年二十年时间，实际上处于停滞和徘徊的状态，国家的经济和人民的生活没有得到多大的发展和提高。这种情况不改革行吗？"③

也正是针对旧体制的弊端，他认为改革的中心内容就是调动人民群众的积极性。在 1986 年 9—11 月谈到政治体制改革时，他多次阐述过这一思想。"进行政治体制改革的目的，总的来讲是要消除官僚主义，发展社会主义民主，调动人民和基层单位的积极性。"改革的总目标有三个，"第三个目标是调动基层和工人、农民、知识分子的积极性"④。可见，对于调动人民群众这一历史主体的积极性，邓小平给予了多么大的关注。

他首先强调要调动基层单位、企业的积极性。在 1986 年 12 月的一次谈话中，他说："用多种形式把所有权和经营权分开，以调动企业积极性，这是改革的一个很重要的方面。"⑤ 他指出，在调动企业积极性的问题上，我们有些同志思想不解放，受一些条条框框的束缚。其实，只要有利于调动企业的积极性，有利于发展生产力的方法、手段，都可以用。他在总结农村经济体制改革的经验时说："党的十一届三中全会

① 邓小平 . 邓小平文选：第三卷 [M] . 北京：人民出版社，1993：160.
② 邓小平 . 邓小平文选：第三卷 [M] . 北京：人民出版社，1993：138.
③ 邓小平 . 邓小平文选：第三卷 [M] . 北京：人民出版社，1993：237.
④ 邓小平 . 邓小平文选：第三卷 [M] . 北京：人民出版社，1993：180.
⑤ 邓小平 . 邓小平文选：第三卷 [M] . 北京：人民出版社，1993：192.

以后决定进行农村改革，给农民自主权，给基层自主权，这样一下子就把农民的积极性调动起来了，把基层的积极性调动起来了，面貌就改变了。"① 还说，"这些年来搞改革的一条经验，就是首先调动农民的积极性，把生产经营的自主权力下放给农民。农村改革是权力下放，城市经济体制改革也要权力下放，下放给企业，下放给基层，同时广泛调动工人和知识分子的积极性，让他们参与管理，实现管理民主化。各方面都要解决这个问题"②。解决的根本办法，就是改革旧的经济体制。

劳动者是生产力中最积极的因素，是生产力的主体。解放生产力，实质上就是解放人的创造活力，恢复人在生产中的主体地位。邓小平正是以此为着眼点来阐述改革的必要性的。

2. 有利于充分发挥人的主体性的社会主义市场经济体制是改革的目标模式

经济体制改革的目标模式是邓小平论述最多的问题之一。他以非凡的政治胆略和理论勇气，提出了社会主义也可以搞市场经济的论断。早在 1979 年 11 月会见外宾时他就指出："说市场经济只限于资本主义社会，只有资本主义的市场经济，这肯定是不正确的。社会主义为什么不可以搞市场经济，这不能说是资本主义。"③ 之后，他又多次指出"社会主义和市场经济之间不存在根本矛盾"，计划和市场不是社会主义和资本主义的本质区别。"计划经济不等于社会主义，资本主义也有计划；市场经济不等于资本主义，社会主义也有市场。计划和市场都是经济手段。"④ 邓小平的这些论述，打破了僵化的思想框框，为经济体制改革的目标模式的确立奠定了坚实的理论基础。

经济体制改革的市场经济取向是以邓小平的主体性思想为内在根据的。在高度集中的计划经济体制之下，国家直接管理企业，企业严格遵守国家的指令性计划，国家的主体性无限膨胀，以至于遏制了企业和劳动者个人的主体性。加之中国的国情极为复杂，国家计划不可能严密、周到和完全符合实际，因而国家的主体性其实也难以充分发挥。建立社会主义市场经济体制就是使企业真正成为自主经营、自负盈亏、自我发展、自我约束的利益主体和市场主体。多年的改革实践充分证明，企业的主体地位不确立，企业就不可能按照等价交换原则进行交换，市场经

---

① 邓小平. 邓小平文选：第三卷［M］. 北京：人民出版社，1993：238.
② 邓小平. 邓小平文选：第三卷［M］. 北京：人民出版社，1993：180.
③ 邓小平. 邓小平文选：第二卷［M］. 北京：人民出版社，1983：236.
④ 邓小平. 邓小平文选：第三卷［M］. 北京：人民出版社，1993：373.

济的充分发展就失去了条件。要确立企业的主体地位，必须建立现代企业制度，即适应社会主义市场经济的充分发展要求的产权明晰、权责明确、政企分开、管理科学的企业制度，使企业从国家计划的束缚下解脱出来，具有完全独立的法人资格，拥有充分的自主权，这样，企业才真正成为产品生产主体、市场主体和利益主体，企业的积极性才能真正被调动起来，因此，邓小平说："调动积极性，权力下放是最主要的内容。我们农村改革之所以见效，就是因为给农民更多的自主权，调动了农民的积极性。现在我们要把这个经验应用到各行各业，调动各方面的积极性。"①

建立社会主义市场经济体制就必须建立合理的个人收入分配制度。在个人收入分配问题上，与社会主义市场经济相适应，我们实行以按劳分配为主体、多种分配方式并存，效率优先、兼顾公平的分配制度。企业有了充分的自主权，就能够革除平均主义、"大锅饭"的弊端，贯彻按劳分配的原则，在劳动者的贡献和他的物质利益之间建立密切的联系，可以极大地调动劳动者的积极性，激发他们的创造热情，从而提高生产效率，发展社会生产力，最终达到共同富裕。

建立社会主义市场经济体制必然要求建立健全的宏观调控体系。市场经济不是不要宏观调控，而是要更好地发挥宏观调控的作用。国家计划的重点要转移到制定中长期国民经济发展战略规划，合理确定国家重点建设项目和固定资产投资的规模，搞好综合平衡，运用经济杠杆，调节宏观经济运行，促进产业结构的调整和社会经济效益的提高，协调各方面的利益关系等方面上来。总之，该管的必须管好，不该管的坚决不管。这样，国民经济才能快速、协调、健康地发展，国家的主体性才能真正得到充分的发挥。

建立社会主义市场经济体制必然要求改革我国的劳动用工制度和人事制度。一方面，要增强个人择业的自主性，不能搞"一榜定终身"，要允许人才的合理流动，为个人发挥聪明才智提供良好的外部环境；另一方面，要建立富有激励机制的人事管理制度，量才而用，凭业绩晋职，能者上，庸者下，优胜劣汰，树立新型的用人观念，鼓励劳动者发明创新、开拓进取。

更为重要的是，社会主义市场经济体制的建立，必将大大解放和发展社会生产力。在不同的生产力水平之下，主体本质力量的大小是迥然

---

① 邓小平. 邓小平文选：第三卷［M］. 北京：人民出版社，1993：242.

有别的。生产力水平的提高必将从质和量两个方面提高主体认识和改造世界的能力，进一步满足主体的需要，而主体需要的满足又会进一步激发主体的积极性、创造性，从而形成良性循环。正如邓小平所说："调动人民积极性的最中心环节，还是发展生产力，提高人民的生活水平。"①

总之，建立社会主义市场经济体制，可以使国家、企业、个人的主体性得到充分发挥，进而解放和发展生产力，增强社会主义国家的力量，巩固社会主义制度。

3. 是否符合人民利益、人民群众是否赞成是判断改革成败的标准

改革怎样才能取得成功？判断改革得失成败的标准是什么？在回答这个问题时，邓小平始终把人民群众置于历史主体的地位。

全心全意为人民谋利益，是共产党的宗旨，也是邓小平全部活动的出发点和归宿。他相信群众，依靠群众，把人民群众的支持和拥护看作是改革成败的关键。1985 年 4 月，他在会见外宾时，指出："改革是大家的主意，人民的要求。""我相信，凡是符合最大多数人的根本利益，受到广大人民拥护的事情，不论前进的道路上还有多少困难，一定会得到成功。"② 改革旧的经济体制，解放和发展生产力，提高人民群众的生活水平，符合广大人民群众的根本利益，得到广大人民群众的支持和拥护，这是我国改革开放一定会取得成功的根本原因之所在。

作为改革开放的总设计师，邓小平非常注重群众的首创精神。1988年 9 月，他会见外宾谈到对自己的评价时，谦逊地说："很多事是别人发明的，群众发明的，我只不过把它们概括起来，提出了方针政策。"③ 1992 年春，邓小平又说："农村搞家庭联产承包，这个发明权是农民的。农村改革中的好多东西，都是基层创造出来，我们把它拿来加工提高作为全国的指导。"④ 他还多次指出，在改革开放的过程中一定要把群众的积极性、创造性保护好、引导好、发挥好，绝不能挫伤群众的积极性，无视群众的创造性。邓小平在工作方法、领导方法上，坚决地贯彻了从群众中来、到群众中去的群众路线，把人民群众的支持和拥护看作是改革成功的决定性因素。

如何判断改革的得失成败？邓小平认为应该把是否符合人民利益、

---

① 邓小平. 邓小平文选：第三卷［M］. 北京：人民出版社，1993：178.
② 邓小平. 邓小平文选：第三卷［M］. 北京：人民出版社，1993：142.
③ 邓小平. 邓小平文选：第三卷［M］. 北京：人民出版社，1993：272.
④ 邓小平. 邓小平文选：第三卷［M］. 北京：人民出版社，1993：382.

人民群众是否赞成作为衡量改革成败的标准。对于这个标准，邓小平多次论述过。第一次是 1979 年 10 月，他在一次讲话中指出："对实现四个现代化是有利还是有害，应当成为衡量一切工作的最根本的是非标准。"① 第二次是在 1983 年 1 月，他又说："各项工作都要有助于建设有中国特色的社会主义，都要以是否有助于人民的富裕幸福，是否有助于国家的兴旺发达，作为衡量做得对或不对的标准。"② 第三次是在 1992 年春，他在南行讲话中再次明确指出：判断的标准，应该主要看"是否有利于发展社会主义社会的生产力，是否有利于增强社会主义国家的综合国力，是否有利于提高人民的生活水平"③。

从这些论述中可以看出：第一，邓小平始终坚持真理标准和价值标准的统一。把是否符合人民群众的根本利益作为各项工作做得对或不对的标准，这是价值标准。价值标准的社会形式是人民群众的实践。在谈到"证券、股市，这些东西好不好，有没有危险，是不是资本主义独有的东西，社会主义能不能用"这一价值判断时，邓小平反复强调"允许看，但要坚决地试"。"试"，就是实践，"看"，就是看实践，由实践来检验这些东西是否符合人民群众的根本利益。第二，邓小平始终把人民群众置于历史主体的地位，把符合人民群众的根本利益作为最根本的价值目标。在三次论述中，他都强调判断的标准是"是否有利于人民的富裕幸福"，"是否有利于提高人民的生活水平"。第三，随着时间的推移，实践的发展，邓小平的论述一次比一次具体，内容一次比一次全面、丰富，在"三个有利于"的标准之中，第一个"有利于"是基础和前提，第三个"有利于"是目的和归宿，它指明了"社会主义社会的生产力"本质上是人民群众的生产力，"综合国力"实际上是人民群众整体的综合实力，"发展生产力"和"提高综合国力"的最终目的，是满足人民日益增长的物质文化需要，并全面提高人民的物质文化生活水平。

正是坚持了这个标准，在改革开放的曲折进程中，邓小平多次回答了对改革开放的各种非议和责难，说服了那些对经济体制改革持怀疑态度的人。对于改革开放的各项方针、政策，邓小平总是着眼于"人民拥护不拥护""人民赞成不赞成""人民答应不答应""人民高兴不高兴"。也正是如此，邓小平的思想和理论才赢得了中国亿万人民群众的

---

① 邓小平. 邓小平文选：第二卷［M］. 北京：人民出版社，1983：209.
② 邓小平. 邓小平文选：第三卷［M］. 北京：人民出版社，1993：23.
③ 邓小平. 邓小平文选：第三卷［M］. 北京：人民出版社，1993：372.

普遍拥护。

4. 提高人民生活水平，满足人民群众的需要是改革的根本目的

邓小平认为，社会主义的根本任务就是发展生产力，并在此基础上提高人民的生活水平。主体对客体的认识和改造就是要使客体发生合乎主体目的的变化，以满足主体的需要。经济体制改革固然要遵循客观的经济规律，但其根本目的是由人的内在尺度，即人民群众的利益和需要决定的。旧的经济体制阻碍生产力的发展，因此非改不可；而建立新的市场经济体制则是促进生产力发展的途径和手段。但从满足人民群众的物质文化生活需要这个意义上说，发展生产力也是手段，人的全面发展才是最终目的。正是在这个意义上，邓小平说："贫穷不是社会主义，社会主义要消除贫穷。不发展生产力，不提高人民的生活水平，不能说是符合社会主义要求的。"① 邓小平多次总结了历史的经验，指出："多少年来我们吃了一个大亏，社会主义改造基本完成了，还是'以阶级斗争为纲'，忽视发展生产力。'文化大革命'更走到了极端。"② 正是基于对历史的深刻反思，粉碎"四人帮"之后，邓小平毅然提出实现全党工作重心的转移，指出："不开放不改革没有出路，国家现代化建设没有希望。"③ 在南行讲话中，他把能否发展生产力、提高人民生活水平看得异常重要。"不坚持社会主义，不改革开放，不发展经济，不改善人民生活，只能是死路一条。"④

邓小平还进一步指出，社会主义改革的根本目的，是使全国人民走向共同富裕，而不是两极分化。他多次讲过，党的政策是允许一部分人先富裕起来。在一部分人先富这个问题上，他使用过"允许""让""提倡""鼓励"这些字眼，越来越清晰地表明对一部分人先富裕起来的支持态度。但他同时也指出："鼓励一部分地区、一部分人先富裕起来，也正是为了带动越来越多的人富裕起来，达到共同富裕的目的。"⑤ 1985 年 3 月，他对这一问题作过十分清楚的说明："社会主义的目的就是要全国人民共同富裕，不是两极分化。如果我们的政策导致了两极分化，我们就失败了；如果产生了什么新的资产阶级，那我们就真是走了邪路了。我们提倡一部分地区先富裕起来，是为了激励和带动其他地区

---

① 邓小平. 邓小平文选：第三卷［M］. 北京：人民出版社，1993：116.
② 邓小平. 邓小平文选：第三卷［M］. 北京：人民出版社，1993：141.
③ 邓小平. 邓小平文选：第三卷［M］. 北京：人民出版社，1993：219.
④ 邓小平. 邓小平文选：第三卷［M］. 北京：人民出版社，1993：370.
⑤ 邓小平. 邓小平文选：第三卷［M］. 北京：人民出版社，1993：142.

也富裕起来，并且使先富裕起来的地区帮助落后的地区更好地发展，提倡人民中有一部分人先富裕起来，也是同样的道理。"① 可见，让一部分人先富裕起来是实现共同富裕的必由之路。实现全国人民的共同富裕是社会主义的本质要求，也是中国共产党的根本宗旨在现阶段的具体体现。

邓小平作为当代伟大的无产阶级革命家，以其博大的胸怀把中国的繁荣进步纳入整个人类文明发展的历史轨道之中，力争对人类发展做出较大的贡献。这是邓小平主体性思想的最高层次。邓小平认为，中国通过改革开放，建立起社会主义市场经济的新体制，解放和发展生产力，要在 20 世纪末实现"小康"，到 21 世纪中叶达到中等发达国家水平。那时，中国就会对人类做出较大的贡献。他多次谈到这一问题。1989 年 5 月，他在会见外宾时说："我们的目标是，到本世纪（20 世纪）末人均达到八百美元，……到那个时候，中国就会对人类有大一点的贡献。"② 1985 年 9 月，他又说："到下世纪（21 世纪）中叶，能够接近世界发达国家的水平，那才是大变化。到那时，社会主义中国的分量和作用就不同了，我们就可以对人类有较大的贡献。"③ 1987 年 5 月，他在会见外宾时又讲："我们进一步的目标是下个世纪（21 世纪）的五十年，达到中等发达国家的水平。到那时，国家总的力量就大了，可以为人类做更多的事情。"④ 可见，邓小平一直把我国的改革开放，把生产力的发展和人民生活水平的提高，同整个人类的发展与进步紧紧联系在一起，充分体现了邓小平作为一位伟大的政治家的远见卓识。

[原文发表于《信阳师范学院学报（哲学社会科学版）》，1997 年第 3 期]

---

① 邓小平. 邓小平文选：第三卷 [M]. 北京：人民出版社，1993：111.
② 邓小平. 邓小平文选：第三卷 [M]. 北京：人民出版社，1993：57.
③ 邓小平. 邓小平文选：第三卷 [M]. 北京：人民出版社，1993：224.
④ 邓小平. 邓小平文选：第三卷 [M]. 北京：人民出版社，1993：233.

论邓小平的群众观

邓小平有一句名言："我是中国人民的儿子，我深深地爱着我的祖国和人民。"人民，在邓小平的心目中占据着至高无上的地位。他尊重实践，尊重群众，热爱人民，总是时刻关注最广大人民的利益和愿望，把"人民拥护不拥护""人民赞成不赞成""人民高兴不高兴""人民答应不答应"作为制定各项方针政策的出发点和归宿。他在新的历史条件下极大地丰富和发展了马克思主义的群众观和中国共产党群众路线的根本领导方法与工作方法。

1. 充分肯定人民群众在社会主义现代化建设中的历史主体地位

早在抗日战争时期，邓小平就指出："敌我斗争的胜负，决定于人民，首先是敌占区人民的态度。"① 新中国成立以后，在总结历史的经验时，他也多次指出，人民群众是我们的胜利之本，领导者一定要充分肯定人民群众的伟大历史作用。1956 年 9 月，他在《关于修改党的章程的报告》中指出："我们党的胜利，首先和最主要地要归功于人民群众对我们的信任和支持，要归功于全体党员的艰苦奋斗。"②

改革开放之后，邓小平从多个角度、多个层面指出人民群众是我国社会主义现代化建设和改革开放的主体，只有依靠人民群众，才能取得成功，我们的一切工作都是围绕着人民群众来进行的。

把人民群众当作历史的主体，在现代化建设过程中就是要把人民群众的利益作为领导者制定路线、方针、政策的立足点、出发点，真正做到一切为了群众，一切依靠群众。

在走什么样的道路的问题上，邓小平从中国人民的根本利益出发，明确指出：中国只能走社会主义道路而不能走资本主义道路。"道理很简单，中国 10 亿人口，现在还处于落后状态，如果走资本主义道路，可能在某些局部地区少数人更快地富起来，形成一个新的资产阶级，产

---

① 邓小平. 邓小平文选：第一卷［M］. 2 版. 北京：人民出版社，1994：40.
② 邓小平. 邓小平文选：第一卷［M］. 2 版. 北京：人民出版社，1994：256.

生一批百万富翁，但顶多也不会达到人口的百分之一，而大量的人仍然摆脱不了贫穷，甚至连温饱问题都不可能解决。只有社会主义制度才能从根本上解决摆脱贫穷的问题。"① 这就把社会主义道路与中国人民的根本利益联系起来，使对社会主义道路的选择建立在人民群众的最根本的利益之上。

在社会主义的根本任务上，是把发展生产力作为根本任务，还是"以阶级斗争为纲"呢？邓小平从人民的利益与国家的命运出发，认为要把发展生产力作为社会主义的根本任务，在人民群众的全部利益中，社会主义现代化建设"代表着人民的最大利益"。"在社会主义国家，一个真正的马克思主义政党在执政以后，一定要致力于发展生产力，并在这个基础上逐步提高人民的生活水平。"② "社会主义发展生产力，成果是属于人民的。"③ 总之，只有实现现代化，才能民富国强，充分显示社会主义制度的优越性。他提出的"三步走"的发展战略，每一步都是以提高人民群众的物质和文化生活水平为目的，都是以人民的利益为中心。

在经济发展的环境问题上，是在稳定的环境中发展经济，还是在动荡的社会环境中发展经济？邓小平从广大人民群众的利益和愿望出发，认为要顺利地发展生产力，实现四个现代化的战略目标，必须有一个稳定的政治环境，即保证政治稳定、社会稳定，避免发生严重的社会动荡。稳定是中国人民的最高利益。没有稳定，其他都无从谈起。

邓小平在制定路线、方针、政策时，一切都从群众的利益出发，做到真正是一切为了群众。不仅如此，他还认为，共产党的路线、方针、政策要真正贯彻执行，就必须充分依靠群众。

当全国第一个包产到户的经营方式在农村出现时，他总结了新中国成立以后农民的实践经验，认为包产到户适应农村生产力的发展，可以充分调动广大农民的劳动积极性，有利于农村落后生产力的发展。所以，他对此给予充分肯定，并总结成功的经验，在农村推行改革。他说，为什么改革要从农村开始呢？因为农村人口占我国人口的 80%，农民没有摆脱贫困，就是国家没有摆脱贫困。

特区政策也是来源于群众的实践。1979 年 4 月，在中央工作会议期间，邓小平在听取了广东省委主要负责人的汇报后，提出可以办经济

① 邓小平. 邓小平文选：第三卷 [M]. 北京：人民出版社，1993：207 – 208.
② 邓小平. 邓小平文选：第三卷 [M]. 北京：人民出版社，1993：255.
③ 邓小平. 邓小平文选：第三卷 [M]. 北京：人民出版社，1993：268.

特区。同年7月，党中央、国务院确定在深圳、珠海、汕头、厦门试办经济特区。邓小平在1984年深入实际，亲自到深圳、珠海、厦门三个经济特区视察，看到特区取得的一系列可喜的成绩，他又进一步提出开放沿海城市和沿海地区的战略思想。中央根据这一思想，决定开放大连等十四个沿海城市以及长江三角洲、珠江三角洲。1992年春，邓小平再次到南方视察，对特区的经济发展给予了充分的肯定。正是由于邓小平紧紧依靠群众，深入实际，不断总结成功的经验，逐步扩大开放范围，使我国的经济特区从无到有、从小到大、由一点到一线、由一线到一片，形成了全方位开放的新局面。

综上所述，邓小平把人民群众置于社会主义现代化建设和改革开放的主体地位，一切为了群众，一切依靠群众，使社会主义现代化建设和改革开放事业有了深厚的群众基础，有了取得成功的根本保证。

2. 尊重人民群众的意愿和创造

邓小平曾经说过："群众不跟你走，你就一事无成。"可以说，这是邓小平领导经验的总结，也是邓小平对群众路线的通俗表达。

第一，"要同人民一起商量着办事"。这是邓小平的一个十分重要的思想，也是他尊重人民群众的意愿和创造的具体体现。邓小平多次强调这一思想。1979年11月，他在《高级干部要带头发扬党的优良传统》的讲话中指出，各级领导干部"要注意听取群众的呼声，同群众商量办事，共同克服困难"①。1988年6月7日，邓小平在会见外宾谈到改革开放的经验时指出："第一条就是要同人民一起商量着办事，决心要坚定，步骤要稳妥，还要及时总结经验。"②"同人民一起商量着办事"，就是把人民群众看作社会的主人，就是尊重群众，就是相信群众，就是向群众学习。作为领导，要时刻注意不能违背群众的意愿，不能靠想当然作决策、发指示。在改革开放过程中出现一些失误，在具体工作中群众有一些意见，一个重要的原因就是"我们没有把问题摆到群众面前，取得共同的认识，同群众一起商量解决问题"③。正反两方面的经验都告诉我们，"是否同人民一起商量着办事"，事关现代化建设事业的成败。"同人民一起商量着办事"，应成为领导工作的一个重要方法。

第二，要尊重群众的意愿。"我们的政策就是允许看。""允许看"，

① 邓小平. 邓小平文选：第二卷［M］. 2版. 北京：人民出版社，1994：229.
② 邓小平. 邓小平文选：第三卷［M］. 北京：人民出版社，1993：272.
③ 邓小平. 邓小平文选：第二卷［M］. 2版. 北京：人民出版社，1994：218.

就是尊重群众的意愿，就是要使群众在"看"的过程中受到教育，提高觉悟，从而使人民群众真心实意地拥护改革开放的方针政策。1980年5月，邓小平在谈到农村政策问题时讲到，从当地具体条件和群众的意愿出发，这一点十分重要。今天看来这个思想很普通，可当时是在改革开放之初，人们的思想还没有完全从"左"的束缚中解放出来，高度集中的计划经济体制依然紧紧地束缚着经济的发展，在这种情况下提出从具体条件出发，特别是提出从群众的意愿出发，的确是振聋发聩的。邓小平提出，群众在有些问题上还想不通，还没有觉悟，就要尊重群众的意愿，允许群众看，不能强迫群众。我们的政策就是允许看。允许看，比强制好得多。允许看，看什么？看实践。当然，邓小平并不是说，只"看"就可以了，"允许看，但要坚决地试"。"试"就是实践，"看"就是看实践。事实胜于雄辩，要让群众在活生生的现实面前解放思想，开动脑筋，统一认识，提高觉悟，使群众自觉自愿地投身改革开放的洪流中去。

第三，要尊重群众的创造精神，把群众的发明创造概括起来，提出方针政策。毛泽东曾经讲过，领导就是做出主意、用干部两件大事。毫无疑问，出主意就是出大政方针的主意，就是要抓带有战略性、全局性、根本性和指导性的问题；就是要出路线、方针、政策等方向性的大主意。但是，这些方针政策，这些大主意，是领导自己凭空想象的吗？不是。邓小平认为，它们是从群众的实践中来的，如果离开了群众的实践，就没有大政方针，就没有大主意。1988年9月，邓小平在会见外宾时说："其实很多事是别人发明的，群众发明的，我只不过把它们概括起来，提出了方针政策。"[①] 在南行讲话中，他又一次重申这一观点："农村搞家庭联产承包，这个发明权是农民的。农村改革中的好多东西，都是基层创造出来，我们把它拿来加工提高作为全国的指导。"[②] 在改革开放的伟大实践中，要充分肯定和尊重人民群众的首创精神。在他看来，改革开放的方针政策是人民群众在实践中提出来的，是"别人发明的，群众发明的"，是由"基层创造出来"的，是人民群众的智慧。在实际工作中，邓小平对建设有中国特色的社会主义，对于改革开放，对于社会主义市场经济，他从来不是先制定一套固定模式，而是在确定前进方向、目标和基本路线的前提下，尊重群众的实践，尊重群众的创

---

① 邓小平．邓小平文选：第三卷［M］．北京：人民出版社，1993：382．
② 邓小平．邓小平文选：第三卷［M］．北京：人民出版社，1993：370．

造，充分发挥人民群众的主体性，并及时总结实践经验，进行理论概括，推广成功做法。农村实行联产承包责任制，邓小平满腔热情地支持农民的这一伟大创造。农村出现乡镇企业这个新生事物时，邓小平也给予了有力的支持。他在一次谈话中指出，在农村发展多种经营，发展新型的乡镇企业，容纳了大量剩余劳动力，这不是我们领导出的主意，而是基层农业单位和农民自己的创造，这个创造极大地发展了农村生产力。他在多次讲话中，都鼓励大家"要有创造性"，"要创新"，要"大胆地试，大胆地闯"，认为没有一点闯的精神，没有一点"冒"的精神，没有一股子气，没有一股子劲，就走不出一条新路，就干不出新的事业。

3. 密切联系群众

密切联系群众是中国共产党的优良传统。毛泽东对密切联系群众问题，既有大量的理论论述，又有身体力行的实践。在改革开放的伟大实践中，邓小平总结了正反两个方面的经验教训，指出，党要实现对人民群众的有效领导，必须加强与人民群众的血肉联系，真正做到密切联系群众，领导干部要起带头作用。

第一，"只要我们密切联系群众，再大的困难也能克服"。这是邓小平长期领导经验的总结，也是他在领导工作中的一个重要方法。中国共产党是中国无产阶级的先锋队，是中国无产阶级和广大劳动人民利益的忠实代表。它既要为人民谋利益，又要依靠人民，从人民群众中获得力量和智慧。因而，中国共产党必须与人民群众保持密切的联系。中国共产党的领导干部必须和人民打成一片，而绝不能脱离群众。邓小平指出，我们的历史经验是，越是在困难的时候，越是要关心群众。只要你关心群众，同群众打成一片，不搞特殊化，而且同群众一块吃苦，任何问题都容易解决，任何困难都能够克服。在我们困难的时候，各种情况要复杂得多，但只要我们深入到群众之中去，把一切道理向群众讲清楚，就能得到群众的谅解和同情，再大的困难也是能够克服的。反之，严重脱离群众，甚至同群众相对立，就一定会失败，就会被人民抛弃。邓小平还举例说，1958—1959 年，我们犯了"左"的错误，国民经济遇到了很大困难，还下放了 2 000 万职工，关了一些企业，这么大的困难，调整都比较顺利，为什么？就是因为党和群众的关系密切，把困难摆到了人民面前，对群众讲清道理，做了大量的工作。没有这些，社会发展中的一个个难关我们不可能顺利地闯过去。

第二，密切联系群众，领导干部要带头。在密切联系群众的问题上，邓小平的话有三层意思：一是党的组织要密切联系群众，二是普通党员也要密切联系群众，三是党的领导干部更要密切联系群众。邓小平特别指出，党的领导干部特别是高级干部要带头密切联系群众。因为，其一，党的领导干部是党组织的一员；其二，党的领导干部又是党组织的领导者，领导干部密切联系群众才能起到示范作用；其三，中国共产党是执政党，党的领导干部容易发生脱离群众的现象，密切与群众的联系就显得更为重要。邓小平对党的领导干部带头密切联系群众十分重视。他指出，在改革开放和社会主义现代化建设的新时期，党的领导干部要带头把党艰苦朴素、密切联系群众的优良传统作风很好地发扬起来，坚持下去。我们面临的困难很多，需要把大批年富力强的干部选拔到重要的领导岗位上来。但是，老干部要起传帮带的作用，特别是要使年轻干部懂得，不是只有年轻就能解决问题，也不是只有业务知识就能解决问题，还要有好的作风，密切联系群众，这是最根本的一条。邓小平在实际工作中，多次猛烈抨击官僚主义、"当官做老爷"及"衙门作风"等脱离群众的现象。

第三，"一个革命的政党，最可怕的是鸦雀无声"。要做到密切联系群众，必须深入群众之中，了解群众的需要，倾听群众的意见。邓小平认为，群众的意见有正确的，也有不正确的。对于群众正确的意见和建议，当然要加以采纳。把群众中的正确意见和建议归纳起来，加以提炼、升华，上升为领导者的决策，这正是中国共产党的群众路线的内涵之一。群众的意见当中，也有一些不正确的地方，或者在当时的条件下还无法办到。对于这类意见，也不能无视，要做好解释工作，做好说服工作。对群众进行引导、教育同样是中国共产党的群众路线所要求的。邓小平特别指出，对群众之中的一些批评、议论、尖锐的意见，也要耐心听取，不能打击压制，否则不仅堵塞了言路，更重要的是造成了与群众的对立、隔阂。有些人不敢放手让群众提意见，决定问题，处理事情，不敢到群众中去征求意见，怕群众不理解，甚至怕闹无政府主义，其实，这种担心是多余的。中国共产党领导革命和建设取得的一切胜利，都是依靠群众取得的，离开了群众，我们就寸步难行。因此，要相信群众、信任群众。历史的经验证明，"绝大多数群众有判断是非的能力"。"人民是顾大局、识大体、守纪律"的。不信任群众，谈不上依靠群众；对群众的意见打击压制，是"神经衰弱的表现"，势必造成与群众对立的局面。"一个革命的政党，就怕听不到人民的声音，最可怕的是鸦雀无声。"①

第四，"种种严重脱离群众的事情，从中央到各级不许再做了"②。邓小平指出，从 1958 年起，中国共产党和国家的民主生活逐渐不正常，脱离群众，一人说了算，个人崇拜是其典型表现。粉碎"四人帮"之后，情况大为好转。但是，脱离群众的现象仍然存在，违背群众意愿的事情也还有，对群众的疾苦不闻不问的现象还时有发生。所有这些，都严重地影响了党群关系、干群关系，给社会主义现代化建设事业带来损害。因此，邓小平多次指出，一定要坚决克服脱离群众、对群众疾苦不闻不问的现象。

4. 高度关注群众的利益

领导是群众的领导，领导活动的着眼点在于调动一切积极因素为实现群众的利益而奋斗。实现群众的利益，满足群众的需要，是邓小平一切领导方法、工作方法的出发点和落脚点。

邓小平善于总结历史的经验。他多次指出，从 1957 年起，中国生产力的发展非常缓慢。拿农村来说，到 1966 年的十年间，农民的收入没有增长多少，农民的利益无法得到实现。虽然一些地区的农民比较富裕，但是多数地区的农民还处在贫困状态。"文化大革命"更是走到了极端。"四人帮"搞"宁要社会主义的草，不要资本主义的苗"，把贫穷作为社会主义的特征，更是荒谬之极。中国共产党领导人民翻身得解放，是要人民过上幸福的生活。如果人民长期处于贫困状态，共产党的号召力何在？领导干部的威信何在？正是基于对历史经验教训的总结，邓小平指出，在社会主义国家，一个真正的马克思主义政党在执政以后，一定要致力于发展生产力，并在这个基础上逐步提高人民的生活水平。他认为，社会主义的优越性归根结底要体现在它的生产力比资本主义发展得更快一些、更高一些，并且在发展生产力的基础上不断改善人民的物质文化生活；贫穷不是社会主义，社会主义要消灭贫穷；不发展生产力，不提高人民的生活水平，不能说是符合社会主义要求的。在1992 年春南行讲话中，邓小平把能否发展生产力，能否提高人民的生活水平看得异常重要："不坚持社会主义，不改革开放，不发展经济，不改善人民生活，只能是死路一条。"③ 他还总结说，我们之所以能过

---

①　邓小平. 邓小平文选：第二卷［M］. 2 版. 北京：人民出版社，1994：144 - 145.

②　邓小平. 邓小平文选：第二卷［M］. 2 版. 北京：人民出版社，1994：330.

③　邓小平. 邓小平文选：第三卷［M］. 北京：人民出版社，1993：370.

"六四"这一关，就是因为我们搞了改革开放，促进了经济发展，人民生活得到了改善。

实现人民利益，满足人民需要，提高人民生活水平，是邓小平考虑问题，制定路线、方针、政策的出发点和落脚点。在经济发展的战略步骤上，邓小平提出要"三步走"，每一步都是以提高人民的物质和文化生活水平为目的和标准的，都是以人民的利益为中心的。在为什么要坚持改革开放，坚持党的基本路线一百年不动摇等一系列问题上，邓小平无一不是以提高人民的生活水平为落脚点。因此，离开了人民群众的利益，领导活动就失去了意义；离开了人民群众生活水平的提高，就没有真正的社会主义，建设有中国特色的社会主义也就失去了群众基础。

邓小平所关注的群众利益，是全国人民走上共同富裕，而不是两极分化。邓小平指出："社会主义的本质，是解放生产力，发展生产力，消灭剥削，消除两极分化，最终达到共同富裕。"① 他多次讲到，党的政策是允许一部分人先富起来，在一部分人先富这个问题上，他先后使用过"允许""让""提倡""鼓励"这些字眼，越来越清晰地表明对部分人先富起来的支持态度。同时他也指出，让一部分人先富，是为了带动越来越多的人富裕起来，达到共同富裕的目的。一部分人先富，是实现共同富裕的必由之路。实现全国人民的共同富裕是社会主义的本质要求，也是中国共产党的根本宗旨的具体体现。

群众观点是马克思主义的重要观点，群众路线是中国共产党人的优良传统和政治优势，是实现党的思想路线、政治路线、组织路线的根本工作路线。在改革开放的新的历史条件下，邓小平倡导恢复了群众路线的优良传统，并使之有了新的发展，特别是他提出要尊重群众的意愿和创造，尊重群众的实践，高度关注群众的利益，这充分体现了邓小平群众观的鲜明时代特征，学习、研究邓小平的群众观，对于建设好我们的党，加速社会主义现代化建设无疑具有十分重要的现实意义。

[原文发表于《信阳师范学院学报（哲学社会科学版）》，2000 年第 2 期]

---

① 邓小平. 邓小平文选：第三卷 [M]. 北京：人民出版社，1993：373.

邓小平关于改造主观世界的思想简论

邓小平理论博大精深，内容十分丰富，关于改造主观世界的思想是其重要内容之一。深入学习和研究邓小平关于改造主观世界的思想，无论是在理论上还是在实践上都具有十分重要的意义。

一

在邓小平的著作中，关于改造主观世界的问题有大量论述，包含着十分丰富的思想内容。择其要而归纳之，有以下五个方面：

第一，在改革开放的新时期，共产党员必须改造世界观，增强党性，坚持共产主义理想和建设有中国特色的社会主义的信念。以党的十一届三中全会的召开为标志，当代中国迈进了一个改革开放的新的历史时期。在这个新的历史时期，中国共产党要带领全国各族人民把中国建设成为一个富强、民主、文明的社会主义现代化国家，实现强国富民的目标，这一任务光荣而又艰巨。面对这一光荣而又艰巨的任务，邓小平指出必须对我们的主观世界进行改造，"在我们社会主义社会里，人人都要改造，不仅那些基本立场没有转变过来的人要改造，而且所有的人都应该学习，都应该不断改造，研究新问题，接受新事物，自觉地抵制资产阶级思想的侵袭，更好地担负起建设社会主义现代化强国的光荣而又艰巨的任务"①。改革开放后，我们打开了国门，资产阶级思想和生活方式也趁势而入，不改造主观世界，不进一步牢固树立共产主义世界观，就会失去党性，就会腐化变质。邓小平对党员要增强党性的问题十分关注，多次指出，共产党员无论职务高低，无论从事什么职业，都应该自觉增强党性，不能无组织、无纪律，自视特殊，自行其是。他说："所有共产党员都要增强党性，遵守党的章程和纪律。不管是什么专家、学者、作家、艺术家，只要是党员，都不允许自视特殊，认为自己在政

---

① 邓小平. 邓小平文选：第二卷 ［M］. 2 版. 北京：人民出版社，1994：93 – 94.

治上比党高明，可以自行其是。"① 领导干部更应该从严要求自己，选拔干部时要把党性强的人选拔到重要的领导岗位上来，要让党性强的人来接班，他指出："选干部，标准有好多条，主要是两条，一条是拥护三中全会的政治路线和思想路线，一条是讲党性，不搞派性。"② 理想和信念是世界观的重要内容，也是党性的重要内容。对于理想和信念问题，邓小平十分重视。他多次讲过，没有理想和信念，就没有共同奋斗的目标，人民就没有凝聚力、向心力，就是一盘散沙，我们的事业就不会取得胜利。我们党正是由于有远大的理想和坚定的信念，才不断从胜利走向胜利。"过去我们党无论怎样弱，无论遇到什么困难，一直有强大的战斗力，因为我们有马克思主义和共产主义的信念，有了共同的理想，也就有了铁的纪律。无论过去、现在和将来，这都是我们的真正优势。"③ 这个真正的优势我们绝不能丢掉。我们的最终目的是实现共产主义，失去这个理想就会失去前进的目标和动力。因此，在现阶段，任何党员都要牢固树立共产主义的远大理想和建设有中国特色社会主义的坚定信念。

第二，坚持解放思想，实事求是的思想路线。解放思想，实事求是为邓小平理论的精髓，也是邓小平关于改造主观世界思想的主要内容之一。人作为主体，要改造客观世界，不仅要根据主体自身的内在尺度，还必须认识、掌握、运用被改造的客体自身所固有的规律，按照客观规律办事，在改造客观世界的过程中改造主体的主观世界，实现合主体的目的性和合客体的规律性的统一，从而达到改造客观世界和改造主观世界的统一。可见，实事求是的思想路线，不仅包含了对客观世界的改造，更体现着对主观世界的改造。实事求是，必须解放思想。什么叫解放思想？邓小平指出："解放思想是指在马克思主义指导下打破习惯势力和主观偏见的束缚，研究新情况，解决新问题。"④ 依据客观实际情况的变化，不断突破旧的思想框框和习惯势力的束缚，这是人类应有的一种积极主动的精神状态，更是共产党人应有的创新勇气。从这个意义上说，整个人类社会发展史和人类思想发展史，包括中国的革命和建设史，也是一部思想解放史。邓小平还特别论述了解放思想与实事求是的关系。他指出："解放思想，就是使思想和实际相符合，使主观和客观

---

① 邓小平．邓小平文选：第三卷［M］．北京：人民出版社，1993：46.
② 邓小平．邓小平文选：第二卷［M］．2 版．北京：人民出版社，1994：193.
③ 邓小平．邓小平文选：第三卷［M］．北京：人民出版社，1993：144.
④ 邓小平．邓小平文选：第二卷［M］．2 版．北京：人民出版社，1994：279.

相符合，就是实事求是。今后，在一切工作中要真正坚持实事求是就必须继续解放思想。"① 只有解放思想，才能达到实事求是，只有坚持实事求是，一切从实际出发，才能真正地破除旧思想、旧观念的束缚，才能真正地解放思想。如果一切从本本出发，从教条出发，必然是主观主义，必然要背离实事求是的原则，从而抑制和损害人民群众的积极性。党的十一届三中全会以来，我们正是在解放思想，实事求是这一思想路线的指导下，才有改革开放的一系列方针、政策，才有建设有中国特色的社会主义理论，才取得了改革开放的伟大成果。

第三，坚持全心全意为人民服务，密切联系群众。全心全意为人民服务，是中国共产党的宗旨，也是邓小平反复强调的重要问题。在考虑改革开放中的一切重要问题时，邓小平总是把人民的利益放在首位，总是时刻关注广大人民的利益和愿望，把"人民拥护不拥护""人民赞成不赞成""人民高兴不高兴""人民答应不答应"作为制定各项方针政策的出发点和归宿。把人民利益放在首位，就要时刻注意密切联系群众，而不能脱离群众。邓小平指出："密切联系群众，是我们党的一个优良传统。林彪、'四人帮'极大地破坏了我们党的这个优良传统。但是，把脱离群众这个问题归到林彪、'四人帮'身上也不合实际，我们自己也有责任。"② 这个责任就是我们党的干部放松了对主观世界的改造，淡漠了党与人民群众的鱼水之情，从而脱离了群众。他说："我们的历史经验是，越是困难的时候，越要关心群众，只要你关心群众，同群众打成一片，不仅不搞特殊化，而且同群众一块吃苦，任何问题都容易解决，任何困难都能克服。"③ "只要我们密切联系群众，深入地做工作，把道理向群众讲清楚，就能得到群众的同情和谅解，再大的困难也是能够克服的。"④ 我们的党是无产阶级的先锋队，是社会主义现代化建设事业的领导核心，党只有紧紧地依靠群众，随时听取群众的呼声，代表群众的利益，才能形成强大的力量，顺利完成自己的各项任务。"现在需要全国的干部，首先是高级干部起模范带头作用，把我们党的艰苦朴素、密切联系群众的传统作风很好地恢复起来，坚持下去。……发扬党的密切联系群众的传统作风，要靠我们老干部起模范带头作用。要培养、选拔一批年轻干部到各级领导岗位上来，老干部对他们要传帮

---

① 邓小平.邓小平文选：第二卷［M］.2 版.北京：人民出版社，1994：364.
② 邓小平.邓小平文选：第二卷［M］.2 版.北京：人民出版社，1994：228.
③ 邓小平.邓小平文选：第二卷［M］.2 版.北京：人民出版社，1994：228.
④ 邓小平.邓小平文选：第二卷［M］.2 版.北京：人民出版社，1994：228.

带，要给他们树立一个好的范例，要使他们能够继承和发扬党的艰苦朴素、密切联系群众等优良作风。要使他们懂得，不只是年轻就能解决问题，不只是有了业务知识就能够解决问题，还要有好的作风。密切联系群众，这是最根本的一条。"① 密切联系群众，就"要坚决批评和纠正各种脱离群众、对群众疾苦不闻不问的错误。群众是我们力量的源泉，群众路线和群众观点是我们的传家宝。党的组织、党员和党的干部，必须同群众打成一片，绝对不能同群众相对立。如果哪个党组织严重脱离群众而不能坚决改正，那就是丧失了力量的源泉，就一定要失败，就会被人民抛弃。全党同志，各级干部，特别是领导干部，必须经常记住这一点，经常用这个标准检查自己的一切言行"②。

第四，坚持身体力行的共产主义道德，做建设社会主义精神文明的模范。邓小平指出："要教育全党同志发扬大公无私、服从大局、艰苦奋斗、廉洁奉公的精神，坚持共产主义思想和共产主义道德，我们要建设的社会主义国家，不但要有高度的物质文明，而且要有高度的精神文明。"③ 高度的精神文明是社会主义的重要特征，建设社会主义精神文明是建设社会主义的题中应有之义。"没有这种精神文明，没有共产主义思想，没有共产主义道德，怎么能建设社会主义？党和政府愈是实行各项经济改革和对外开放的政策，党员尤其是党的高级负责干部，就愈要高度重视、愈要身体力行共产主义思想和共产主义道德。否则，我们自己在精神上解除了武装，还怎么能教育青年，还怎么能领导国家和人民建设社会主义！"④ 共同的理想、铁的纪律，过去、现在和将来都是我们的真正优势。这个优势绝不能丢掉。邓小平总结了历史的经验，认为在长期的革命斗争中我们靠五种精神取得了胜利，这五种精神是：发扬革命加拼命精神，严守纪律和自我牺牲精神，大公无私和先人后己的精神，压倒一切敌人、压倒一切困难的精神。坚持革命乐观主义、排除万难去争取胜利的精神。"搞社会主义建设，实现四个现代化，同样要在党中央的正确领导下，大大发扬这些精神。如果一个共产党员没有这些精神，就不能算是一个合格的共产党员。不仅如此，我们还要大声疾呼和以身作则地把这些推广到全体人民、全体青少年中间去，使之成为中华人民共和国和精神文明的主要支柱，为世界上一切要求革命、要求

---

① 邓小平. 邓小平文选：第二卷［M］. 2 版. 北京：人民出版社，1994：230.
② 邓小平. 邓小平文选：第二卷［M］. 2 版. 北京：人民出版社，1994：368.
③ 邓小平. 邓小平文选：第二卷［M］. 2 版. 北京：人民出版社，1994：367.
④ 邓小平. 邓小平文选：第二卷［M］. 2 版. 北京：人民出版社，1994：367.

进步的人们所向往，也为世界上许多精神空虚、思想苦闷的人们所羡慕。"①

第五，遵守党的章程和纪律。党章是党规党纪，任何共产党员都应该无条件地遵守。"所有共产党员都要增强党性，遵守党的章程和纪律。"② 邓小平多次指出，党员要按党章办事，要履行应该履行的义务，要遵守党的纪律，受党的纪律的约束。他说："一个党如果允许它的党员完全按个人的意愿自由发表言论，自由行动，这个党当然就不可能有统一的意志，不可能有战斗力，党的任务就不可能顺利实现。所以，要坚持和改善党的领导，必须严格地维护党的纪律，极大地加强纪律性。"③ 他还指出："各级党组织、每个党员都要按照党章的规定，一切行动服从上级组织的决定，尤其是必须同党中央保持政治上的一致，这一点特别重要，谁要违反这一点，谁就要受到党的纪律处分。"④ 遵守党的纪律，首先是遵守党的政治纪律。遵守党的政治纪律要按照党章的要求，坚持个人服从组织、少数服从多数、下级服从上级、全党服从中央的原则，特别是同党中央在政治上保持一致。也就是保证党的路线、方针、政策得到坚定不移的贯彻执行，不允许打折扣。邓小平指出："只有全党严格服从中央，党才能够领导全体党员和全国人民为实现现代化的伟大任务而战斗。任何人如果严重破坏这一条，各级党组织和各级纪律检查委员会就必须对他严格执行纪律处分，因为这是党的最高利益所在，也是全国人民的最高利益所在。"⑤ 遵守党的纪律，就要遵守党的组织纪律，服从党的决定，严守党的秘密；要一切行动听指挥，不允许"上有政策、下有对策"、阳奉阴违的现象。遵守党的纪律，就要按照党章的要求，廉洁自律，勤政为民。要严格要求自己，要经受得住金钱、权力、美色的考验，做到清正廉洁。1982 年邓小平就说过，改革开放才一两年时间，就有相当多的干部被腐蚀了，"这个问题要认真地搞，而且在近期要抓紧，处理要及时，一般地要严，不能松松垮垮，不能处理太轻了"⑥。这个问题处理不好，我们的党和国家就会有变质的危险。

---

① 邓小平．邓小平文选：第二卷［M］．2 版．北京：人民出版社，1994：368．
② 邓小平．邓小平文选：第三卷［M］．北京：人民出版社，1993：46．
③ 邓小平．邓小平文选：第二卷［M］．2 版．北京：人民出版社，1994：271．
④ 邓小平．邓小平文选：第二卷［M］．2 版．北京：人民出版社，1994：366．
⑤ 邓小平．邓小平文选：第二卷［M］．2 版．北京：人民出版社，1994：272．
⑥ 邓小平．邓小平文选：第二卷［M］．2 版．北京：人民出版社，1994：403．

二

邓小平不仅论述了改造主观世界的丰富内容，而且对如何改造主观世界也作了充分阐述，指出了改造主观世界的途径。

第一，要加强理论学习，掌握改造主观世界的思想武器。改造主观世界就是使主观世界发生变化，要使主观世界发生变化，首先是要加强理论学习。对于共产党人来说，特别重要的是加强学习马克思主义、毛泽东思想。邓小平对理论学习十分重视，他多次号召全党要树立学习的风气，要通过学习来提高自己的工作水平、领导水平和精神境界。1978年12月，他说："全党同志一定要善于学习，善于重新学习。"① 在邓小平看来，改造主观世界不是一朝一夕之功，更不是一劳永逸的。人的主观世界要不断进行改造，因此学习也不应有停止之时，不仅要学习，而且要善于重新学习、继续学习。学习什么呢？我们现在正在进行社会主义现代化建设。当然需要学习经济知识、管理知识和科技知识。但是对于领导干部来讲，对于改造主观世界而言，"根本的是要学习马列主义、毛泽东思想，要努力把马克思主义的普遍原则同我国实现四个现代化的具体实践结合起来"②。他说："现在我还想提出一个新的要求，这不仅是针对新干部，对老干部也同样适用，就是要学习马克思主义理论。……我们现在要建设有中国特色的社会主义，时代和任务不同了，要学习的新知识确实很多，这就要求我们努力针对新的实际，掌握马克思主义基本理论。"③ 只有这样，才能把马克思主义本身和我们的事业推向前进，才能防止一些同志在日益复杂的斗争中迷失方向，才能增强我们工作中的原则性、系统性、预见性和创造性，也才能改造好我们的主观世界。

第二，要切实开展批评与自我批评，在严格的党内生活中自觉地锤炼自己。邓小平很重视在党内开展批评和自我批评，他说："党委内部要开展批评和自我批评，要有这种风气。"④ "党内不论什么人，不论职务高低，都要能接受批评和进行自我批评。"⑤ 对于批评者来说，首先

① 邓小平. 邓小平文选：第二卷 [M]. 2 版. 北京：人民出版社，1994：153.
② 邓小平. 邓小平文选：第二卷 [M]. 2 版. 北京：人民出版社，1994：153.
③ 邓小平. 邓小平文选：第三卷 [M]. 北京：人民出版社，1993：146 – 147.
④ 邓小平. 邓小平文选：第二卷 [M]. 2 版. 北京：人民出版社，1994：83.
⑤ 邓小平. 邓小平文选：第三卷 [M]. 北京：人民出版社，1993：38.

要有很高的思想境界，是为了帮助别人、本着团结的目的而进行的，要实事求是，要恰如其分。"参加讨论和批评的人，首先要对讨论和批评的问题研究清楚，绝不能以偏概全，草木皆兵，不能以势压人，强词夺理。对有错误的同志，要采取与人为善的态度，给他们时间认真考虑，让他们进行合情合理、澄清论点和事实的答辩，尤其要欢迎和鼓励他们进行诚恳的自我批评。有了这种批评就好，不要揪住不放。"① 对于被批评者来说，要虚心接受别人的批评，"我们这些人不会没有缺点，有缺点要允许人家批评"②。批评不可能完全正确，但要本着"有则改之，无则加勉"的原则正确地对待别人的批评。邓小平指出："毛泽东同志说过，要团结大多数人，包括那些反对过自己反对错了的人。我们不要因为过去谁整过自己就记仇。对同志不要记仇，要不念旧恶。"③ 要解决自己思想观念上的问题，改造好主观世界，不仅要进行同志之间的批评，更重要的是进行自我批评。"如果自己有错误，就要进行认真的自我批评，并且切实改正。"④ 自我批评的"自我"，既是主体，又是客体。"自我"把自己当作一个客体来对待，发现自己的不足，指出自己的错误；"自我"又把自己当作一个主体来对待，检讨自己的不足，批评自己的错误，这就需要对自己的一言一行进行深刻的反思、反省，与党的要求相对照，与人民的要求相对照，找出缺点和差距，坚决地改正和弥补。从某种意义上可以说，一个团体也好，一个人也好，能不能时刻把自己既作为主体也作为客体来对待，是团体、个人能否进步的关键。因此，作为共产党员，更应该通过自我批评来实现个人能力、素质和思想道德境界的提高。

第三，要在改造客观世界中实现主观世界的改造。人们改造世界的活动分为两个方面：改造客观世界和改造主观世界，这二者是有机统一的。改造客观世界是改造主观世界的基础，主观世界的改造必须在改造客观世界的活动中才能实现。马克思在《关于费尔巴哈的提纲》中指出："环境的改变和人的活动的一致，只能被看作是并合理地理解为革命的实践。"⑤ 他还说，在改造世界的生产活动中，"生产者也改变着，炼出新的品质，通过生产而发展和改造着自身，造成新的力量和新的观

---

① 邓小平. 邓小平文选：第三卷［M］. 北京：人民出版社，1993：47.
② 邓小平. 邓小平文选：第二卷［M］. 2 版. 北京：人民出版社，1994：83.
③ 邓小平. 邓小平文选：第二卷［M］. 2 版. 北京：人民出版社，1994：83.
④ 邓小平. 邓小平文选：第三卷［M］. 北京：人民出版社，1993：46.
⑤ 中共中央马克思恩格斯列宁斯大林著作编译局. 马克思恩格斯选集：第一卷［M］.
北京：人民出版社，1972：17.

念，造成新的交往方式，新的需要和新的语言"①。毛泽东在《实践论》中也反复强调："你要有知识，你就得参加变革现实的实践。你要知道梨子的滋味，你就得要变革梨子，亲口吃一吃。你要知道原子的组织和性质，你就得实行物理学和化学的实验，变革原子的情况。你要知道革命的理论和方法，你就得参加革命。"② 对主观世界的改造，不仅是理论问题，从根本上来说还是一个实践的问题。人们只有参与到社会实践中去，才能改造自己的世界观，不断提高自己认识世界和世界改造的能力。邓小平指出："最终说服不相信社会主义的人要靠我们的发展。如果我们本世纪（20 世纪）内达到了小康水平，那就可以使他们清醒一点；到下世纪（21 世纪）中叶我们建成中等发达水平的社会主义国家时，就会大进一步地说服他们，他们中的大多数人才会真正认识到自己错了。"③ 邓小平还说，农村改革开始时，很多人不赞成，"中央的方针是等待他们，让事实教育他们"④。正确的立场、观点、方法也只有在实践中才能得到根本改造和纠正。同时，也只有在实践中才能检验我们的认识，检验我们的认识能力，检验主观世界同客观实际的差距，从而暴露主观世界的缺点，衡量主观世界改造的效果。所以，改造主观世界必须同改造客观世界结合起来，离开改造客观世界的实践活动去谈主观世界的改造，就如同不下水要学会游泳一样，是无济于事的。

<h1 style="text-align:center">三</h1>

学习邓小平关于改造主观世界的思想具有十分重要的意义。

邓小平关于改造主观世界的思想是科学的，不是"左"，不是"灵魂深处爆发革命"。有人认为，提改造主观世界，是"左"的东西抬头，这种认识是不正确的。我们在改造主观世界的问题上的确曾犯过"左"的错误，其教训极为沉痛、深刻，必须牢牢记取。然而过去所说的"改造"往往是建立在"以阶级斗争为纲"的基础上，搞"无限上纲"，乱斗乱批；在方法上粗暴过火，残酷斗争、无情打击。邓小平在谈到主观世界的改造时，多次指出要避免这种"左"的错误重演。他

① 马克思，恩格斯. 马克思恩格斯全集：第四十六卷［M］. 中共中央马克思恩格斯列宁斯大林著作编译局，译. 北京：人民出版社，1980：494.
② 毛泽东. 毛泽东选集：第一卷［M］. 北京：人民出版社，1964：287 – 288.
③ 邓小平. 邓小平文选：第三卷［M］. 北京：人民出版社，1993：204.
④ 邓小平. 邓小平文选：第三卷［M］. 北京：人民出版社，1993：238.

说："我们在强调开展积极的思想斗争的时候，仍然要注意防止'左'的错误。过去那种简单片面、粗暴过火的所谓批判，以及残酷斗争、无情打击的处理方法，决不能重复。"① "批评和自我批评都要站在马克思主义立场上，不能站在'左'的立场上。对于思想理论方面'左'的错误观点，仍然需要继续进行批评和纠正。"② 此外，邓小平特别强调在改造客观世界的同时改造主观世界，使主观世界在实践中改造，在实践中升华。改造主观世界是为了人民，为了革命的实践。

邓小平关于改造主观世界的思想具有十分重要的现实意义。首先，从我们党的事业来看，需要对我们的主观世界进行改造。我们从事的建设有中国特色社会主义事业，是前无古人的开创性事业。要使我们的事业不断取得胜利，就必须用辩证唯物主义、历史唯物主义的世界观来指导我们的事业，如果不树立科学的世界观，就不可能以正确的立场和科学的态度来认识纷繁复杂的客观事物，把握事物发展的规律，也就不可能正确地理解和执行党的路线方针政策，避免工作中的偏差。其次，从我们目前面临的形势来看，改造主观世界也是十分必要的。当前我们正处在改革的攻坚阶段和发展的关键时期，现代科技迅猛发展，国际形势复杂多变，改革开放和社会主义市场经济向纵深不断推进，新情况、新问题层出不穷，有许多未知的事物、未知的领域需要我们去了解、学习和探索，所有这些，都对改造主观世界提出了更多、更高、更严的要求。再次，从我们党的现状来看，改造主观世界更显得十分迫切。从目前来看，改造主观世界的问题仍然十分突出。在改革开放和发展社会主义市场经济的新历史条件下，我们面临的考验很严峻，尽管还会有生死的考验，但更多的是权力、地位和利益的考验。近些年，确有一些干部，包括高级干部，忽视和放松对主观世界的改造，结果犯了错误，甚至犯了法，既害了自己，也给我们的事业造成很大的损害。这些问题的出现都直接或间接地与世界观问题联系在一起，归根结底是世界观出了问题，既严重暴露了主观世界改造的相对滞后，又严重阻碍了客观世界的改造。因此，在高举邓小平理论伟大旗帜，把建设有中国特色社会主义事业全面推向21世纪的今天，我们不能把主观世界的改造仅仅看成是个人道德修养的问题，它实际上关系到党的建设、政权建设和社会主义现代化建设的兴衰成败，是一个重大的政治问题。每一个共产党员和

① 邓小平. 邓小平文选：第三卷［M］. 北京：人民出版社，1993：47.
② 邓小平. 邓小平文选：第三卷［M］. 北京：人民出版社，1993：47.

领导干部都必须增强党性锻炼，树立正确的世界观、人生观、价值观，在改造客观世界的同时改造主观世界。

［原文发表于《信阳师范学院学报（哲学社会科学版）》，1999 年第 4 期］

简论邓小平的激励思想

领导工作的一个重要任务，就是调动人的积极性。对于如何调动人的积极性，邓小平认为，既要实行物质奖励，也要实行精神鼓励，只有把二者有机地结合起来才能有效地调动人民群众进行社会主义现代化建设的积极性。

1. "重在鼓励，重点在奖"

1977 年 8 月，邓小平在科学和教育工作座谈会上指出："有的同志提出，应当有奖惩制度，这个意见很对。但是要补充一点，就是重在鼓励，重点在奖。"① "重在鼓励，重点在奖"是邓小平激励思想的重要内容，也是一个十分重要的方法论原则。

"重在鼓励，重点在奖"是组织行为学的一条重要原则。毫无疑问，对正确的行为和有成绩的个人或群体应该给予适当的奖励。因为这种奖励既能使受奖者本人看到自己的努力与成绩受到了组织的肯定，从而进一步调动他们的积极性，促使他们更加努力地工作；同时又能使受奖者周围的人得到鞭策和鼓励，使他们能学有榜样，赶有目标，形成比、学、赶、超的良好气氛。因此，邓小平指出："要严格考核，赏罚分明。……要根据工作成绩的大小、好坏，有赏有罚，有升有降。"②邓小平还认为，强调奖励与惩罚并用，并不等于奖励与惩罚并重，而是以奖为主，以罚为辅。这是因为：

第一，在"文化大革命"期间，正当的奖励被取消，人民群众投身社会主义现代化建设的积极性受到极大的遏制，一些为国家建设做出巨大贡献的人不仅没有受到应有的表彰、奖励，反而受到不公正的待遇，遭到迫害和打击。因此，从调动广大人民群众的积极性着眼，必须以奖为主，以罚为辅。这是邓小平对历史经验的正确总结。

第二，惩罚只告诉人们不该做什么，没有告诉人们该做什么，因而

① 邓小平. 邓小平文选：第二卷［M］. 2 版. 北京：人民出版社，1994：51.
② 邓小平. 邓小平文选：第二卷［M］. 2 版. 北京：人民出版社，1994：109.

惩罚有时会造成新的不良行为。在惩罚的同时，必须施以奖励，有了奖励，人们才能明确行为的目标，才有努力的方向。过分的惩罚还会使人产生挫折感和低落情绪，甚至还会损害人的自尊心和自信心。而实行奖励，才能鼓舞人，帮助人们树立自信心，从而更有效地调动人的积极性。

第三，奖励能够有效地调动人的自觉性、积极性，提高人的思想觉悟，而惩罚则不能。并且由于惩罚的方法极为简便，又可以用来发泄权力欲，因而最易为官僚主义者所滥用。官僚主义是邓小平所一贯痛斥的，他说，官僚主义的主要表现和危害是："高高在上，滥用权力，……以致官气十足，动辄训人，打击报复，压制民主，欺上瞒下，专横跋扈。"可见，官僚主义者最爱用惩罚的手段。

第四，惩罚不是目的，重要的是帮助犯了错误的人改正错误。对于一个具体的人而言，如果他为国家做出了贡献，但是他本身也有缺点，邓小平认为，对这样的人还是要以奖励为主。"他们可能有些缺点，领导工作者要经常同他们谈谈心，政治上、思想上帮助帮助，不要求全责备。毛泽东同志说过，要打破'金要足赤，人要完人'的形而上学思想，这是马克思主义者的态度，是彻底的唯物主义者的态度。"① 对于那些犯了错误的人，也不能一味惩罚，而是要帮助他们分析经验教训，帮助他们进步。邓小平指出："对于犯了错误的人，有的需要有适当的惩处。但不要强调惩处，要强调帮助，满腔热情地帮助他们改正错误，帮助他们进步。"

以奖为主，奖励哪些人呢？邓小平认为，要奖励为国家做出贡献的人。

首先要奖励有贡献的知识分子。邓小平认为，在"文化大革命"中，知识分子受到了巨大的冲击，被诬为"臭老九"，默默无闻的奉献被诬为走"白专道路"，积极性受到严重压抑。社会主义现代化建设需要大批知识分子。"靠空讲不能实现现代化，必须有知识、有人才。没有知识，没有人才，怎么上得去？"② 因此，要尊重知识，尊重人才，充分调动他们的积极性。而要调动他们的积极性，一个重要的手段就是对做出了贡献的知识分子给予奖励，给予鼓励。邓小平指出："有的人在科学研究上很有成就，为我们国家做出了贡献，这样的人要不要鼓

① 邓小平．邓小平文选：第二卷［M］．2版．北京：人民出版社，1994：327.
② 邓小平．邓小平文选：第二卷［M］．2版．北京：人民出版社，1994：40.

励？我看要。有的人一头钻到科研里面埋头苦干，应当鼓励。"他还说，"科学技术人员应当把最大的精力放到科学技术工作上去。我们说至少必须保证六分之五的时间搞业务，也就是说这是最低的限度，能有更多的时间更好。如果为了科学上和生产上的需要，有人连续奋战七天七晚，那正是他们热爱社会主义事业的忘我精神的崇高表现，我们对于他们只能够学习、表扬和鼓励"①。不只是对科学研究人员，对于在教学工作中做出突出贡献的教师，也应该给予表扬和奖励。

对各行各业、各条战线上做出了突出贡献的人都应给予表扬和奖励。凡是技术水平高的、贡献大的，各行各业都应予以奖励。一定要把奖励制度"恢复起来，建立起来。总的是为了一个目的，就是鼓励大家上进"。

2. 要重视人的物质利益

马克思曾经指出："人们奋斗所争取的一切，都同他们的利益有关。"利益，是人们一切活动的轴心，是引起人们行为的强烈动机，因而对人的行为会产生激励作用。可是，在一段相当长的时期内，我们调动人的积极性时片面强调精神鼓励，忽视物质奖励对人的积极性的调动作用，甚至把物质奖励说成是"物质刺激"，粗暴地进行批判。邓小平认为，在我国现阶段的情况下，物质奖励仍不失为调动人的积极性的一种重要手段。对此，他说过三句重要的话：

（1）"不讲物质利益，那就是唯心论。"

对为国家建设做出突出贡献的人进行奖励，邓小平认为，最基本的是要进行物质奖励，满足人民群众的物质利益。不能把满足人民群众的物质利益同革命精神对立起来，更不能用革命精神来取代物质利益。邓小平指出："不讲多劳多得，不重视物质利益，对少数先进分子可以，对广大群众不行，一段时间可以，长期不行。革命精神是非常宝贵的，没有革命精神就没有革命行动。但是，革命是在物质利益的基础上产生的，如果只讲牺牲精神，不讲物质利益，那就是唯心论。"这是邓小平在处理物质奖励和精神鼓励关系上的一个重要的方法论原则。

第一，只采取精神鼓励，不搞物质奖励，对少数先进分子可以，对广大群众不行，因而要普遍地调动人民群众的积极性，就必须搞物质奖励。在社会主义初级阶段，具有崇高的共产主义道德境界，大公无私，舍己为人，不讲报酬，只讲奉献的人毕竟是少数。广大人民群众普遍的

---

① 邓小平.邓小平文选：第二卷［M］.2版.北京：人民出版社，1994：101.

道德境界是先公后私，先人后己，用自己的合法的诚实劳动获得合理的报酬，满足自己正当的物质利益。只讲精神鼓励，不讲物质奖励，对道德高尚的少数先进分子是可以的，而对广大人民群众来讲，不讲物质利益，只讲精神鼓励就难以调动他们的积极性。因此，邓小平说："为国家创造财富多，个人的收入就应该多一些，集体福利就应该搞得好一些。"还说，"要根据工作成绩的大小、好坏，有赏有罚，有升有降。而且这种赏罚、升降必须同物质利益联系起来"。对广大人民群众来讲，用物质利益能够最有效地调动他们的积极性。

第二，只讲精神鼓励，不讲物质奖励，一段时间可以，长期不行。在社会发展的特殊阶段，为了集中精力干好某件事而又没有可资奖励的物质手段时，精神鼓励会起到相当大的激励作用。但是，当这一特殊任务完成，或者特定的社会环境消失了，只靠精神鼓励就不够了，必须辅之以物质奖励。否则，就不能调动人们的积极性。因此，从长远来看，不能只讲精神鼓励，不讲物质奖励。

第三，革命是在物质利益的基础上进行的，因而必须对物质利益予以足够的关注。马克思主义认为人们为了能够创造历史，必须满足最基本的物质利益。否则，就没有创造历史的动力。历史上反动的统治阶级之所以灭亡，一个最重要的原因就是人民群众基本的物质利益得不到满足，从而引发了社会革命。在我国"文化大革命"期间，正因为人民群众的物质利益得不到满足，人民群众才没有积极性、主动性。改革开放在一定程度上满足了人民群众的物质利益，才调动了人民群众的积极性，解放和发展了社会生产力，加速了社会主义现代化建设的进程。因而，邓小平一直强调，要发展生产力，要提高人民生活水平，要对群众的物质利益予以充分的关注。

第四，只讲牺牲精神，不讲物质利益，那就是唯心论。在社会主义社会，人人都应该讲贡献、讲奉献。但是，在社会主义的初级阶段，在强调讲贡献、讲奉献的同时，还应该用满足人的物质利益的办法来调动人的积极性。邓小平指出："对知识分子除了精神上的鼓励，还要采取其他一些措施，包括改善他们的物质待遇。"脱离中国具体的国情，不从中国的实际出发，只讲牺牲精神，不讲物质利益，那就是唯心论。从物质和精神的关系上讲，物质决定精神，离开物质谈精神，就是唯心论。因此，在讲贡献、讲牺牲精神的同时，一定要讲物质利益。

（2）"搞物质奖励，才能体现按劳分配原则。"

按劳分配是社会主义的分配原则。实行按劳分配，是由社会主义社会生产资料的公有制性质决定的。实行"按劳分配就是按劳动的数量和质量进行分配",做到多劳多得,少劳少得,不劳不得。

实行按劳分配的原则,必须搞物质奖励。按劳分配所分配的是物质生活资料,离开物质生活资料,按劳分配就失去了意义。邓小平指出:"所谓物质鼓励,过去并不多。人的贡献不同,在待遇上是否应当有差别?同样是工人,但有的技术水平比别人高。如果不管贡献大小、技术高低、能力强弱、劳动轻重,工资都是四五十块钱,表面上看来似乎大家是平等的,但实际上是不符合按劳分配原则的,怎么能调动积极性?"① 在邓小平看来,第一,由于人的贡献大小、技术高低、能力强弱、劳动轻重不同,在待遇上应当有差别。对于贡献大的、技术水平高的、能力强的、劳动重的,应当给予物质奖励。第二,不论贡献大小,待遇都相同,这只是表面上的平等,不符合社会主义的按劳分配原则。第三,实行按劳分配原则才能调动人们的积极性,否则,就不能调动人们的积极性。

(3)"承认物质利益,是要为全体人民的物质利益奋斗。"

搞物质奖励,承认物质利益,并不是鼓励人们"一切向钱看"。从中国目前的国情来看,承认人的正当的个人利益在理论上也是正确的,在实践上也是有利于社会主义现代化建设的。从调动人的积极性来看,搞物质奖励,承认物质利益,也是应当的,不如此就不能体现社会主义的按劳分配原则,也就难以调动人们的积极性。作为社会主义社会的个人,绝不能把自己的个人利益放在首位,不能为了自己的个人利益而损害集体利益和国家利益,这也是社会主义原则所要求的。正因为如此,邓小平指出:"我们提倡按劳分配,承认物质利益,是要为全体人民的物质利益奋斗。每个人都应该有他一定的物质利益,但是这决不是提倡各人抛开国家、集体和别人,专门为自己的物质利益奋斗,决不是提倡各人都向'钱'看。"在这里,充分体现了邓小平处理问题的辩证方法论:既承认个人利益,又不能只为个人利益奋斗;既承认物质利益,又不能"一切向钱看",从而把个人利益与国家利益、集体利益有机地统一起来。在社会主义社会中,国家、集体和个人的利益在根本上是一致的,如果有矛盾,个人的利益必须服从国家和集体的利益。为了国家和集体的利益,为了人民大众的利益,在必要时应当牺牲自己的利益。当然,这并不是人人都能做到的。邓小平说,正因为如此,才需要大力提

---

① 邓小平. 邓小平文选:第二卷〔M〕. 2 版. 北京:人民出版社,1994:30 – 31.

倡这种精神，才需要向全体人民努力宣传这种高尚的道德。

3. 精神鼓励不能放弃

邓小平认为，在我国现阶段，调动广大人民群众积极性最有效的手段是实行物质奖励，没有这一条就离开了唯物论，就滑入了唯心论的泥坑。但是，邓小平从来不认为物质奖励就是万能的，也从来不否认精神鼓励的巨大作用。他在坚持唯物论的同时，坚持辩证法，坚持唯物论和辩证法的统一，坚持物质奖励和精神鼓励的统一。

邓小平对精神因素的作用十分重视。他曾经指出："在长期革命战争中，我们在正确的政治方向指导下，从分析实际情况出发，发扬革命和拼命精神，严守纪律和自我牺牲精神，大公无私和先人后己精神，压倒一切敌人，压倒一切困难的精神，坚持革命的乐观主义，排除万难争取胜利的精神，取得了伟大的胜利，搞社会主义建设，实现四个现代化，同样要在党中央的正确领导下，大大发扬这些精神。"在精神因素当中，邓小平还特别重视理想和信念。他说："为什么我们过去能在非常困难的情况下奋斗出来，战胜千难万险使革命胜利呢？就是因为我们有理想，有马克思主义信念，有共产主义信念。"① 他还说，"根据我长期从事政治和军事活动的经验，我认为，最重要的是人的团结，要团结就要有共同的理想和坚定的信念。我们过去几十年艰苦奋斗，就是靠用坚定的信念把人民团结起来，为人民自己的利益而奋斗。没有这样的信念，就没有凝聚力。没有这样的信念就没有一切"②。正因为邓小平十分重视精神因素的作用，他才大声疾呼要切实加强社会主义精神文明建设。

在激励人、调动人的积极性这个问题上，邓小平一刻也没有忘记，在进行物质奖励的同时必须实行精神鼓励。他说："我们实行精神鼓励为主，物质奖励为辅的方针。"精神鼓励为主，物质奖励为辅，是由社会主义社会的性质所决定的。在社会主义社会，我们提倡人人为社会做贡献，"我们干的是社会主义事业，最终目的是实现共产主义"。因此，作为个人，不能处处讲报酬，事事讲索取，要提倡奉献精神、牺牲精神。我们的国家还很穷，能够拿出来的物质奖励还很有限。与发达资本主义国家相比，我们的"重奖""大奖"实在不算什么。但是，在我们现有的条件下，我们"奖"了，就是对有贡献的人的最大鼓励。如果

---

① 邓小平. 邓小平文选：第三卷［M］. 北京：人民出版社，1993：110.
② 邓小平. 邓小平文选：第三卷［M］. 北京：人民出版社，1993：130.

没有爱国心，没有为社会主义做贡献的精神，一些海外留学人员是不可能回国的。因而，在社会主义社会，固然要提倡物质奖励，特别是在"文化大革命"完全否定了物质奖励的情况下，更应该肯定物质奖励的作用，但绝不能过分地夸大物质奖励的作用，更不能用物质奖励取代精神鼓励，而是要坚持"精神鼓励为主，物质奖励为辅"的正确方针。

（原文发表于《社会主义研究》，2001 年第 6 期）

邓小平方法论研究论纲

学习邓小平理论的根本目的，就是用邓小平理论来指导我国改革开放和社会主义现代化建设事业。然而在国内已出版的关于邓小平理论研究的数百部论著中，尚未见到全面系统研究邓小平方法论的专著。为此，我们以此为题申报了 1998 年度国家哲学社会科学研究规划项目，并获得资助。本文是我们研究邓小平理论的基本框架。邓小平方法论是邓小平理论中最具有普遍适用性的重要内容。深入研究、正确运用邓小平方法论，对于我们建设有中国特色的社会主义具有重要的指导意义。

一

"方法"一词，具有本来意义、引申意义以及借用意义。就其本来意义讲，方法是指人们在日常生活中，为实现认识和改造世界的目的而采用的工具、方式、手段。随着人们对客体认识的深化，人们不仅在本来意义上谈方法，而且在其他活动中谈方法，如思想方法、读书方法、道德修养方法、文艺创作方法、审美方法等，这些可被称为引申意义上的方法。1959 年 4 月，毛泽东在中共八届七中全会上着重讲了思想方法、工作方法问题，号召全党讲究工作方法，如多谋善断、留有余地、与人通气、波浪式推进等。可见，他也是从引申意义上使用"方法"这一概念的。在借用意义上，人们往往把某种理论观点称作方法，如"宇宙观是一种方法论"；"辩证法理论是一种认识方法"等。方法论是研究方法的一般规则的理论，是关于认识和改造世界的根本方法的学说，或者是指在某一学科中所采用的研究方法的综合。由于主体活动的多样性和层次性而呈现为方法的多样性和层次性。方法论研究可以从不同的层次上进行，因而便会形成不同性质的方法论。人们通常把人的活动划分为改造活动、认识活动、价值取向活动三种类型，人们又按方法的普遍适用程度将方法论分为具体科学方法论、一般科学方法论、哲学方法论。尽管这种划分有缺陷，但是它在区分不同层次和不同性质的方法论时的方向是正确的。长期以来，我国学术界许多同仁都认为世界观就是方法论，因此把二者等同起来。实际上，方法论当然离不开世界观，但不等于世界观，两者之间还存在一个在实际应用中的转化过程。善于把马克思主义的世界观转化为方法论，善于从哲学方法论的高度提出问题和解决问题，是毛泽东思想、邓小平理论体系的一个基本特征。

我们主要是从哲学方法论的高度来研究邓小平方法论的。邓小平方法论是在建设有中国特色社会主义的实践中逐步形成的，并用于指导改革开放的伟大实践。从哲学方法论的角度来看，邓小平方法论主要表现为实事求是，一切从实际出发，照辩证法办事，坚持群众路线，用实践第一的观点分析和处理问题等。任何方法论要真正地对实践起指导作用，就必须化为实际工作中的具体方法，也正是由于有多种多样的具体工作方法，才有方法论的丰富内容。因此，研究邓小平方法论既要从哲学方法论的高度来把握，又要深入研究体现着哲学方法论的具体工作方法。只有如此，才能对邓小平方法论有一个比较全面、深刻的认识。

二

邓小平是伟大的马克思主义者，一贯坚持辩证唯物主义的立场、观点和方法。一切从实际出发、实事求是是辩证唯物主义的根本要求，也是邓小平在回答"什么是社会主义，怎样建设社会主义"这一基本问题时所坚持的根本方法。正是由于邓小平等老一辈无产阶级革命家的不懈努力，党的十一届三中全会恢复并确立了解放思想，实事求是的思想路线，完成了思想战线上的拨乱反正。不仅如此，邓小平在新的历史条件下，把实事求是与解放思想有机地结合起来，从而赋予实事求是以新的内涵。邓小平认为，解放思想是实事求是的内在要求，实事求是是解放思想的本质规定。因为，实事求是就是要求我们从客观存在的实际出发来制定路线、方针、政策，而客观实际不是一成不变的，当客观实际发生了变化，我们的思想观念和路线、方针、政策也要随之发生变化，这就必然要求我们解放思想，不断冲破旧的条条框框的束缚。解放思想也就是要使思想和实际相符合，使主观和客观相符合。只有解放思想，才能达到实事求是；只有坚持实事求是，一切从实际出发，才能真正破除旧思想、旧观念的束缚，才能真正解放思想。

邓小平以解放思想，实事求是为根本原则和根本方法，构建了邓小平理论，有效地指导了有中国特色的社会主义建设事业。从邓小平理论形成的历史轨迹来看，解放思想，实事求是的根本原则和方法，是先于其他理论观点确立的。从邓小平理论的科学体系来看，其他理论观点都体现着解放思想，实事求是的精神，都是建立在解放思想，实事求是的根本原则和根本方法的基础之上的。从邓小平理论的发展来看，我们只有坚持这一根本原则和方法，才能在新的实践中研究新情况，解决新问题，总结新经验，创造理论，以丰富发展邓小平理论。

三

马克思主义的辩证唯物主义是唯物主义和辩证法的有机统一。邓小平既是伟大的唯物主义者，又是杰出的辩证法大师。"照辩证法办事"是他一贯遵循的原则。善于"照辩证法办事"，鲜明地体现在邓小平一生的革命实践和理论创造中。与毛泽东相比，他在辩证地思考中国社会主义建设过程中的一系列问题时具有突出的特点：第一，坚持矛盾分析法。承认矛盾双方的对立和斗争，但更注重矛盾双方的联系和统一。比如，在社会主义与资本主义的相互关系上，邓小平在看到二者对立的同时，比较注重二者的联系。第二，注重质量分析法。在认识事物质的同时，特别注重认识事物的量，在注重质变的同时，特别注重量的长期积累。比如，他在肯定我国已是社会主义社会的同时，指出我国正处于社会主义的初级阶段，这一阶段至少要经历上百年；提出了实现社会主义现代化的宏伟目标，具体指出了这一目标的量的规定性和达到这一目标的具体步骤。第三，在动与静的关系上，强调二者的有机统一。一方面，他强调发展是硬道理，要通过改革开放而不是通过群众运动来促进发展；另一方面，他又特别强调稳定，指出稳定代表着中国的最高利益，稳定压倒一切，因而，基本政策要稳定，也就是不变，政局要稳定，中国不允许乱。第四，在"扬"与"弃"的关系上，邓小平侧重于"扬"。无论是对其他社会主义国家的先进经验，还是对资本主义国家的一切文明成果，他都主张要大胆吸收和借鉴。

"照辩证法办事"充分体现在邓小平对事关全局的一系列问题的认识和处理上。

两手抓，两手都要硬。这是邓小平自20世纪80年代开始反复强调的一个重要方法。"两手抓"是"两点论"的具体运用。邓小平所讲的"两手抓"包含着广泛的内容，其中有一手抓改革开放，一手抓打击经济犯罪惩治腐败；一手抓建设，一手抓法制；一手抓物质文明建设，一手抓精神文明建设……在强调"两手抓"的同时，邓小平还强调"两手都要硬"。"两手硬"是指两个方面不仅要抓住，而且要立场坚定，措施得力。"两手抓"是"两手硬"的前提，"两手硬"是"两手抓"的深化和补充。

抓住机遇，迅速决断。这是邓小平的一个最典型的决策方法。他认为，机遇只存在于特定的时期，稍纵即逝，机不可失，时不再来；要抓住时机，发展自己，关键是发展经济；抓不住机遇，时间一晃就过去了；强调稳妥是对的，但不能丧失机遇，绝不能把稳妥强调到不适当的程度，强调过分，四平八稳，就可能丧失发展的机遇；在决策的过程中，邓小平非常强调机会要抓住，决策要及时。在他的领导下，党的十一届三中全会及时果断地把全党工作的重点转移到社会主义现代化建设上来，并由此开展了各条战线上的拨乱反正。他抓住了农村改革的有利时机，推动了农村改革的深入发展，带动了城市经济体制改革。随后，邓小平又果断地制定了设立经济特区的决策，开放沿海城市、海南设省、开发上海浦东新区。每一次抓住历史机遇的正确决策，都推动了改革开放的深入发展。他一贯认为，干工作，要雷厉风行，艰苦奋斗，紧张快干；作决策，不能慢慢吞吞，拖拖拉拉，议而不决，决而不行；急需解决的问题要用快刀斩乱麻的办法解决，不能拖，当断不断，要误事。

集体领导和个人分工负责相结合。集体领导和个人分工负责相结合是中国共产党的一个重要领导方法和工作方法，也是邓小平在社会主义现代化建设过程中所坚持的重要方法之一。邓小平认为，坚持集体领导，可以发挥集体智慧。社会主义事业是前无古人的开创性事业，任务异常艰巨，情况异常复杂。中国共产党作为中国的执政党，只有依靠集体领导，才能形成正确的路线、方针、政策，才能有效地避免"家长制""一言堂"。实行民主要实行集体领导，领导集体要着眼于长远，着眼于大局；要形成有坚强核心的领导集体；要建立和健全规章制度，用好的制度来规范集体领导。邓小平在强调集体领导的同时，也强调在集体决策之后的个人分工负责制。他认为，个人分工负责制可以大大提高工作效率，便于实行责任制，避免推诿扯皮，使党的路线、方针、政策落到实处。集体领导与个人分工负责是辩证的统一。

警惕"右"，主要防止"左"。这是邓小平总结新中国成立后几十年社会主义建设正反两方面的经验教训后得出的深刻结论，也是他重要的充满辩证法的领导方法之一。邓小平认为，左和右都会导致党和人民的事业改向和倒退，因此要有左反左，有右反右，根据不同时期的情况确定反倾向的重点，但从历史的经验和改革开放的全过程来看，要警惕右，但主要是防止左。他指出，进入社会主义时期后，党的正确路线同左的分歧主要集中在什么是社会主义和怎样搞社会主义的问题上；同右的分歧则主要是要不要走社会主义道路。从整个历史来看，干扰和破坏最大的是左。这是因为，其一，左根深蒂固，从历史上看，民主主义革命也是在纠正左的错误之后才走上胜利道路的。社会主义时期党的失误主要是来自在左的方面时间持续了 20 年。其二，左带有革命的色彩，好像越左越革命。不可否认，左在一定意义上的用心是好的，但如果不顾客观条件，硬要把将来的事情拿到现在来做，最后葬送了社会主义，在这种结局面前又怎么能说左比右好呢？其三，左已经形成一种习惯势力。在改革开放的新形势下，左不再像以往那样以路线的形式存在，而是形成了一种习惯、一种社会心理定势。这是左难防的一个重要原因。因此，要真正有效地防止左的干扰，必须进行深刻的观念变革。

立足对内改革，推动对外开放。这是邓小平对对立统一规律关于内因和外因辩证关系原理的生动运用。邓小平一再强调，中国的事情要按照中国的情况来办，要依靠中国人自己的力量来办，要实现现代化的宏伟目标必须立足于对内改革，发展生产力。但是，事物的发展又不能离开外因，外因是事物存在和发展的必要条件，特别是在当今全球经济一体化的趋势愈来愈明显的情况下，一国经济的发展绝不可能离开外部环境。因此，邓小平一方面强调对国内经济体制、政治体制、教育科技文化体制等进行大刀阔斧的改革；另一方面又强调必须打开国门对外开放，对社会主义国家开放，对资本主义国家也开放，通过全方位的开放，促进我国经济社会的发展。

四

马克思曾经把自己所创立的辩证唯物主义叫作"实践的唯物主义"。实践的观点是马克思主义哲学首要的和基本的观点。邓小平作为我国改革开放的总设计师，十分推崇实践的力量，始终坚持用实践第一的观点分析和处理问题。他对真理标准问题的大讨论给予了热忱的支持，坚决地批判了"两个凡是"的观点，恢复并确立了实践是检验真理的唯一标准，推动了当代中国第一次思想大解放，意义极为深远。邓小平认为，改革开放的成功不是靠"本本"，而是靠"实"。在实际工作中，邓小平对于建设有中国特色的社会主义，从来不是先制定一套固定模式，而是在确立前进方向、目标和基本路线的前提下，尊重群众的实践创造，总结实践经验，进行理论概括，推广成功做法。比如，农村家庭联产承包责任制，开始只是少数地方搞起来的，而且还受到左的思想的干扰和批判。邓小平及时总结农民群众的伟大实践创造，坚决予以支持，使家庭联产承包责任制很快在全国推广开来。他的"黄猫黑猫，只要捉住老鼠就是好猫"论和"摸着石头过河"论，就生动地体现了实践第一的观点和方法。在如何判断改革开放的得失成败问题上，邓小平提出了"三个是否有利于"的标准，这个标准实质上就是实践标准。比如在谈到证券、股市这些东西究竟好不好，有没有危险，是不是资本主义独有的东西，社会主义能不能用这些问题时，邓小平反复强调"允许看，但要坚决地试"。"试"，就是实践；"看"，就是看实践，由实践来检验这些东西是否符合人民群众的根本利益。邓小平还多次指出，不搞争论是他的一大发明。"不争论"就是为了争取时间干，让事实说话，让实践说话。总之，在改革开放的过程中，邓小平牢牢坚持实践观点，用"实践第一"这一马克思主义的根本观点和根本方法观察、分析和处理问题。

五

实践是人民群众的实践，尊重实践，从根本上说就是尊重群众，走群众路线。群众路线是以毛泽东为代表的中国共产党人根据马克思列宁主义关于人民群众是历史的创造者的原理而提出的具有中国共产党人特色的根本路线和根本领导方法。在改革开放的新的历史时期，邓小平坚持、丰富和发展了群众路线这一根本方法，带领全国人民走出了一条有中国特色的社会主义道路。邓小平充分肯定人民群众在社会主义现代化建设中的历史主体地位，他尊重人民群众的实践，崇尚实干精神，认为改革开放中许多好的东西是群众实践中提出来的，是"别人发明的，群众发明的"，是由基层创造出来的，是人民群众的智慧。他多次指出现代化建设事业是人民群众自己的事业，要把人民群众的利益作为制定路线、方针、政策的立足点、出发点，做到一切为了群众，一切依靠群众；要尊重人民群众的意愿和创造，要求同人民一起商量着办事，而不能违背群众的意愿，因为"群众不跟你走，你就一事无成"；要发扬密切联系群众的优良传统和优良作风，从群众中吸取力量和智慧，找到克服困难的办法，在困难的时候，只要我们深入到群众中去，把一切道理向群众讲清楚，就能够得到群众的同情和谅解，再大的困难也是可以克服的。领导干部要带头密切联系群众，不能"当官做老爷"，要深入到群众中去，了解群众的需要，倾听群众的意见，把群众中的正确意见和建议归纳起来，加以提炼、升华，上升为领导者的决策，对不正确的意见要做好说服、解释工作；共产党不能堵塞言路，不能造成党和群众的隔阂，一个革命的政党，最可怕的是鸦雀无声。邓小平还认为，要坚持从群众中来到群众中去的群众路线，必须深入实际，调整研究；要充分发扬民主，集思广益；不断总结经验，走一步看一步，对的就坚持，错的赶快改，不使小错误发展为大错误。

六

坚持以经济建设为中心是邓小平观察、分析、处理国内外一切重大问题的一个重要的方法论原则。他多次指出，我们党在现阶段的政治路线，概括地说就是一心一意地搞四个现代化建设，其中的核心是经济建设。这一方法要求我们横下心来，除爆发大规模战争外，要始终如一地搞经济建设，一切围绕、服从、服务于这件事，扭着不放，"顽固"一点，毫不动摇地以经济建设为中心，就是要坚持党的基本路线一百年不动摇，坚持把生产力标准作为检验一切工作得失成败的根本标准。对现代化建设的宏伟蓝图，邓小平是以经济为中心来规划的。他指出到21世纪中叶达到中等发达国家水平，客观标志是人均国民生产总值4 000美元，实现这个目标，要分三步走：第一步是1981年到1990年实现国民生产总值比1980年翻一番，解决人民的温饱问题；第二步是1991年到20世纪末国民生产总值再增长一倍，人民生活达到小康水平；第三步是到21世纪中叶，人均国民生产总值达到世界中等发达国家的水平，人民过上比较富裕的生活。

七

着眼于全局，着眼于未来，是邓小平观察、分析、处理问题的另一个重要的方法论原则。这一重要的方法论，体现在邓小平理论的方方面面。①关于改革发展和稳定的关系，邓小平一再强调要通过改革促进发展，认为"发展才是硬道理"。同时，邓小平更强调在中国现实的条件下，稳定是大局，因为没有稳定的环境，任何事情都搞不成，发展更是一句空话。所以，他一再讲，中国的问题，压倒一切的是稳定；稳定代表着中国的最高利益，凡是妨碍稳定的就要制止，不能让步，不能迁就。②邓小平一再指出，经济发展也要有全局观念，要用系统的、整体的观点看待经济发展。经济发展的总目标是全国人民共同富裕，一部分人和一部分地区先富是为全体富裕开辟道路，创造条件，因而先富起来的人和地区一定要有全局观念；经济政策的制定要有全局观念，既要考虑经济发达地区，也要考虑经济欠发达地区；经济发展速度问题不仅是个经济问题，也是个政治问题；有些问题局部看可行，全局看不行，局部看不行，全局看可行，小道理要服从大道理。③邓小平还从战略全局的高度来看待接班人的选拔问题和知识分子问题。他认为，选好接班人是一个关系国家长治久安的战略问题、根本问题，要用战略的眼光、历史的眼光来看待这个问题。为此，他率先垂范，带头废除干部领导职务终身制。他多次指出，知识分子问题是一个关系到社会主义现代化成败的大问题，国际之间综合国力的竞争，归根到底是人才的竞争。为此，他排除重重阻力，纠正了过去对知识分子的阶级属性的错误定性，恢复了知识分子的绝大多数是工人阶级的一部分的正确论断，领导制定了一系列调动知识分子积极性的政策。④他反复强调，要从国际战略全局来考虑中国的发展。为了中国的发展，他始终对世界局势特别关注。他认为，实行对外开放就必须对世界进行研究，和平与发展是当今世界的主题，因此我们一定要奉行独立自主的和平外交政策，努力创造和平的国际环境，这是我们实现现代化的必不可少的外部条件。世界的发展离不开中国，中国的发展也离不开世界，因而一方面要学习和借鉴人类所创造的一切文明成果，另一方面又要维护国家拥有独立主权和民族尊严，把握自己的命运，实现中华民族的振兴。

八

邓小平方法论是关于"什么是社会主义、怎样在中国建设社会主义"的根本方法的学说。它体现在邓小平理论的各个方面，是一个有内在逻辑联系和层次结构的有机体，反映了中国社会主义建设的规律，是合主体的目的性和合客体的规律性的统一的学说。根据不同内容的适用范围，它可以分为三个层次：第一个层次是适用范围最广的一般方法论原则，如解放思想，实事求是；照辩证法办事；走群众路线；用实践第一的观点分析和处理问题；着眼全局、着眼未来等。第二个层次是适用范围相对较小的具体方法论原则，如"两手抓，两手都要硬"；既要反右又要反左；不搞抽象争论，用事实说话；胆子要大，步子要稳；用"三个是否有利于"的标准判断各项工作的是非得失等。第三个层次是适用范围更小的解决具体问题的方法，如集体领导与个人分工负责相结合；精神鼓励与物质奖励相结合；评价历史要一切向前看，宜粗不宜细；用部分先富带动后富，最终实现共同富裕等。这三个层次从抽象到具体依次展开，使邓小平方法论成为有血有肉的有机整体。

　　［该文与李义凡、张远新合著，原文发表于《信阳师范学院学报（哲学社会科学版）》，1999 年第 4 期］

试析研究邓小平方法论的意义

邓小平方法论主要是由思想方法、思维方法、领导方法、工作方法和历史评价方法构成的理论体系，是他的政治智慧和革命风格的生动体现，是他设计中国改革开放和社会主义现代化建设蓝图的思想理论基础，也是我们在迈向新世纪的征程中，运用、丰富和发展邓小平理论的伟大工具。本文试就深入系统地研究邓小平方法论的意义，谈几点看法。

1. 国内外学术界的研究状况

20 世纪 80 年代后期，特别是在 1992 年党的十四大政治报告充分肯定了邓小平在马克思主义思想史和国际共产主义运动史上的划时代理论贡献以后，国内逐步兴起了研究邓小平理论的热潮，大量的研究成果相继问世。据不完全统计，到 1997 年底，中国国内已出版关于邓小平理论研究的学术论著 300 余部。辽宁人民出版社、法律出版社、国防大学出版社、上海人民出版社、中山大学出版社、解放军出版社等出版机构先后出版了几套很有分量的研究邓小平理论的系列丛书，如金羽主编、辽宁人民出版社出版的"邓小平生平与思想研究"丛书已出版图书 20 种，戴诗炜等主编、国防大学出版社出版的"邓小平的思想研究"丛书已出版图书 17 种，陈至立主编、上海人民出版社出版的"邓小平理论与实践研究"丛书已出版图书 10 种。其中有些论著涉及邓小平的思想方法、改革方法和领导方法，如河北人民出版社于 1997 年出版的《邓小平改革方法论》一书。但从我们目前掌握的资料来看，尚未见到从整体上全面系统地研究邓小平方法论的专著。国内还有一些学者发表了研究邓小平方法论的论文。从总体上来看，这类研究还处于比较分散的、个别的研究状态。

国外一些学者从 20 世纪 80 年代初就开始研究"毛泽东遗产与邓小平理论和实践的关系"这类课题。到目前为止，仅被翻译成中文的这类论著就有 30 多种，如美国威斯康星大学历史系教授莫里斯·迈斯纳著的《毛泽东的中国及后毛泽东的中国》（杜蒲、李玉玲译，四川人民出版社 1990 年版），著名华裔学者、美国威斯康星大学奥什科什分校政治系教授戴维·W. 张著的《邓小平领导下的中国》（喻晓译，法律出版社 1991 年版），美国人费雷德里克·C. 泰韦斯著的《从毛泽东到邓小平》（王红续等译，中共中央党校出版社 1991 年版），匈牙利著名记者巴拉奇·代内什著的《邓小平传》（阚静思、季叶译，解放军出版社1988 年版），美国学者张大卫著的《中流砥柱，各有千秋——周恩来与邓小平》（王宏国等译，中国广播电视出版社 1988 年版）等。此外，《澳大利亚中国事务》杂志、英国的《中国季刊》等著名学术刊物还发表了许多研究这类问题的论文，香港百姓文化事业有限公司还选编出版了论文集《风云变幻的邓小平时代》。以上的一些著论和论文，都不同程度地涉及了邓小平方法论，有些学者对邓小平的思想方法和领导方法还给予了较高的评价。如对邓小平的思想方法，美国的张大卫认为："邓小平领导的社会主义革命提出了讲求实用的观点，所以新的领导机构坚持'实事求是'，这种全面的求实态度本身，就是根据中国历史传统的独特情况灵活地和实验性地实践马克思主义的保证。"① 新加坡的林住君认为："这场改革的另一个特点就是，不以任何既定的、先入为主的意识形态或价值系统为指导方针，而是用一种实事求是的态度和最开放的心态来处理改革的问题。"② 美国著名记者哈里森·索尔兹伯里认为："邓小平思维的一个特点是不封闭。他如饥似渴地寻求新思想，对中国从西方获得的新东西非常感兴趣。"③ 对于邓小平的领导方法，美国的戴维·W. 张认为："他总是用新的态度和方法对改革运动进行试验，当试验成功并能在全国推广，他就用它。"④ 美国的张大卫还认为："实质上，刘少奇和邓小平的政策是把'稳定和变革'结合起来，把'平等和经济效率及专家治国论者的价值观'结合起来。"⑤

　　以上这些观点，从不同侧面反映了国外学者对邓小平方法论的认识和评价，但都散见在他们的著作中，还没有形成全面系统的研究成果。

　　① 张大卫. 中流砥柱，各有千秋——周恩来与邓小平［M］. 王宏国，等译. 北京：中国广播电视出版社，1988：106.
　　② 林住君. 中国的经济改革及其国际影响［M］//覃火杨. 海外人士谈中国社会主义. 北京：北京大学出版社，1990：52.
　　③ 哈里森·索尔兹伯里. 长征：前所未闻的故事［M］. 过家鼎，等译. 北京：解放军出版社，1986：404.
　　④ 戴维·W. 张. 邓小平领导下的中国［M］. 喻晓，译. 北京：法律出版社，1991：119.
　　⑤ 张大卫. 中流砥柱，各有千秋——周恩来与邓小平［M］. 王宏国，等译. 北京：中国广播电视出版社，1988：106.

2. 研究邓小平方法论的学术意义

有些理论体系是其创立者自己建立的，而有些理论的创立者由于种种原因没有建立自己的理论体系。毛泽东和邓小平就属于后一种情况，这就需要人们通过科学的研究，努力按照创立者的思路和本意，准确地建立理论体系。为此，研究者不但要归纳论述该理论的主要内容，而且要分析论述该理论各个组成部分之间的内在联系和逻辑结构，阐明该理论的活的灵魂和精神实质。对邓小平理论的研究当然也应该如此。

邓小平理论是指导中国共产党和中国人民进行社会主义现代化建设的伟大旗帜。时间已经证明，在当代中国，只有邓小平理论而没有别的理论能够解决中国社会的前途和命运问题。所以，1998 年 6 月 24 日，《中共中央关于在全党深入学习邓小平理论的通知》指出，要"进一步加强对邓小平理论研究和宣传"。"深入的理论研究，准确的理论宣传，是促进邓小平理论学习向广度和深度发展的重要条件。要坚持把理论研究宣传同全党的理论学习紧密结合起来，使之相互促进，不断深化。"①应该说，深化对邓小平理论的研究，首先是我们社会科学理论工作者义不容辞的责任。依我们的理解，所谓深化对这一理论的研究，主要就是：第一，要对该理论某一方面的内容进行深入研究。第二，要真正弄清它的各部分之间的内在联系和逻辑结构，从总体上理解和把握它的基本精神和基本观点。也就是说，在论述该理论的每一个问题时，都要联系该理论的其他有关论点，从这样的联系中进行全面的、系统的、整体的把握，而不能断章取义；都要联系邓小平提出某个观点的具体背景和条件，把问题放到一定的历史条件下，从这样的联系中去做具体的、历史的、特殊的把握，而不能形而上学地任意把它们抽象化、普遍化、绝对化；都要遵循"按照事物的本来面目认识事物"的唯物主义原则，客观地研究邓小平提出某一理论观点的初衷和原意，而不能搞主观猜测和逻辑推论，更不能搞实用主义的各取所需。第三，要不断拓展邓小平理论的研究领域，多方面地深化邓小平理论与马列主义、毛泽东思想的比较研究，分析论证邓小平理论对马列主义的继承和创造性发展。只有这样，才能完整地、准确地把握、构建和宣传邓小平理论的科学体系，才能增强邓小平理论对全党和全国人民的理论说服力。

这就要求我们全面系统地研究邓小平方法论。因为邓小平方法论在

① 中国共产党中央委员会. 中共中央关于在全党深入学习邓小平理论的通知［J］. 求是，1998（14）：5.

邓小平理论中具有非常重要的地位和作用。从邓小平理论与解放思想，实事求是的思想方法的关系来看，国内政治理论界都一致认为后者是前者的精髓。也就是说，解放思想，实事求是是邓小平观察、分析和解决问题的根本方法和原则，是贯穿邓小平理论的红线，是邓小平理论形成和发展的思想基础。再从邓小平理论的形成与他的思维方法、领导方法、工作方法、历史评价方法的关系来看，他的辩证思维、开放性思维、系统性思维的科学思维方法；他的走群众路线、物质激励与精神激励相结合等领导方法；"两手抓，两手都要硬"等工作方法，是他能够排除"左"的和"右"的干扰，科学总结我国社会主义建设的历史经验教训，成功开辟我国社会主义现代化建设新道路，从而创立邓小平理论的重要主观条件之一。从某种意义上说，只有完整地、准确地理解和掌握邓小平方法论，才能完整地、准确地理解和掌握邓小平理论的科学体系。所以，深入系统地研究邓小平方法论，揭示它在邓小平理论形成和发展中的作用，有助于我们深化对邓小平理论的研究。

3. 研究邓小平方法论的实践意义

我们研究、宣传、学习邓小平理论的目的绝不是坐而论道，而是要在完整地、准确地理解和把握其精神实质和科学体系的基础上，用它来指导我国的社会主义现代化建设。正如毛泽东所说，对于马克思列宁主义我们要学习它、精通它，精通的目的全在于运用。我们认为，研究邓小平方法论的实践意义在于：

首先，实践性是邓小平方法论的显著特点，这决定了研究它具有重要的实践意义。邓小平方法论的实践性主要表现在：其一，不满足于现状，要尽快改变现状。如在谈到中国落后的问题时，邓小平指出："如实指明这种落后状况，会不会使人们失去信心呢？这种人也可能有，但这种人是连半点马克思主义气味也没有的。对于我们无产阶级革命者来说，实事求是地说明情况，认真地去分析造成这种情况的历史和现实的原因，才能够正确制定我们的战略规划，部署我们的力量，才能更加激励我们奋发图强，尽快改变这种情况。"① 其二，讲求实效，不尚空谈，少说空话，多干实事。邓小平指出："四个现代化靠空谈是画不出来的。"② 因此，领导者必须多干实事，那种只靠发指示、说空话过日子的坏作风，一定要转变过来。他号召各级领导干部要"真正干出几个实

---

① 邓小平. 邓小平文选：第二卷 [M] . 2 版. 北京：人民出版社，1994：90 - 91.
② 邓小平. 邓小平文选：第二卷 [M] . 2 版. 北京：人民出版社，1994：181.

绩，来取信于民"①。邓小平不仅从总的原则上要求少说空话，多干实事，而且他对各方面工作的要求指导，也都体现出讲求实效、不尚空谈的精神。例如，对植树造林，他提出要建立切实可行的检查和奖惩制度，以便使这项工作落到实处，取得实效。对开会问题，他提出要开小会、开短会，不开无准备的、空话连篇的会；在会上讲话要围绕议题、简明扼要，"总之，开会、讲话都要解决问题"②。对教育战线的拨乱反正问题，他要求教育部要放手大胆地干，要有具体政策和措施，能解决实际问题，办事要快，不要拖。对苏联解体、东欧剧变后的国际形势和我们的对策问题，他提出"要冷静、冷静、再冷静，埋头实干，做好一件事，我们自己的事"③。对学理论的问题，他提出："学马列要精，要管用。长篇的东西是少数搞专业的人读的，群众怎么读？要求都读大本子，那是形式主义，办不到。"④ 总之，在邓小平方法论的各个方面，都充分体现出了其不满足于现状、锐意进取，要少说空话、多干实事、讲求实效的实践性特点。这说明研究和宣传邓小平方法论，对于在全党树立尊重实践、求真务实的思想方法、思维方法、领导方法和工作方法具有重要的实践意义。

其次，研究、宣传邓小平方法论，有助于我们找到把理论转化为实践的桥梁，正确地实现理论与实践的结合。一般说来，一种理论要被人们掌握和运用，应该具备两个条件：一是这种理论对人们来说是有价值的；二是社会发展需要这种理论，人们认识到了这种理论的价值。

邓小平理论对于中国共产党和中国人民之所以是有价值的理论，最根本的原因是它对什么是社会主义以及在中国如何建设社会主义等问题做出了回答，中国改革开放二十年的实践证明这些回答是当代最有说服力的科学回答。党的十五大报告指出："在当代中国，只有邓小平理论而没有别的理论能够解决社会主义前途和命运问题。"⑤ 报告要求全党掀起一个学习邓小平理论的高潮。这说明中国共产党的最高领导层有了这种认识。所以，我们还面临着深入研究、认真学习、准确宣传这一理论的艰巨任务。1998 年 6 月，中共中央又专门发出在全党深入学习邓小平理论的通知，就充分说明了这一点。再进一步说，在全党和广大人

---

① 邓小平. 邓小平文选：第三卷［M］. 2 版. 北京：人民出版社，1994：298.
② 邓小平. 邓小平文选：第二卷［M］. 2 版. 北京：人民出版社，1994：283.
③ 邓小平. 邓小平文选：第三卷［M］. 2 版. 北京：人民出版社，1994：321.
④ 邓小平. 邓小平文选：第三卷［M］. 2 版. 北京：人民出版社，1994：377.
⑤ 江泽民. 高举邓小平理论伟大旗帜，把建设有中国特色社会主义事业全面推向二十一世纪［N］. 人民日报，1997 - 09 - 12.

民群众充分认识到了学习邓小平理论的重要性并理解掌握了邓小平理论之后，还有一个理论与实际相结合，把理论转化为实践的问题。正如毛泽东所说："任何思想，如果不和客观的实际的事物相联系，如果没有客观存在的需要，如果不为人民群众所掌握，即使是最好的东西，即使是马克思列宁主义，也是不起作用的。"① 这里所说的理论与实践相结合，其实质是用邓小平理论中的立场、观点和方法，分析我国社会主义现代化建设中的新情况、新问题。搞好结合的关键是正确地认识客观实际的特点。把理论转化为实践的桥梁便是方法论。毛泽东曾经多次把方法论比喻为过河的桥和船。因此，深入研究、广泛宣传邓小平方法论，不仅有助于全党和广大人民群众充分认识邓小平理论的价值，从而完整地、准确地理解和掌握这一理论的科学体系，而且能够帮助人们找到把理论转化为实践的途径，从而正确地、创造性地实现理论和实践的结合。

最后，研究、宣传邓小平方法论，有助于全党完整地、准确地掌握邓小平理论的科学体系，有助于提高领导干部的理论水平和领导水平。由于邓小平理论涵盖了我国社会主义现代化建设的各个主要方面，而实际生活中的人们总是根据社会分工，从事着社会主义现代化建设的某一方面的具体工作。因此，人们用邓小平理论指导自己的工作实践总是有所侧重的，或者说总是主要用邓小平理论的某一内容来指导自己的工作。这就容易发生在学习、运用邓小平理论时"只见树木不见林"的偏向，甚至会出现孤立地、机械地运用邓小平理论的个别词句或个别论断的偏向。要避免这些偏向，一方面，我们广大的理论工作者既要注重对邓小平理论的微观研究，又要注重对它的宏观研究；另一方面，全党特别是各级领导干部既要结合自己的本职工作，努力学习邓小平理论中的有关内容，又要努力学习并完整地、准确地理解和掌握邓小平理论的科学体系，学习和掌握邓小平方法论，学会用邓小平理论的立场、观点和方法去研究新情况，解决新问题，不断提高自己的领导水平。

这就要求我们深入系统地研究、学习、宣传邓小平方法论。因为它贯穿、体现在邓小平理论的各个方面，是邓小平理论中最具有普遍适用性的内容，对各条战线的人们都具有普遍的启迪和指导意义。各级领导干部只有掌握了邓小平方法论，才能掌握邓小平理论的精髓、立场和方法，才能在运用邓小平理论指导工作时，避免出现"只见树木不见林"

---

① 毛泽东. 毛泽东选集：第四卷 ［M］. 2 版. 北京：人民出版社，1991：1515.

或生搬硬套、断章取义的偏向。应该看到，全党对邓小平方法论的研究、宣传、学习和运用都亟待加强。

邓小平在领导我国社会主义现代化建设的过程中，始终十分重视干部的选拔及领导水平的提高。他曾多次引用陈云关于在毛泽东教导下学习马克思主义哲学，工作中受益很大的事例，号召全党特别是领导干部学习哲学，以端正思想方法和思维方法，改进领导方法和工作方法。1980 年 2 月，他在党的十一届五中全会第三次会议上发表了《坚持党的路线，改进工作方法》的讲话，一针见血地指出："我们的思想懒汉不少，讲现话、空话的多。真正地仔细研究新情况，解决新问题，切实地想办法使我们的步伐快一些，使生产力快一些，使国民收入增加快一些，把领导工作做得更好一些，这样的同志还不多。"① 他认为出现这类现象的原因主要是这些"思想懒汉"的"理论和实践都没有根底"②。"我们的干部中很多人不懂哲学，很需要从思想方法、工作方法上提高一步。"③ 实事求是地说，时至今日，在我们的党员、干部队伍中，还有一些"思想懒汉"。"那种照抄照搬、断章取义、搞形式主义、说的是一套做的又是一套的不良风气，仍在党内包括少数领导干部中严重存在。"④ 有些地方在贯彻党的十五大提出的"抓大放小"的国有企业改革方针时，对放活小型国有企业采取一卖了之的办法；有些地方在落实科教兴国的战略方针时，为了树立能迎接上级检查的所谓的"示范区""闪光点"，不顾当地的自然条件和群众意愿，盲目建立所谓高新技术开发区，造成很大的浪费；有些地方把实现经济增长方式由粗放型向集约型转变，片面理解为用行政命令的办法"拉郎配"——组建大型企业集团……这类不良风气若不纠正，必然阻碍党的路线、方针、政策的贯彻落实，败坏党和政府的形象和声誉，遏制党和政府的生机和活力。

这说明，用邓小平科学的思想方法、思维方法、领导方法、工作方法和历史评价方法武装全党，是一项长期的十分重要而又艰巨的任务。1998 年 6 月 24 日，《中共中央关于在全党深入学习邓小平理论的通知》中，单列一部分，强调要弘扬马克思主义理论联系实际的学风，号召全党"在跨世纪的历史关头，面对艰巨任务和严峻考验，更要解放思想，

① 邓小平.邓小平文选：第二卷 [M].2 版.北京：人民出版社，1994：279.
② 邓小平.邓小平文选：第二卷 [M].2 版.北京：人民出版社，1994：382.
③ 邓小平.邓小平文选：第二卷 [M].2 版.北京：人民出版社，1994：303.
④ 中国共产党中央委员会.中共中央关于在全党深入学习邓小平理论的通知 [J].求是，1998（14）：6.

实事求是，把大胆探索和科学求实的精神统一起来，以实践为检验真理的唯一标准，以邓小平同志提出的'三个有利于'判断各项工作的是非得失，以坚韧不拔、奋发有为的精神状态，研究新情况，解决新问题，创造性地开展工作"①。可见，深入研究、大力宣传邓小平方法论，对于提高全党特别是各级领导干部的理论水平和领导水平，具有非常重要的实践意义。

　　［该文与李义凡、张远新合著，原文发表于《信阳师范学院学报（哲学社会科学版)》，1999 年第 1 期］

---

　　① 中国共产党中央委员会．中共中央关于在全党深入学习邓小平理论的通知［J］．求是，1998（14)：6－7.

抓住机遇，迅速决断

——学习邓小平的决策方法

决策方法论，是邓小平方法论的重要内容之一。抓住机遇，迅速决断，是邓小平决策方法的重要特点之一。机遇对经济、社会发展和国家的繁荣富强以至人类社会的进步，均显示出重大的价值。在改革开放的过程中，邓小平对机遇问题一直十分重视，一再强调要抓住历史性机遇，迅速决断，加速经济、社会发展的步伐。

1. 对机遇的高度关注

所谓机遇，是指社会历史发展过程中出现的有利于社会历史事物迅速发展壮大的好时机。邓小平作为中国改革开放的总设计师，对如何抓住历史发展的机遇给予了高度的关注。

（1）机遇只存在于特定的时期。

机遇是一个历史范畴，它是人的实践活动的结果。在社会实践活动中，任何变革现实世界的实践都会影响到与其相联系的其他领域的发展变革。社会历史任何领域的发展机遇，都受其他领域实践活动的制约，离开人的创造性的实践活动，机遇就无从谈起。而人的实践都是具体的，是一个过程，机遇并不存在于实践的全过程。在事物发展的过程中，既有其内在根据，又有一定的外部条件，离开这些根据和条件，就无所谓发展的机遇。但是，这些必需的内在根据和外部条件并不直接构成事物发展的机遇。机遇不是任何时候都会出现，也并非伴随事物发展的全过程。只有与一定事物相联系的其他事物的发展状况能够促进该事物加速发展的时候，才有机遇。可见，机遇是事物存在和发展所必需的内在根据和外部条件发展变化到一定阶段的产物。也正因为如此，机遇并不永远存在，随着历史的进一步发展，所有相联系的事物也必然发生变化，原来的机遇也就随之而逝，正所谓"机不可失，时不再来"。

邓小平深知机遇只存在于特定的时期的道理。20世纪80年代初，西欧经济比较困难，邓小平认为这是我国经济发展的一个机遇，因而要加大对外开放的力度。他说：要抓住西欧国家经济困难的时机，同他们搞技术合作，使我们的技术改造能够快一些搞上去。还说，同东欧国家合作，也有文章可做，他们有一些技术比我们好，我们的一些东西他们也需要。中国是一个大的市场，许多国家都想同我们搞点合作，做点买卖，我们要很好地利用。邓小平把这个问题看成是战略问题。20世纪90年代以后，国际局势发生了大的变化，邓小平认为"现在世界发生大转折，就是个机遇"。国际局势的变化造成了我国经济发展的机遇，要抓住这个机会使我国国民经济上一个新台阶。邓小平强调说："机会难得呀！"[①] 邓小平还认为，科学技术是第一生产力，科学技术的发展突飞猛进，"高科技领域的一个突破，带动一批产业的发展"[②]。这是由科学技术的发展带来的机遇。因此，邓小平一贯重视科技工作，要人们关注科技发展的最新动向，要在世界的高科技领域占有一席之地，以推动经济、社会发展。

（2）机遇存在着，问题是善于把握。

邓小平认为，在历史发展的特殊时期存在着发展的机遇。不仅要认识这种机遇，更要牢牢把握这种机遇。邓小平一再强调，要善于把握时机发展我们自己的经济；要抓住时机，发展自己，关键是发展经济。发展是把握机遇的目的，也是邓小平一再强调的"硬道理"。因为，只有加快发展，才能支持改革。改革是有风险的，只有生产力发展了，才能为改革提供良好的氛围和条件。只有经济发展保持了比较适当的速度，才能使深化改革的风险降得更小。只有加快发展才能处理前进中可能出现的问题，才能经得起风险。我们经受住了"六四"的严峻考验，就是因为改革开放促进了经济发展，人民生活得到了改善。加快发展，在国际风云变幻和周边国家发展较快的条件下，更具有紧迫的意义。总之，邓小平认为要切实把握机遇，加快发展，不只是一个经济问题，实际上是一个政治问题。20世纪90年代苏联解体、东欧剧变之后，邓小平以大政治家的风度告诉大家，要冷静思考，沉着应付。他说，有些问题不是一下子看得清楚的，不能把目前的一切看成是一片黑暗，不能认为形势恶化到多么严重的地步，不能把我们说成是处在多么不利的地位。实际情况不尽如此。"世界上矛盾多得很，大得很，一些深刻的矛盾刚刚暴露出来。我们可利用的矛盾存在着，机遇存在着，问题是要善

---

① 邓小平.邓小平文选：第三卷［M］.北京：人民出版社，1993：369.

② 邓小平.邓小平文选：第三卷［M］.北京：人民出版社，1993：377.

于把握。"① 1992年在南行讲话中，邓小平又一次讲：我就担心丧失机会。不抓呀，看到机会就丢掉了，时间一晃就过去了。不抓住机会使我们的经济上一个台阶，我们将面临更大的压力，就要落到后面了。

（3）强调稳是对的，但不能丧失机遇。

稳定是中国的大局。邓小平对稳定向来十分关注。关于稳定，他有多方面的论述，其中一个重要的思想，就是经济发展不能大起大落，不能造成动荡。稳定的本身不是目的，它是改革得以顺利进行的有利保障，是促进发展的手段，"发展才是硬道理"。因此，邓小平指出，保持稳定十分必要，但是绝不能把稳定强调到不适当的地位，强调得过分就可能丧失发展的机遇。稳定，无论对于国情相当复杂的中国当下而言，还是从中国长远的发展来看都必要。但是，第一，不能只用一个"稳"字，"稳"这个字需要，但仅靠稳并不能解决所有的问题。改革和发展中出现的问题要用改革的手段，要通过发展才能解决。第二，"稳"这个字什么时候用，如何用，这要具体分析，绝不能不顾一切条件、不论任何场合都讲稳，否则，就会变得谨小慎微，不敢解放思想，不敢放开手脚，结果是丧失时机，犹如逆水行舟，不进则退。第三，对于中国这种发展中的大国来说，经济发展得快一点，不可能总是那么平平静静、稳稳当当。我们经济发展的规律还是波浪式的前进，过几年有一个飞跃，跳一个台阶，跳了以后，发现问题调整一下，再前进。所以，我们强调稳，但更为重要的是不能因为强调稳而丧失改革发展的良好机遇，最根本的一条是改革开放不能丢，坚持改革开放才能抓住时机上台阶。

2. 机会要抓住，决策要及时

决策是领导活动的重要内容。抓住时机，迅速决断，雷厉风行，大刀阔斧的果断性决策是邓小平领导决策的重要方法论特点。

（1）机会难得，不宜拖延。

作为中央第二代领导集体核心的邓小平，以其高度的责任感和使命感，紧紧把握住时代发展的脉搏，及时地拨乱反正，使中国这艘巨轮驶入正确的航道。

粉碎"四人帮"之后的两年，中国的经济、社会发展处于徘徊不前的局面。结束"文化大革命"，把主要精力集中到现代化建设上来已成为全党、全国各族人民的共同心声。以邓小平为核心的老一辈无产阶

---

① 邓小平. 邓小平文选：第三卷［M］. 北京：人民出版社，1993：354.

级革命家毅然决然在党的十一届三中全会上果断决定，将全党的工作着重点转移到经济建设上来。三中全会认为，实行全党工作重点转变的条件已经具备，现在就应当适应国内外形势的发展，及时地、果断地结束全国范围的大规模揭批林彪、"四人帮"的群众运动，把全党工作的着重点和全国人民的注意力转移到社会主义现代化建设上来。三中全会毅然抛弃"以阶级斗争为纲"这个不适用于社会主义社会的"左"的错误方针，否定了"无产阶级专政下继续革命"的"左"倾错误理论，并以毛泽东1957年做出的我国"大规模的急风暴雨式的群众阶级斗争已经基本结束"的正确论断为理论依据，对社会主义社会阶级斗争的状况和主要矛盾作了新的分析。三中全会的这些决策，解决了中国共产党从1957年以来没有解决好的工作重点转移的问题。这是中国共产党在政治路线上最彻底的拨乱反正。

工作重点转移之后，邓小平从中国的具体国情出发，抓住时机，做出了改革从农村起步的重大决策。他说，我们的改革开放是从经济方面开始的，首先又是从农村开始的。为什么要从农村开始呢？因为农村人口占我国人口的80%，农村不稳定，整个政治局势就不稳定，农民没有摆脱贫困，就是我国没有摆脱贫困。当时，安徽凤阳县和四川蓬溪县的农民自发地实行了包产到户的责任制，一时遇到的阻力很大。正当"包产到户"遇到重重阻力的关键时刻，邓小平等人明确地表示了支持的态度。1980年5月，邓小平在《关于农村政策问题》中说：有的同志担心包产到户会不会影响集体经济，"我看这种担心是不必要的"。邓小平看到了实行责任制给农村带来的巨大变化，看到了广大农民对责任制的支持和拥护，抓住这一有利时机，迅速把包产到户责任制推广到全国农村。到1983年初，全国农村实行包产到户、包干到户责任制的生产队达93%。农村改革终于迈出艰难但意义重大的第一步，这种突破性的进展诱发了一场全面而又深刻的经济体制改革。

邓小平深知机遇稍纵即逝，要抓住有利机遇，迅速做出决策才能推动事业的发展。他一再强调，要提高工作效率，干工作要雷厉风行，艰苦奋斗，紧张快干。作决策，不能慢慢吞吞，拖拖拉拉，议而不决，决而不行。在决策的过程中，邓小平抓住了农村经济体制改革的有利时机，推动了农村经济体制改革的深入发展，带动了城市经济体制改革。随后，邓小平又果断地决策设立经济特区，开放沿海城市；1988年海南设省，力争把它建成全国最大的特区；1990年，又开放开发了上海浦东新区。每一次决策，都抓住了历史的机遇，推动了改革开放的深入发展。同时，邓小平也不失时机地利用特区作为改革开放的讲坛。他先后两次深圳之行，每次都把改革向前推进了一步。1984 年的深圳之行拉开了城市改革的序幕，1992 年南行讲话又掀起了更大一轮改革开放的高潮，并促成了党的十四大，确定了市场经济的纲领。

（2）用"快刀斩乱麻"的办法解决问题。

在邓小平看来，我们的社会主义现代化建设面临的任务很多、很复杂，事情一下子都办好，问题一下子都处理好，这不可能。必须从十分复杂的问题中清理出急需解决的问题和一些关键性的问题，抓住事物的主要矛盾。"应该解决的问题要加快解决，要用快刀斩乱麻的办法解决，不能拖。当断不断，要误事。看准了的，积极方面的，有利于发展事业的，抓着就可以干。"① 这充分体现了邓小平善于抓住机遇，果断决策的办事态度。

第一，从复杂的问题中清理出急需解决的问题。事物矛盾的发展具有不平衡性，其中主要矛盾决定着事物发展的进程，抓住了主要矛盾就抓住了问题的关键。因此，在一个复杂的矛盾体系中，一定要分出轻重缓急，在工作中要抓住"重"的和"急"的。比如粉碎"四人帮"之后，为摆脱两年的徘徊局面，邓小平从复杂的工作中找出关键的问题：一是确立解放思想、实事求是的思想路线，没有一条正确的思想路线，其他的一切工作都将失去指针；二是果断地抛弃"以阶级斗争为纲"，把全党工作的着重点转移到经济建设上来；三是平反冤假错案，调动一切积极因素。正因为如此，才开辟出了一条有中国特色的社会主义道路。

第二，对应该解决的问题，用快刀斩乱麻的办法解决。这就是说，对于应该而且可以解决的问题，不要拖，要雷厉风行予以解决，否则将丧失历史的机遇。比如邓小平对"八六三"计划（国家高技术研究发展计划）的批示。20 世纪 70 年代末期，一场以高技术为中心的科学技术革命首先在西方发达国家兴起，引起了生产方式和产业结构的变化，并将导致世界范围内社会生产力的又一次巨大飞跃。高技术的竞争，已成为各国经济实力、军事实力以及综合国力的竞争，谁在高技术上占有优势，谁就掌握国际经济、政治、军事竞争上的主动权。为此，美国制订了"星球大战计划"，欧洲有"尤里卡计划"，经互会成员国有"至2000 年科技进步综合纲要计划"，日本有"人类新领域研究计划"，苏

---

① 邓小平. 邓小平文选：第三卷 ［M］. 北京：人民出版社，1993：312.

联也制定了"加速战略"。面对这种形势，中国有远见卓识的科学家深深感到这场制度与制度、国家与国家的竞争，不仅是严峻的挑战，也是发展科学技术、振兴国家的良好机遇。为了能在这个时代站稳脚跟，至关重要的是，要立即制定既能保证我国国民生产总值到 20 世纪末翻两番，又能保证同发达国家差距不致拉得太大的国家战略。同时，在几个最关键的领域中保持一定的发展势头，积极跟踪国际先进水平，在某些领域有所突破，跟上历史前进的步伐，使高新技术能有效地为国民经济发展服务。正是基于上述考虑，1986 年 3 月，我国著名科学家王大珩、王淦昌、杨家墀、杨芳允四人上书中央，对跟踪世界技术发展提出了高瞻远瞩的战略性建议。这一建议送达邓小平手中时，邓小平立即批示："此事宜速决断，不可拖延。"在邓小平的支持下，"八六三"计划得以顺利实施。

第三，看准了的，积极方面的，抓着就可以干。这是邓小平的一贯思想。积极方面的，是一个价值判断，是指对我国的建设事业有利的、对人民的利益有利的事情，作为共产党的领导干部不要有丝毫的犹豫，抓住就可以干。看准了的，是认识论的判断，就是对事物的情况有了比较透彻的了解，分析了事情的优势和劣势，客观条件又具备，这样看准了，抓着就可以干。比如，20 世纪 80 年代，邓小平做出的裁军百万的决策就充分体现了这一点。从 1949 年以来，中国军队的人数一直是世界上人数最多的，且军队中官兵比例为 1∶245。庞大的军队需要巨额的军费，大部分花在解决人员的穿衣吃饭上面。1953 年到 1983 年这 30 年，中国用于更新武器装备的军费总额比美国在 1982 年这一年的同类费用还少 200 亿元人民币。邓小平清楚地意识到中国军队的这种落后。应付现代战争，兵贵于精而不在于多。况且，80 年代中期，东西方关系开始明显缓和，世界大战一时打不起来，苏联的明显衰落又为中国解除了边防压力。邓小平认为这是一个和平与发展的时期，中国应趁这样的机会，集中财力、物力加快经济建设，增强国力，为 21 世纪打下基础，那时就可以有钱来更新装备。在当时既要提高部队的战斗力，又不能增加军费，邓小平思来想去，只有对部队进行"消肿"，实行大裁军。于是，在 1984 年 11 月 1 日召开的中央军委座谈会上，邓小平代表中共中央宣布裁减员额 100 万。到 1986 年，裁军任务完成。在 20 世纪90 年代初，邓小平多次强调，不要丧失机遇，能解决的问题抓紧解决，能干的事情抓紧干，要敢闯、敢试、敢冒，强调看准了的，就大胆地试，大胆地闯，否则就走不出一条好路，走不出一条新路，就干不出新的事业。

第四，当断不断，要误事。这是从反面讲抓机遇，讲快速决断的重要性。邓小平晚年多次讲过，"我的一个大失误就是搞四个经济特区时没有加上上海。要不然，现在长江三角洲，整个长江流域，乃至全国改革开放的局面，都会不一样"①。他讲，上海开发晚了，要努力干啊！可以看出，邓小平十分后悔没有及时抓住开发上海的机会。因而，他多次讲，要善于利用各种机会来发展我们自己，该办的事情要立即办，否则丧失机遇，给现代化建设事业带来损失，当断不断，要误事。

（原文发表于《社会主义研究》，2002 年第 3 期）

---

① 邓小平．邓小平文选：第三卷［M］．北京：人民出版社，1993：376.

毛泽东邓小平辩证法思想比较研究论纲

　　辩证法思想是毛泽东思想、邓小平理论中的一个十分重要的内容。比较分析毛泽东邓小平的辩证法思想，对于准确把握邓小平辩证法思想的实质，认识邓小平辩证法思想在马克思主义发展史上的历史地位，深化邓小平理论的研究，反对唯心主义和形而上学，进而指导我国改革开放和社会主义现代化建设的伟大实践，都具有十分重要的意义。

　　1. 毛泽东邓小平辩证法思想的相同点与不同点

　　从毛泽东邓小平辩证法思想的形成来看，二者具有相同之处，也有不同之处。相同之处表现在：

　　第一，毛泽东邓小平辩证法思想都是在中国革命和建设的实践中产生的，深深扎根于中国人民所进行的伟大实践之中。毛泽东非常重视人民的实践，认为由于国情的不同，各国人民的实践具有不同的特点。因此，要把马克思主义的普遍真理与中国的具体国情和中国人民的具体实践结合起来。毛泽东关于矛盾特殊性的分析，关于事物发展的前进性和曲折性的分析，关于中国革命的道路的分析，关于中国社会主义建设十大关系的论述等，无一不是对中国革命和建设实践的概括和总结，并用之指导了中国革命和建设的实践。邓小平立足于人民的伟大实践，创立了充满辩证法精神的邓小平理论。他多次指出，改革开放的方针政策是人民群众在实践中提出来的，是基层创造出来的，是人民群众实践的结晶。可以说，没有人民群众生动、丰富的实践，就没有邓小平的辩证法思想。

　　第二，毛泽东邓小平辩证法思想有着共同的理论来源。毛泽东邓小平辩证法思想都是对马克思主义辩证法的继承与发展。毛泽东和邓小平都毫不动摇地坚持马克思主义辩证法，并把马克思主义辩证法与中国的具体实际相结合，创造性地发展了马克思主义辩证法，为马克思主义辩证法的理论宝库增添了新的时代内容。

　　第三，毛泽东邓小平辩证法思想都是在批判教条主义的斗争中产生的。教条主义就是一切从本本出发，脱离国情，不顾实际，是形而上学世界观在实际工作中的突出表现。坚持辩证法，就要反对形而上学，反对教条主义。毛泽东坚持马克思主义辩证法，在同王明的教条主义的斗争中逐渐创立了具有自己特色的辩证法思想。邓小平在粉碎"四人帮"之后，坚持马克思主义的辩证法，批判"两个凡是"，从而创立了中国社会主义建设的辩证法。

毛泽东邓小平辩证法思想形成的历史条件还存在着很大的差别。这主要表现在以下几点：

第一，二者产生的时代背景不同。毛泽东的辩证法思想是在中国进行新民主主义革命的时代背景下产生的。当时，中国共产党的首要任务是推翻帝国主义、封建主义、官僚资本主义的统治，使中国人民获得解放，建立起人民当家做主的政权。因而，毛泽东的辩证法思想是在争取人民解放和民族独立的时代大背景下形成的。邓小平是中共中央第一代领导集体的一员，在邓小平理论形成之前，他的思想实质上融入了毛泽东思想。作为邓小平理论的重要组成部分的辩证法思想，形成于改革开放的时代背景下。国际上，政治形势趋于和缓，经济日益全球化；国内，旧的经济体制和政治体制的弊端严重阻碍了生产力的发展。因此，对内改革、对外开放已是时代的要求、历史的必然。正是在这样的时代背景下，邓小平辩证法思想得以形成和发展。正由于毛泽东和邓小平所处的时代不同，所面临的任务不同，使得他们的辩证法有着各不相同的面貌。不同的时代背景和历史任务影响着人的理论性格和思维方式，并进而影响辩证法的具体表现形式。在革命年代，政治斗争、军事斗争等各种斗争是毛泽东生活的重要内容，因而在某种意义上可以说，他的辩证法是"革命辩证法"，即使是在和平年代，"革命"一词也是他的基本话语。邓小平居于中央领导核心时，我国处于和平建设年代，一方面他深刻地认识到政治运动的可怕后果，另一方面他深悟和平年代的中心任务是建设的道理，因而他的辩证法是一种"建设辩证法"，是"发展是硬道理"的辩证法。

第二，二者思考的侧重点不同。毛泽东辩证法思想的侧重点在于，怎样以少胜多、以弱胜强，推翻反动阶级的统治，建立新中国。邓小平辩证法思想的侧重点是什么是社会主义、怎样建设社会主义。邓小平多次指出，对于什么是社会主义，我们还没有完全搞清楚。他指出，贫穷不是社会主义，没有民主不是社会主义，没有高度的精神文明不能建设社会主义。在怎样建设社会主义这一问题上，他进行了深入思考，提出了建设有中国特色社会主义的一系列方针政策。

第三，二者具有不同的社会实践基础。毛泽东辩证法思想的特定实践基础是中国人民进行的民主革命的伟大实践活动。毛泽东辩证法思想概括和总结了人民革命实践的经验，又反过来成为这一实践活动的指导思想。邓小平辩证法思想的特定实践基础是中国人民进行改革开放的伟大实践。在这样复杂的实践中，邓小平既反对资产阶级自由化，又反对僵化，坚持中国特色的社会主义，对许多重大问题进行了辩证的思考，做出了符合中国国情的规划和设计。

2. 毛泽东邓小平辩证法思想的总特征

毛泽东邓小平辩证法思想具有某些总特征。这些总特征主要表现在以下几点：

第一，革命性与科学性的统一。其革命性主要表现为二者都是中国革命的产物。在中国共产党领导的革命中，有两次历史性的飞跃。第一次飞跃实现了社会制度的根本变革，第二次飞跃是社会主义制度范围内的改革。毛泽东邓小平辩证法思想是在社会变革中孕育出来的，革命性必然是其鲜明特征；革命实践是毛泽东邓小平辩证法思想的出发点和归宿；阶级性是毛泽东邓小平辩证法思想革命性的重要内容。他们的辩证法是为无产阶级服务的，是无产阶级革命理论的思想基础，是无产阶级认识和改造世界的思想武器。其科学性主要表现为：毛泽东邓小平辩证法思想的内容具有科学性。他们的辩证法思想都是以唯物主义为基础的，是唯物的辩证法，因而也是彻底的辩证法；他们的思维方式是科学的，他们正是凭借科学的系统性思维方式、实践性思维方式和主体性思维方式才建立起了辩证法思想的体系。

第二，理论和实践的统一。毫无疑问，毛泽东邓小平辩证法思想首先是一种理论。但这种理论，其一，来源于革命的实践；其二，在革命的实践中得到了丰富和发展，并接受革命实践的检验；其三，指导革命的实践。从这个意义上说，毛泽东邓小平辩证法思想离不开实践，它是以实践为基础的。从更深的层次上看，无论是毛泽东辩证法还是邓小平辩证法都不仅仅是理论，都不仅仅体现在理论上。在他们领导中国人民进行新民主主义革命和社会主义现代化建设的实践中，处处体现着辩证的思维方法、决策方法、领导方法和工作方法。他们在理论上是如何说的，在实践上就是如何做的，充分体现着理论与实践的统一。

第三，民族性与世界性的统一。作为马克思主义哲学重要组成部分的唯物辩证法，本质上是世界性的，是全世界无产阶级和劳动人民的思想武器。但是，马克思主义在中国传播的过程中存在着中国化的问题。

毛泽东邓小平辩证法思想的形成过程，就是马克思主义中国化的过程。这一过程是实现两个结合的过程。其一是马克思主义与中国革命实际的结合。一方面，中国的革命和建设需要马克思主义；另一方面，与中国实际相结合也是马克思主义发展规律的内在要求。这一结合过程也使得马克思主义在中国大地上生根、发芽、开花、结果，获得前所未有的发展。其二是马克思主义与中国传统文化、传统哲学中的优秀遗产的结合。正是在这一过程中，毛泽东邓小平的辩证法思想才带有浓郁的民族特色，才具有中国气派和中国作风。

3. 毛泽东邓小平辩证法思想的精髓

解放思想、实事求是是毛泽东思想、邓小平理论的精髓，当然也是毛泽东邓小平辩证法思想的精髓。

毛泽东和邓小平关于实事求是的思想有着共同的科学内涵。邓小平指出："毛泽东同志在延安为中央党校题词，就是'实事求是'四个大字，这是毛泽东思想的精髓。"[①] 在延安整风时期，毛泽东第一次明确提出了实事求是的思想，科学地界定了实事求是的内涵，指出"实事"就是客观存在着的一切事物；"是"就是客观事物的内部联系，即规律性；"求"就是我们去研究。也就是说，我们要从客观事物的实际情况出发，从中引出其固有的而不是臆造的规律性，找出周围事物的内部联系，作为我们行动的向导。1945年党的第七次全国代表大会在全党范围内把思想真正统一到实事求是的思想路线上来，为抗日战争和解放战争的最后胜利奠定了基础。邓小平是一个坚定的"实事求是派"。他多次指出，实事求是是无产阶级世界观的基础，是马克思主义的思想基础。过去我们搞革命所取得的一切胜利，是靠实事求是；现在我们要实现四个现代化，同样要靠实事求是。中国共产党的十二大对思想路线是这样表述的："党的思想路线是一切从实际出发，理论联系实际，实事求是，在实践中检验真理和发展真理。"邓小平把这条路线概括为实事求是的思想路线。这条路线的科学内涵包括三个方面：一是一切从实际出发；二是理论联系实际；三是坚持实践是检验真理的唯一标准。无论是哪一点，都与毛泽东提出的实事求是的内涵是完全一致的。

毛泽东和邓小平对实事求是的思想路线各自具有独特的贡献。其一，实事求是的思想是毛泽东首先提出来的，并赋予实事求是以马克思主义的科学内涵。"实事求是"概念本身表明了它是马克思主义与中国

---

① 邓小平．邓小平文选：第二卷［M］．2版．北京：人民出版社，1994：67．

传统文化相结合的产物。赋予它以科学的内涵并将其上升到思想路线的高度，是毛泽东的一大理论贡献。邓小平在改革开放的新的历史条件下，坚持和发展了实事求是的思想路线。他把实事求是与解放思想有机地结合起来，从而赋予实事求是以新的内涵。邓小平认为，解放思想是实事求是的内在要求，实事求是是解放思想的本质规定。只有解放思想，才能达到实事求是；只有坚持实事求是，一切从实际出发，才能真正做到解放思想。其二，毛泽东是在反对主观主义和教条主义的斗争中确立实事求是的思想路线的，而邓小平则是在反对思想僵化，倡导解放思想中发展实事求是的思想路线的。毛泽东所针对的主要是王明"左"倾教条主义，他在肃清教条主义影响的斗争中确立了实事求是的思想路线。邓小平是在批判"两个凡是"的斗争中恢复、丰富并发展了实事求是的思想路线的。

4. 毛泽东邓小平辩证法思想与矛盾辩证法

对立统一规律是唯物辩证法的实质和核心。矛盾辩证法也在毛泽东邓小平辩证法思想中占据着核心地位。

毛泽东和邓小平关于矛盾辩证法的理论具有许多共同之处：

第一，他们都承认矛盾的普遍性，善于用矛盾的观点观察问题、分析问题。在《矛盾论》中，毛泽东一再指出，矛盾是普遍存在的，事物就是由矛盾组成的，因而对事物要一分为二，要用矛盾的观点分析事物。他用矛盾的观点分析了一系列社会现象。邓小平同样肯定矛盾的普遍性，善于用矛盾的观点观察问题，如经济发展的速度和效益、物质文明与精神文明、集中与民主等的矛盾关系，他都有深刻的论述。

第二，他们都重视矛盾的特殊性，并把对矛盾特殊性的分析运用于中国革命和建设的实践之中。在新民主主义革命时期，毛泽东着重分析中国的国情，把马克思主义的普遍真理与中国的具体国情相结合，找到了一条农村包围城市、武装夺取政权的革命道路。邓小平同样重视中国的现实国情，正是基于对中国特殊国情的分析，他提出了社会主义初级阶段理论，为中国找到了一条建设有中国特色社会主义的道路。

第三，他们都善于运用矛盾解决方式的多样性来解决中国革命和建设的实践问题。毛泽东在新民主主义时期提出的对待民族资产阶级的策略，在社会主义建设时期提出的解决两类不同性质的社会矛盾的方法等，就是其光辉典范。邓小平对中国台湾、香港、澳门问题的处理，对改革开放时期各种复杂的社会矛盾的解决等，也都充分体现出邓小平对矛盾处理方法的娴熟运用。

毛泽东邓小平关于矛盾辩证法的理论还存在着一些不同点。这些不同点除了历史条件的不同之外，更主要地表现为邓小平对毛泽东辩证法思想的丰富和发展。

第一，在对矛盾的两个基本属性的认识上，毛泽东十分重视矛盾的斗争性，以致在实践中过分地夸大了矛盾斗争性的作用。这在一定意义上可以看作是后来"阶级斗争扩大化"的一个理论根源。而邓小平虽然也承认矛盾的斗争性，但他更加注重矛盾的同一性，"一国两制"、引进和利用资本主义的先进技术和管理经验、利用外资等，就是最明显的表现。

第二，在内外因的关系问题上，毛泽东重视内因，这是正确的，但他对外因的作用重视不够。在社会主义建设中出现的闭关自守、盲目排外就是明证。邓小平十分强调独立自主，在重视内因的同时，也重视外因的作用，重视与外界的交流与合作，重视改善国际关系，以便为我国经济、社会的发展创造良好的外部环境。

第三，在矛盾的解决方式上，毛泽东更多地强调的是矛盾双方的一方吃掉另一方这种方式。他批判"调和""融合"，痛恨折中主义，赞赏旗帜鲜明。邓小平在新的历史条件下更注重矛盾双方的"融合"，强调和平共处，取长补短，求同存异，共同发展。

5. 毛泽东邓小平辩证法思想与质量辩证法

质变、量变规律也是唯物辩证法的基本规律之一。在质量辩证法方面，毛泽东和邓小平各自做出了独特的贡献。毛泽东关于质量辩证法的思想及其运用主要表现在这些方面：

第一，对中国社会进行质和量的分析，提出中国革命的正确方针。毛泽东为寻找中国革命的正确道路对中国社会现状进行了分析，认为中国是半殖民地半封建大国，经济文化发展落后，现代工业只占国民经济的10％左右，因而提出了在农村建立革命根据地的方针。在抗日战争时期，他又对中日双方进行了质和量的分析，提出了"持久战"的策略。

第二，善于认识和把握事物发展的界限。毛泽东曾经指出："胸中有'数'。就是说，对情况和问题一定要注意到它的数量方面，要有对基本的数量的分析。任何质量都表现为一定的数量，没有数量也就没有质量。我们有许多同志至今不懂得注意事物的数量方面，不懂得注意基本的统计、主要的百分比，不懂得注意决定事物质量的数量界限，一切都是胸中无'数'，结果就不能不犯错误。"他非常注意把握事物的度，在抗日战争时期他提出了与国民党斗争的六字方针"有理、有利、有节"，其中"有节"就是讲究"度"。在社会主义建设时期，毛泽东提出了社会主义建设必须处理好的"十大关系"。"十大关系"之中相当多的是比例关系。

第三，坚持不断革命论和革命发展阶段论的统一。在民主革命时期，毛泽东反复强调指出，中国共产党领导的整个中国革命运动，是包括民主主义革命和社会主义革命两个阶段在内的全部革命运动，只有认清二者的区别及联系，才能正确地领导中国革命。在中共七届二中全会上，毛泽东提出了中国由农业国变为工业国，由民主革命转变为社会主义革命的总任务和主要途径。他既认真地区分了大的革命发展阶段，又在每一大的革命发展阶段中区分了若干小的革命发展阶段。

邓小平在改革开放的新的历史条件下丰富和发展了质量辩证法。这主要表现在：

第一，在重视对事物进行质的分析的同时，更重视对事物进行量的分析。邓小平认为，分析事物的质是认识事物的基础，但对事物的认识不能只停留在质的分析上，要深刻、准确地把握事物，必须认识事物的量，并由此来制定我们行动的方针、政策。在此基础上，他提出了社会主义初级阶段论，提出了社会主义现代化的具体的量的指标，提出了实现社会主义现代化"三步走"的发展战略等。

第二，邓小平更加重视事物质的多样性，摒弃了搞"纯粹"社会主义的观念。邓小平认为任何事物都不可能是纯粹的，社会主义也不例外。社会主义以公有制为基础，但应该允许非公有制的存在和发展；以按劳分配为主体，应该允许多种分配方式并存。

第三，邓小平把量变过程中部分质变的原理运用于社会主义建设过程中，制定了"让部分人先富"的政策。这是改革开放过程中的一个大政策，推动了社会生产力的迅速发展和人民生活水平的提高。

在历史辩证法方面，邓小平也继承和发展了毛泽东的辩证法思想。

第一，关于中国社会革命和发展的道路。毛泽东从中国特殊的国情出发，分析了中国与苏联的不同，走出了一条不同于苏联的农村包围城市、武装夺取政权的革命道路。这条道路，实践证明了它的正确性。邓小平也同样从中国特殊的国情出发，把社会主义的"一般"与中国特殊的"个别"有机结合起来，开辟了建设有中国特色社会主义的道路。这条道路，改革开放的实践也证明了它的正确性。

第二，关于社会主义社会基本的矛盾。毛泽东创造性地提出了社会主义社会基本矛盾的理论，认为生产力和生产关系、经济基础和上层建筑之间的矛盾仍然是社会主义社会的基本矛盾，这无疑是正确的。但他又认为，在一定的条件下生产关系对生产力、上层建筑对经济基础也可以起主要的决定作用。这种观点是后来实践过程中一系列失误的理论根源之一。邓小平继承了毛泽东关于社会主义社会基本矛盾的理论，他充分肯定了生产力的作用，认为社会主义的根本任务是发展社会生产力。为了解放和发展生产力，必须对不适应生产力发展的经济体制和政治体制进行改革。改革也是一场革命，是中国的第二次革命。这次革命的目的是解放和发展生产力，性质是社会主义制度的自我调整、自我巩固、自我完善、自我发展，而不是要抛弃社会主义的根本制度。

第三，关于社会主义社会的发展动力。矛盾是事物发展的动力，但只有解决了矛盾才能推动事物的发展。关于社会主义社会的发展动力问题，毛泽东曾经提出过正确的观点，这集中体现在党的"八大"的一系列文件中。但是后来，毛泽东放弃了正确的观点，认为解决社会主义社会的矛盾还是要靠斗争，阶级斗争是社会主义社会的发展动力，这就仍然把关于阶级社会发展的直接动力的观点运用到了社会主义社会，并由此产生了实践上的一系列错误。邓小平果断地叫停了"以阶级斗争为纲"的口号，提出把党和国家的工作重心转移到经济建设上来。他认为，社会主义社会的生产关系和生产力、上层建筑和经济基础之间仍然存在着矛盾，必须改革经济体制和政治体制才能推动社会的发展，因而，改革是社会主义社会发展的动力。

第四，关于个人与群众的关系。在理论上，毛泽东着重强调了集体领导，反对个人专权；提倡正确评价个人特别是领袖与群众的关系，反对搞"一言堂"和"家长制"，反对搞个人崇拜。但是在实践方面，特别是在他的晚年，其思想逐渐脱离了群众，背离了他的正确思想，给党和人民的事业造成巨大的损失。邓小平认为，既不能过分夸大领袖的作用也不能无视领袖的作用。他提出要正确地评价毛泽东的功过是非，特别是要把毛泽东的功和过都放到特定的历史环境中去考察。要完整、准确地理解毛泽东思想，既要毫不动摇地坚持毛泽东思想，又要在新的历史条件下丰富和发展毛泽东思想。邓小平关于对毛泽东和毛泽东思想的正确评价开启了拨乱反正的历史航程。

[原文发表于《信阳师范学院学报（哲学社会科学版）》，2001 年第 4 期]

试论开展毛泽东邓小平辩证法思想比较研究的意义

辩证法思想是毛泽东思想、邓小平理论的重要组成部分。通过对毛泽东邓小平辩证法思想进行比较研究，来把握邓小平辩证法思想的实质，并用之指导社会主义现代化建设事业，具有十分重要的理论意义和现实意义。

1. 比较研究毛泽东邓小平辩证法思想的理论意义

（1）对毛泽东邓小平辩证法思想进行比较研究，是全面把握邓小平理论科学体系的需要。

邓小平理论是当代中国的马克思主义，是毛泽东思想的继承和发展，是指导中国人民进行社会主义现代化建设的正确理论。对于这样一种理论，必须认真学习，深入研究，而更为重要的是运用它来指导中国社会主义现代化建设的实践。要达到这一目的，必须掌握其精神实质，特别是要掌握其中贯穿的根本方法——辩证法。辩证法思想是贯穿于邓小平理论体系的一根红线。邓小平理论的各个组成部分之中都包含着丰富的辩证法思想。比如，关于解放思想，实事求是的论述，关于社会主义改革开放的论述，关于"一国两制"的论述等，无一不是辩证法思想的生动体现。不仅如此，邓小平理论作为一个完整的理论体系，各个组成部分之间有着密切的逻辑联系，其最根本的联系是辩证的联系。辩证法思想也是邓小平哲学思想的重要组成部分。按时下对邓小平理论的研究来看，一般倾向于把邓小平理论的内容分为：关于解放思想，实事求是；关于社会主义初级阶段；关于社会主义的发展道路；关于社会主义改革；关于社会主义发展战略；关于社会主义现代化建设的政治保证；关于社会主义建设的领导核心和依靠力量；关于社会主义市场经济；关于社会主义民主政治；关于社会主义精神文明；关于"一国两制"；关于社会主义建设的外部环境等。这是从邓小平理论有关"什么是社会主义、怎样建设社会主义"这一角度来分析的，很有道理。如果从"邓小平理论是在新的历史条件下对马克思列宁主义、毛泽东思想的全面丰富和发展"这个角度来看，我们把邓小平理论可分为邓小平的哲学思想、经济思想、社会主义思想、军事思想等组成部分，也不是没有道理的。从这个角度来看，邓小平辩证法思想毫无疑问是邓小平理论的一个重要组成部分。

辩证法思想也是毛泽东思想的重要组成部分。众所周知，毛泽东是一位伟大的哲学家，也是一位辩证法大师。他不仅写过专门的哲学著作，还写过专门的关于辩证法的论著，对马克思主义辩证法的发展做出了自己独特的贡献。

综上所述，要完整、准确地理解和把握毛泽东思想、邓小平理论的科学体系必须研究其中的辩证法。离开对毛泽东邓小平辩证法思想的把握，就无法揭示毛泽东思想、邓小平理论的内在联系，更难以把毛泽东思想、邓小平理论作为完整的科学体系来理解。

（2）对毛泽东邓小平辩证法思想进行比较研究，是深化邓小平理论研究的需要。

中国改革开放和社会主义现代化建设的巨大成就是在邓小平理论的指导下取得的，这一理论的正确性已被实践证明。因此，全党全国各族人民都在以不同的形式学习邓小平理论，理论界更是掀起了研究邓小平理论的热潮。近年来，每年发表研究邓小平理论的论文上千篇，著作上百部。人们从邓小平的社会主义观、改革开放观、市场经济观等多个角度来深入挖掘和阐述邓小平理论，从各个方面丰富了对邓小平理论的研究，对于指导我国改革开放和社会主义现代化建设事业无疑具有积极意义。

但是，经过统计我们发现，在众多的研究论著中，直接研究邓小平哲学理论的论著少之又少，见到的一些论著大多是泛泛而谈，有较高学术价值、作了深入开拓性研究的似不多见。是什么原因造成了这一现象呢？

第一，受邓小平无哲学理论的影响。有人认为，邓小平没有哲学理论。因为，在《邓小平文选》第一、二、三卷中，没有一篇纯哲学的论著。《邓小平文选》中更多的是讲话、谈话，理论色彩淡薄，连纯粹的哲学概念都少见。所以，研究邓小平的哲学理论是无的放矢。其实，这种观点是站不住脚的。诚然，历史上的许多哲学家都有鸿篇巨制，对哲学理论、体系、范畴、观点进行过阐发和诠释，比如康德、黑格尔等人。但是，其一，并不是所有的哲学家的理论都是以严谨的哲学论著的形式来表现的，如苏格拉底、孔子等人的哲学思想就是以谈话、讲课、论辩的形式来阐发的。其二，也不是所有的哲学理论都只能以严谨的哲学论著的形式来表现，如研究马克思、列宁等人的哲学思想，就要研究其书信、读书笔记等，在书信、读书笔记之中蕴含着丰富而重要的哲学思想。马克思、恩格斯晚年关于历史唯物主义的八封信，是我们今天研究历史唯物主义的重要文献；列宁的《哲学笔记》是我们研究列宁哲学思想的重要依据。其三，哲学家的哲学思想也并非只能在哲学论著中体现，如马克思、列宁的哲学思想在其政治经济学和科学社会主义理论中也同样有所体现。实际上，邓小平在对社会经济、政治、文化等问题的分析中，在对我国社会主义现代化建设诸多问题的论述中，一直站在哲学的制高点上，充满了辩证唯物主义和历史唯物主义的睿智，其哲学思想是十分丰富的。

第二，受到了邓小平理论主题的影响。邓小平理论的主题是"什么是社会主义、怎样建设社会主义"，邓小平的全部理论都是围绕这一主题而展开的。因为，这是中国社会主义建设的根本问题。围绕这一主题，邓小平论述了社会主义的本质、社会主义现代化的目标、社会主义现代化的道路、社会主义的发展动力、社会主义的发展战略、社会主义建设的外部环境、社会主义的领导力量、社会主义的精神文明等。主题之鲜明，内容之深刻，论述之精辟，不仅深深吸引并指导着实际工作者，而且也深深地吸引着理论工作者的目光，使大批理论工作者的注意力集中于此。应该说，这无可非议。但是，这在客观上导致了理论界对邓小平理论之理论基础的哲学思想关注不够，研究不够深入。

因此，从这个意义上讲，我们通过毛泽东邓小平辩证法思想的比较研究，从而丰富邓小平哲学思想的研究，进而深化邓小平理论的研究，无疑具有十分重要的理论意义。

（3）比较研究毛泽东邓小平辩证法思想，对于把握邓小平辩证法思想的历史地位具有重要的意义。

我们说，邓小平理论是毛泽东思想的继承和发展，邓小平辩证法思想也是对毛泽东辩证法思想的继承和发展。但是，没有对毛泽东邓小平辩证法思想进行比较研究，就无从掌握邓小平辩证法思想对毛泽东辩证法思想的继承和发展的具体内容。只有对二者进行深入的比较研究，才能准确地把握邓小平辩证法思想对毛泽东辩证法思想继承和发展的具体内容，从而也才能确定邓小平辩证法思想的历史地位。

拿实事求是的思想路线来说就是如此。毛泽东、邓小平思想对于实事求是的思想有着共同的科学内涵。邓小平把实事求是思想路线的内涵概括为三个方面：一是一切从实际出发；二是理论联系实际；三是实践是检验真理的唯一标准。无论是哪一点，都与毛泽东的实事求是的内涵完全一致。但是，毛泽东、邓小平对实事求是的思想路线又各自做出了独特的贡献。毛泽东首先提出实事求是的思想，并赋予实事求是以马克思主义的科学内涵。邓小平把实事求是与解放思想有机地结合起来，从而赋予实事求是以新的内涵。毛泽东是在反对主观主义和教条主义的斗争中确立了实事求是的思想路线，而邓小平则是在反对思想僵化、倡导解放思想中发展了实事求是的思想路线。毛泽东所针对的主要是王明"左"的教条主义，在肃清教条主义影响的斗争中确立了实事求是的思想路线。邓小平面对的是"两个凡是"，他是在批判"两个凡是"的斗争中恢复并丰富和发展了实事求是的思想路线。通过这种比较，我们才能够深入地理解邓小平辩证法思想对毛泽东辩证法思想的继承和发展。

关于对立统一规律也是如此。对立统一规律是唯物辩证法的实质和核心，矛盾辩证法也在毛泽东邓小平辩证法思想中占据着核心的地位。他们都承认矛盾，善于用矛盾的观点观察问题、分析问题；他们都重视矛盾的特殊性，并把对矛盾特殊性的分析运用于中国革命和建设的实践之中；他们都善于运用矛盾解决方式的多样性来解决中国革命和建设的实践问题。但是，毛泽东和邓小平关于矛盾辩证法的理论和实践又存在着许多不同之处。其一，在对于矛盾的两个基本属性的认识上，毛泽东十分重视矛盾的斗争性，以至于在实践中过分夸大了矛盾斗争性的作用。邓小平虽然也承认矛盾的斗争性，但他更加注重矛盾的同一性。"一国两制"、引进和利用资本主义的先进技术和管理经验、利用外资等，就是最明显的表现。其二，在内外因的关系上，毛泽东重视内因，这是正确的，但他对外因的作用重视不够。邓小平十分强调独立自主，在重视内因的同时，也重视外因的作用，重视与外国的交流与合作，重视改善国际关系，创造我国经济、社会发展的良好环境。其三，在矛盾的解决方式上，毛泽东更多地强调矛盾双方的斗争性，他批判"调和"与"融合"，痛恨折中主义，赞赏旗帜鲜明。邓小平在新的历史条件下更注重矛盾双方的"融合"，强调和平共处，取长补短，求同存异，共同发展。

正是在上述的比较中，我们才能够确立邓小平辩证法思想的历史地位。

（4）比较研究毛泽东邓小平的辩证法思想，对于反对唯心主义和形而上学，具有重要的理论意义。

毛泽东邓小平的辩证法是唯物辩证法，坚持唯物辩证法就要坚决反对唯心主义和形而上学。

马克思主义唯物辩证法是在同唯心主义和形而上学的斗争中产生的。对毛泽东邓小平辩证法思想进行比较研究，就是要揭示毛泽东和邓小平各自在自己特定的历史条件下是怎样批判唯心主义和形而上学，从而为丰富和发展马克思主义辩证法做出自己的贡献的。特别是通过这种比较研究，进一步揭示出邓小平是如何在反对形而上学，吸取历史的经验教训中，继承和发展了毛泽东辩证法思想，并开辟建设有中国特色的社会主义道路的。

毛泽东思想是在同王明的主观主义和教条主义的斗争中产生的。主观主义正是唯心主义在实际工作中的表现，教条主义正是典型的形而上学。为肃清王明的主观主义和教条主义的影响，毛泽东写下了《实践论》《矛盾论》等光辉著作，集中阐发了唯物主义和辩证法的思想，从而构成了毛泽东思想的重要组成部分。毛泽东一生都是一位坚定的马克思主义者，一生都毫不动摇地坚持唯物主义和辩证法。但是，由于种种原因，在他的晚年错误发动了"文化大革命"。在此期间，林彪、"四人帮"一伙推波助澜，兴风作浪，以致唯心主义横行，形而上学猖獗。即使是在粉碎"四人帮"之初，一些人还紧紧地抱着"两个凡是"不放。"两个凡是"是唯心主义和形而上学的典型话语。邓小平正是在批判"两个凡是"的过程中，逐步确立了实事求是的正确思想路线，并以此为契机，进行了各个方面的拨乱反正，从而成功地开辟出一条建设有中国特色的社会主义道路。

2. 比较研究毛泽东邓小平辩证法思想的实践意义

对毛泽东邓小平辩证法思想进行比较研究不仅具有重要的理论意义，而且具有重要的实践意义。

（1）比较研究毛泽东邓小平辩证法思想，对于总结历史经验，吸取历史教训，具有重要的指导意义。

哲学既是世界观，又是方法论，而哲学的方法论功能又特别地体现在辩证法上。中国的社会主义现代化建设是前无古人的伟大事业，能担负起这一伟大事业指导任务的，非马克思主义的科学世界观和方法论不能胜任。但是，在思想上确立马克思主义唯物辩证法的指导地位是一回事，在实践过程中能否按照唯物辩证法办事又是另一回事。也就是说，在社会主义现代化建设的过程中，我们自始至终地强调马克思主义的指导地位，强调唯物辩证法对于社会主义现代化建设的重要指导作用。也正是有了马克思主义的正确指导，我国的社会主义现代化建设才取得了很大的成绩，积累了丰富的经验。但是，由于种种复杂的原因，我们曾经离开过马克思主义正确的思想路线，以致犯了像"大跃进"，特别是"文化大革命"这样严重的主观主义的"左"倾错误。造成主观主义的一个十分重要的原因就是背离了唯物辩证法，甚而粗暴地践踏了唯物辩证法。其具体表现在以下几个方面：

第一，忽视了中国特殊的国情，把本来是特殊性的东西夸大为普遍性的东西。按照马克思主义的基本原理，一切国家最终都要走上社会主义道路，这是普遍规律。但是由于各国政治、经济、文化条件不同，历史传统不同等，它们在建设社会主义的具体道路、方法、步骤等方面，也必然表现出自己的特殊性。中国的国情就更有其特殊性。可是，我们不顾这种国情的特殊性，片面强调"一大二公"，认为公有制水平越高越好，不断变更生产关系，搞"穷过渡"，刮"共产风"，割"资本主义尾巴"，严重挫伤了广大人民群众的生产积极性，阻碍了生产力的发展。忽视特殊性，还表现在领导方法、工作方法上的"一刀切"。一道指示下来，一阵风吹来，不分地区，不加区别地一律照办，并且是一个要求，一种模式，一个速度，否则就是右倾、保守。推广某种先进经验，也是不加分析，强调所谓"不走样""不掺假"，通通照搬，把一定范围内的成功经验夸大为普遍适用的经验，结果造成了许多瞎指挥。

第二，在主要矛盾和非主要矛盾关系问题上的绝对化。在中国三大改造完成之后，剥削阶级作为一个阶级已经不存在了，阶级斗争虽然在一定的范围内长期存在，但是已经不是我国社会的主要矛盾了。在这种新的历史条件下，我们的思想却没能很好地随着客观情况的变化而变化，仍然坚持"以阶级斗争为纲"，用阶级斗争去推动一切、改造一切、带动一切，使阶级斗争成为高于一切、压倒一切的任务，使我们党的工作重心长期不能转移到经济建设的轨道上来。这就把阶级斗争的地位和作用夸大了，把一定时期社会的主要矛盾看成是在整个社会主义历史时期一成不变的东西，犯了绝对化的错误。在处理经济工作主要矛盾和非主要矛盾的关系上，也往往片面强调主要矛盾，忽视非主要矛盾，甚至把主要矛盾夸大为唯一的矛盾等。

第三，忽视量的积累，企图在不经过量的充分积累的基础上实现共产主义。这在"大跃进"和"文化大革命"期间表现得最为明显。当时提出的"20年赶美超英""跑步进入共产主义"等口号，就是这种急于求成的典型表现。邓小平在评价毛泽东时曾经讲过，毛泽东的一个重大缺点是忽视发展社会生产力，发展生产力的方法不对头，搞了"大跃进"、人民公社，没有按照社会经济发展的规律办事。邓小平指出："马克思主义的最高目标就是要实现共产主义，而共产主义是建立在生产力高度发达的基础上的。社会主义是共产主义的第一阶段，是一个很长的历史阶段。"① 多年来，我们一直把社会主义当成向共产主义过渡的一个短暂的历史阶段，认为不需要太长的时间，我们就可以迈向共产主义社会。

第四，错误地理解批判与继承的关系，全盘否定古代文化遗产和西方文化。相当一段时期，我们对古代文化遗产采取全盘否定的态度，批判古代文化遗产的运动一个接着一个。认为古代文化遗产都是封建主义的东西，是糟粕，是垃圾，与无产阶级文化格格不入，应该彻底否定，全盘抛弃。对待西方文化，更是采取全盘否定的态度。否定的结果是拒斥西方的一切科学技术、管理经验，导致闭关自守，自甘落后。正如邓小平所说："中华人民共和国建立以后，第一个五年计划时期是对外开放的，不过那时只能是对苏联东欧开放。以后关起门来，成就也有一些，总的说来没有多大发展。"②

当然，在我国社会主义建设的过程中违背乃至粗暴践踏唯物辩证法的现象还很多。但是从上就可以看出，违背唯物辩证法确实给我们的建设事业带来了重大损失。今天，我们对毛泽东邓小平辩证法思想进行比较研究，就是要吸取历史的经验教训，在社会主义现代化建设的过程中，自觉地按唯物辩证法办事，开创社会主义现代化建设的新局面。

（2）比较研究毛泽东邓小平辩证法思想，对于指导我们处理好各种矛盾，建设有中国特色的社会主义，具有重要的实践意义。

中国的社会主义现代化建设正处于关键时期。邓小平根据中国的具体国情确定了中国社会主义现代化建设"三步走"的战略步骤，即20世纪80年代基本解决温饱问题，20世纪末人民生活达到小康水平，21世纪中叶达到中等发达国家的水平。现在第一步和第二步发展目标已经实现，我们正在朝着第三步战略目标迈进。从21世纪开始，我国将进入全面建设小康社会并加快推进现代化的新的发展阶段。我们要实现现代化建设的宏伟目标，解决经济和社会生活中存在的矛盾和问题，就必须掌握和研究唯物辩证法。

① 邓小平. 邓小平文选：第三卷［M］. 北京：人民出版社，1993：116.
② 邓小平. 邓小平文选：第三卷［M］. 北京：人民出版社，1993：105.

和平与发展仍然是当今世界的两大主题。邓小平曾经指出："现在世界上真正大的问题，带全球性的战略问题，一个是和平问题，一个是经济问题或者说发展问题。"这两大问题一个也没有解决。苏联解体后，只剩下了美国一个超级大国。但是，美国并未成为世界的主宰，代之而起的乃是世界的多极化。以一两个超级大国为中心的世界政治与经济秩序已经从此改观，世界事务由一两个超级大国说了算的时代已经过去。世界正在走向多极化的时代，但是多极格局的最终形成还要经历一个长期的过程。在这一长期的过程中，中国如何保持自己独立的国际地位，在国际事务中如何发挥自己的作用，并创造国家建设和发展的良好外部环境，是摆在我们面前的一个十分严肃的课题。

从国际经济的发展来看，科学技术的进步与世界各国经济的增长，推动了国际分工与国际经济关系的空前发展。统一的世界市场的形成，更为国际经济关系的进一步扩展创造了新的条件和推动力。各个国家在经济上的相互联系和相互依赖日益加深，使它们的经济生活也越来越国际化。虽然民族国家依然存在，但领土和政治上的疆界在这方面的作用已日趋式微。商品生产的高度发展要求冲破各种疆界和藩篱的阻隔。正如马克思和恩格斯过去所说的，商品是可以冲破一切万里长城的重炮。商品生产的扩大，把一切国家都卷入了统一的世界市场经济之中。一切国家如果离开了统一的世界市场就再也无法正常地发展。它们对世界市场的依赖程度日益提高。在世界经济走向 21 世纪的时候，经济全球化进程加快，国际经济合作与竞争向着前所未有的广度和深度发展。加之世界科学技术突飞猛进，特别是信息技术的迅猛发展，为生产力和社会的发展开辟了新的广阔前景，对各国政治、经济、军事、科技、文化社会等领域正在产生深刻的影响。总之，世界经济形势的发展对我们来说，机遇与挑战同在、希望与困难并存。

就国内而言，目前正是深化改革、扩大开放、加快发展的关键时期。深化改革的任务很重，国有企业的改革已经到了攻坚的阶段。国有企业的改革能否顺利进行并卓有成效，关系到中国经济改革的成败。在这一攻坚阶段，改革当中的一些深层次矛盾开始暴露出来，各种社会矛盾交织在一起，将给改革带来影响。

为了推动中国经济的发展，要继续实行对外开放的政策，把改革和开放作为中国经济发展的动力。在发展的问题上，中国也面临着诸多的矛盾。比如发展中的环境问题，发展中的地区差别问题，发展中的人口问题，发展中的稳定问题等。

综上所述，无论是国际形势还是国内形势，中国在 21 世纪的发展都面临着诸多矛盾和困难。在复杂的任务面前，我们必须牢牢掌握唯物辩证法，用唯物辩证法的观点来指导我们把握历史的发展机遇，处理改革过程中的深层次矛盾，特别是处理好改革、发展与稳定的关系，把改革的力度、发展的速度与人民群众的承受程度有机地统一起来，从而推进有中国特色的社会主义现代化建设。

[原文发表于《信阳师范学院学报（哲学社会科学版）》，2002 年第 1 期]

略论《邓小平文选》第三卷的重点内容与特色

　　《邓小平文选》第三卷，同 1975—1982 年卷一起，集中反映了建设有中国特色社会主义理论的形成发展和主要内容，是社会主义中国时代精神的精华，是当代中国马克思主义的奠基之作，具有十分鲜明的特色。

　　1. 坚持了马克思主义普遍原理与中国社会主义建设实际的统一

　　马克思主义科学地揭示了人类社会发展的一般规律，是无产阶级认识世界和改造世界的科学指南。任何一般都寓于个别之中并通过个别来表现。马克思主义的普遍原理是在各国的具体实践中体现出来的。只有运用马克思主义的一般原理，分析研究各国的具体国情，并把两者相结合，各国无产阶级领导的革命和建设事业才能取得成功。以毛泽东同志为核心的党的第一代领导集体，正是从中国特殊的国情出发，坚持共性与个性相统一的辩证法，把马克思主义普遍原理与中国的革命实践相结合，才找到了农村包围城市，武装夺取政权的正确革命道路和中国式的社会主义改造的正确道路。社会主义改造完成以后，在什么是社会主义、如何建设中国的社会主义这些重大的问题上，我们党曾经进行过艰辛的探索，取得了不少宝贵的经验和巨大成就。但是在相当长的时间内，我们的路线、方针、政策脱离了中国国情，背离了共性与个性相统一的规律，用抽象的原则代替了对现实的分析，用僵化的思想框框来裁剪中国的社会现实，这给我国的社会主义建设造成了很大的损失。

　　沉痛的教训，促使共产党人警醒。十一届三中全会以后，以邓小平同志为核心的党的第二代领导集体坚持马克思主义、毛泽东思想，认真分析研究中国国情，把科学社会主义的一般原理与中国社会主义建设的实际相结合，走出了一条建设有中国特色社会主义的新路。建设有中国特色的社会主义理论是邓小平同志在新的历史条件下对马列主义、毛泽东思想的重大发展。在党的十二大的开幕词中，邓小平同志就明确地指出："把马克思主义的普遍真理同我国的具体实际结合起来，走自己的道路，建设有中国特色的社会主义，这就是我们总结长期历史经验得出的基本结论。"① "中国特色"是中国不同于其他社会主义国家的个性、特殊性；"社会主义"则是中国和其他社会主义国家的共性、普遍性。一方面，中国一定要坚持马克思主义的普遍原理，坚持社会主义的方向，坚持公有制和共同富裕，这是共性。另一方面，社会主义的一般只能在各国特色的个别中存在，我们要建设有中国特色的社会主义，就要从中国的实际出发，这又是个性。"有中国特色的社会主义"就是社会主义的共性和中国的个性的有机统一，是共性和个性辩证关系原理的具体体现。

2. 坚持了解放思想和实事求是的统一

实事求是是辩证唯物主义的根本要求。坚持物质第一性、意识第二性，物质决定意识的唯物主义原理，就必然要坚持在制定路线、方针、政策时，从实际出发，实事求是。中国革命和建设的正反两方面的经验告诉我们，办事情、想问题坚持了实事求是的原则，我们的事业就能兴旺发达；背离了实事求是的原则，我们的事业就要遭受挫折。因此，以毛泽东同志为核心的党的第一代领导集体把实事求是确立为我们党的思想路线。

十一届三中全会以后，我们党又恢复了实事求是的思想路线，并在新的历史条件下加以丰富和发展。早在十一届三中全会召开前夕，邓小平同志就指出："解放思想，开动脑筋，实事求是，团结一致向前看。首先是解放思想。只有思想解放了，我们才能正确地以马列主义、毛泽东思想为指导，解决过去遗留的问题，正确地改革同生产力迅速发展不相适应的生产关系和上层建筑，根据我国的实际情况，确定实现四个现代化的具体道路、方针、方法和措施。"② 邓小平同志的这段话，是随后召开的十一届三中全会的指导思想之一。

什么是解放思想？邓小平同志指出："解放思想是指在马克思主义指导下打破习惯势力和主观偏见的束缚，研究新情况，解决新问题。"③ 依据客观实际情况的变化，不断突破旧的思维框框和习惯势力的束缚，这是人类应有的一种积极、主动的精神状态，更是我们共产党人应有的创新勇气。从这个意义上说，无论是整个人类社会发展史和思想发展史，还是中国的革命和建设以及马克思主义的发展史，都是一部立足于

---

① 邓小平. 邓小平文选：第三卷 [M]. 北京：人民出版社，1993：3.
② 邓小平. 邓小平文选：第三卷 [M]. 北京：人民出版社，1993：131.
③ 邓小平. 邓小平文选：第三卷 [M]. 北京：人民出版社，1993：243.

人类实践活动的思想解放史。邓小平同志强调指出："不打破思想僵化，不大大解放干部和群众的思想，四个现代化就没有希望。""一个党，一个国家，一个民族，如果一切从本本出发，思想僵化，迷信盛行，那它就不能前进，它的生机就停止了，就要亡党亡国。"①

邓小平同志还特别论述了解放思想与实事求是的关系。他指出："解放思想，就是使思想和实际相符合，使主观和客观相符合，就是实事求是。今后，在一切工作中要真正坚持实事求是，就必须继续解放思想。只有解放思想，才能达到实事求是。如果一切从本本出发、从教条出发，必然是主观主义，必然要背离实事求是的原则。十一届三中全会以来，我们正是在解放思想、实事求是这一思想路线的指引下，才有改革开放的一系列方针政策，才有建设有中国特色的社会主义理论，才取得了改革开放的伟大成果。"②

3. 坚持了"一个中心"和"两个基本点"的统一

十一届三中全会以后，我们党重新正确地认识了中国国情，制定了党在社会主义初级阶段的基本路线，即"一个中心、两个基本点"的基本路线。在《邓小平文选》第三卷中，"一个中心"和"两个基本点"是互相依存、互相支持的。邓小平同志一再强调，经济建设这个中心什么时候都不能动摇，要"顽固一点""扭住不放"。社会主义的根本任务是大力发展社会生产力，提高人民生活水平。贫穷不是社会主义。按照马克思的构想，社会主义应该建立在生产力高度发达的基础上，它能使生产力获得更快的发展，从而使社会主义社会比资本主义社会更加富裕。我国又是在经济文化发展水平比较低下的情况下建立起社会主义制度的，现在还不发达，这就决定了现阶段我们的根本任务是大力发展社会生产力，消灭贫穷。只有生产力发展了，物质财富丰富了，才能提高人民的生活水平，才能保证国家的长治久安，才能增强综合国力，提高我国的国际地位，并进一步为祖国的统一创造条件。社会主义要战胜资本主义，最终还是要靠生产力更高、更快的发展。所以邓小平十分精辟地指出："坚持社会主义，首先要摆脱贫穷落后的状态，大大发展生产力，体现社会主义优于资本主义的特点。"③"贫穷不是社会主义，发展太慢也不是社会主义。""社会主义的本质是解放生产力，发

---

① 邓小平. 邓小平文选：第三卷 [M]. 北京：人民出版社，1993：133.
② 邓小平. 邓小平文选：第三卷 [M]. 北京：人民出版社，1993：323.
③ 邓小平. 邓小平文选：第三卷 [M]. 北京：人民出版社，1993：224.

展生产力，消灭剥削，消除两极分化，达到共同富裕。"①

邓小平同志的思想处处闪耀着辩证法的光芒。在《邓小平文选》第三卷中，他既充分阐述了以经济建设为中心的必要性和重要性，又反复论述了坚持"两个基本点"的问题，即坚持改革开放和坚持四项基本原则的统一。他认为改革开放是发展生产力的有效途径，"改革和开放是手段，目标是分三步走，发展我们的经济"②。在改革开放的过程中，又必须坚持四项基本原则。"搞社会主义现代化建设是基本路线。要搞现代化建设使中国兴旺发达起来，第一，必须实行改革、开放政策；第二，必须坚持四项基本原则，主要是坚持党的领导，坚持社会主义道路，反对资产阶级自由化，反对走资本主义道路。这两个基本点是相互依存的。"③ 在社会主义现代化的建设过程中，要防"左"反右。实践证明，"左"就是反对改革开放，即停留在过去对马克思主义的某些原则、某些本本的教条式理解上，或者停留在过去对社会主义的一些不科学的甚至完全扭曲了的认识上，或者停留在改革开放前那些超越社会主义初级阶段的不正确的思想和政策上，不接受甚至怀疑、否定改革开放的政策，认为改革开放就是走资本主义道路，仍用过去那种"以阶级斗争为纲"的思想来影响甚至冲击经济建设这个中心。右的表现主要是怀疑和否定四项基本原则，搞资产阶级自由化，甚至制造动乱，企图改变我们的社会主义制度和改革开放的正确方向。无论是"左"还是右，都没能坚持改革开放和四项基本原则的统一，都必然会危害我国的社会主义现代化建设，甚至会葬送社会主义。

4. 坚持了对内改革和对外开放的统一

改革开放是《邓小平文选》第三卷的主旋律。邓小平同志清醒地认识到，传统的计划经济体制和我国政治体制的弊端是阻碍我国生产力发展的主要原因。因此，"改革是中国发展生产力的必由之路"。我们只能走改革的路，"没有别的路可走。只有走这条路才是通往富裕和繁荣之路"④。他在1992年春南行讲话中又进一步指出："不坚持社会主义，不改革开放，不发展经济，不改善人民生活，只能是死路一条。"⑤只有通过改革才能解决社会主义初级阶段的基本矛盾，革除传统经济体

---

① 邓小平. 邓小平文选：第三卷 [M]. 北京：人民出版社，1993：373.
② 邓小平. 邓小平文选：第三卷 [M]. 北京：人民出版社，1993：266.
③ 邓小平. 邓小平文选：第三卷 [M]. 北京：人民出版社，1993：248.
④ 邓小平. 邓小平文选：第三卷 [M]. 北京：人民出版社，1993：150.
⑤ 邓小平. 邓小平文选：第三卷 [M]. 北京：人民出版社，1993：370.

制和政治体制的弊端，促进国民经济持续、快速、健康地发展，提高人民生活水平。邓小平同志在谈话中总结说："为什么'六四'以后我们的国家能够很稳定？就是因为我们搞了改革开放，促进了经济发展，人民生活得到改善。"因此，他一再强调，改革开放的政策不能变，变了，社会基本矛盾就不能得到解决，生产力就不能发展，人民生活水平就不能提高，人民就不答应，人民就不高兴。"说过去说过来，就是一句话，坚持这个路线、方针、政策不变。"①

邓小平同志认为，改革与开放是一个统一的整体，没有离开改革的开放，也没有离开开放的改革。他多次指出，中国的发展离不开国际环境，我们必须学习他国先进的科学技术和管理经验。"中国要谋求发展，摆脱贫穷和落后，就必须开放。开放不仅是发展国际间的交往，而且要吸收国际经验。……二十年的经验尤其是'文化大革命'的教训告诉我们，不改革不行，不制定新的政治的、经济的、社会的政策不行。……这些政策概括起来，就是改革和开放。"② 邓小平同志还指出："中国的事情要按照中国的情况来办，要依靠中国人自己的力量来办。"事物发展变化的根据和第一位的原因是内因。因此，中国的社会主义现代化，要靠中国人民在党的领导下努力奋斗，通过改革来实现，依赖别国只会成为别国的附庸。"照抄照搬别国经验、别国模式，从来不能得到成功。"③ 外因是事物变化发展的条件，虽然必不可少，但它仅仅是条件，要通过内因才能起作用。对于别国再先进的科学技术、再先进的管理经验，我们都必须根据中国的国情，加以吸收、消化，这样才能对中国的发展起作用。

总之，内因和外因，改革和开放都是中国实现社会主义现代化不可缺少的因素。没有改革，开放就失去了基础；没有开放，改革就失去了条件。"坚持改革开放是决定中国命运的一招。"只有"坚持改革开放才能抓住时机上台阶"。

5. 坚持了社会主义和市场经济的统一

建立社会主义市场经济体制，是建设有中国特色社会主义理论的重要组成部分。关于市场经济，关于计划与市场的关系，是邓小平同志近十年来论述最多的问题。

---

① 邓小平. 邓小平文选：第三卷［M］. 北京：人民出版社，1993：371.
② 邓小平. 邓小平文选：第三卷［M］. 北京：人民出版社，1993：266.
③ 邓小平. 邓小平文选：第三卷［M］. 北京：人民出版社，1993：2.

邓小平同志认为，社会主义和市场经济之间不存在根本矛盾。早在1979年11月，他在会见外宾时就讲过："说市场经济只限于资本主义的市场经济，这肯定是不正确的。社会主义为什么不可以搞点市场经济，这个不能说是资本主义。"1985年10月23日，他在回答外宾问题时，更明确指出："社会主义和市场经济之间不存在根本矛盾。"① 这就突破了传统的社会主义经济思想，树立起社会主义和市场经济可以统一起来的新观念。

也正因为树立了上述观念，邓小平同志认为，计划经济和市场经济都不是社会制度的基本特征。市场经济与私有制、计划经济与公有制没有必然的内在联系。1990年12月，邓小平指出："我们必须从理论上搞懂，资本主义与社会主义的区分不在于是计划还是市场这样的问题。社会主义也有市场经济，资本主义也有计划控制。……不要以为搞点市场经济就是资本主义道路，没有那么回事。"② 在南行讲话中，他再一次指出："计划经济不等于社会主义，资本主义也有计划；市场经济不等于资本主义，社会主义也有市场。"③ 这就明确指出了计划经济和市场经济与社会基本制度没有必然的根本联系，社会主义和市场经济可以统一也必须统一起来的新思想。

邓小平同志还指出，无论是计划还是市场，都是社会资源配置的手段、方法。他多次说："计划和市场都是方法嘛。只要对发展生产力有好处都可以用。""计划和市场都是经济手段。""要有计划，但也要讲市场。""计划和市场都得要。不搞市场，连世界上的信息都不知道，是自甘落后。"④ 必须把计划和市场统一起来。不处理好计划与市场的关系问题，就会影响经济发展。今天，我们建立社会主义市场经济新体制，就是要使市场在国家合理有效的宏观调控下对资源的配置起基础作用，从而促进生产力的发展。

6. 坚持了物质文明建设和精神文明建设的统一

邓小平同志指出："在社会主义国家，一个真正的马克思主义政党在执政以后，一定要致力于发展生产力，并在这个基础上逐步提高人民的生活水平。这就是物质文明。""与此同时，还要建设社会主义的精神文明，最根本的是要使广大人民有共产主义的理想，有道德，有文

---

① 邓小平. 邓小平文选：第三卷［M］. 北京：人民出版社，1993：148.
② 邓小平. 邓小平文选：第三卷［M］. 北京：人民出版社，1993：364.
③ 邓小平. 邓小平文选：第三卷［M］. 北京：人民出版社，1993：373.
④ 邓小平. 邓小平文选：第三卷［M］. 北京：人民出版社，1993：364.

化，有纪律。国际主义、爱国主义都属于精神文明的范畴。"①

邓小平同志十分注重在新的历史条件下加强社会主义精神文明建设。他指出："经济建设这一手，我们搞得相当有成绩，形势喜人，这是我们国家的成功。但风气如果坏下去，经济搞成功又有什么意义？会在另一方面变质，反过来影响经济变质，发展下去会形成贪污、盗窃、贿赂横行的世界。"② 因此，加强社会主义精神文明建设具有十分重要的意义。"我们提倡按劳分配，承认物质利益，是要为全体人民的物质利益奋斗。每个人都应该有他一定的物质利益，但是这绝不是提倡各人抛开国家、集体和别人，专门为自己的物质利益奋斗，绝不是提倡各人向'钱'看。要是那样，社会主义和资本主义还有什么区别？"③ 类似的论述还有很多。

关于"两手抓"的问题，邓小平同志有许多精辟论述。其一，"一手就是坚持对外开放和对内搞活经济的政策，一手就是坚决打击经济犯罪活动。没有打击经济犯罪活动这一手，不但对外开放政策要失败，对内搞活经济的政策也肯定要失败。有了打击经济犯罪活动这一手，对外开放、对内搞活经济就可以沿着正确的方向走"④。他在南行讲话中，又明确指出："要坚持两手抓，一手抓改革开放，一手抓打击各种犯罪活动。这两只手都要硬。打击各种犯罪活动，扫除各种丑恶现象，手软不得。"⑤ 其二，一手抓物质文明建设，一手抓精神文明建设。物质文明为精神文明的发展提供物质基础和实践经验，离开了物质文明，精神文明就失去了根基。精神文明又是物质文明的必要补充和推动力量，它为物质文明的发展提供精神动力和智力支持，保证物质文明建设的社会主义方向。邓小平强调："不加强精神文明的建设，物质文明的建设也要受破坏，走弯路。光靠物质条件，我们的革命和建设都不可能胜利。"⑥ 物质文明和精神文明都是社会主义现代化建设总体布局的重要组成部分，缺一不可。其三，"改革是一只手，反对资产阶级自由化也是一只手"。邓小平多次指出，改革开放是为了发展社会生产力，进一步巩固社会主义制度，充分发挥社会主义制度的优越性，不是推翻社会主义制度，不是否定共产党的领导。"中国搞现代化，只能靠社会主义，

---

① 邓小平.邓小平文选：第三卷［M］.北京：人民出版社，1993：28.
② 邓小平.邓小平文选：第三卷［M］.北京：人民出版社，1993：154.
③ 邓小平.邓小平文选：第三卷［M］.北京：人民出版社，1993：297.
④ 邓小平.邓小平文选：第三卷［M］.北京：人民出版社，1993：359.
⑤ 邓小平.邓小平文选：第三卷［M］.北京：人民出版社，1993：378.
⑥ 邓小平.邓小平文选：第三卷［M］.北京：人民出版社，1993：144.

不能靠资本主义。历史上有人想在中国搞资本主义，总是行不通。"
"一旦中国全盘西化，搞资本主义，四个现代化肯定实现不了。"① 他还
说，"历史已经证明，只有社会主义才能救中国，只有社会主义才能发
展中国。……不走社会主义中国就没有前途"②。因此，在改革开放的
过程中，必须反对资产阶级自由化。其四，"一手抓改革开放，一手抓
惩治腐败"。在南行讲话中，邓小平指出："在整个改革开放过程中都
要反对腐败。对干部和共产党员来说，廉政建设要作为大事来抓。"③
我们的党，主流是好的，但在党内、在国家机关中确实存在着腐败现
象。如果掉以轻心，任其泛滥，就会葬送我们的党，葬送我们的人民政
权，葬送我们的社会主义现代化大业。惩治腐败是保证改革开放和经济
建设顺利进行的一项必不可少的重要工作，也是精神文明建设的一个重
要方面。

7. 坚持了独立自立和维护世界和平的统一

坚持独立自主的方针，维护国家主权和世界和平，正确处理外交国
际事务，是《邓小平文选》第三卷重点论述的又一问题。

第一，坚持独立自立，从实际出发，建设有中国特色的社会主义。
邓小平同志指出："中国本来是个穷国，为什么有中美苏'大三角'的
说法？就是因为中国是独立自立的国家。为什么说我们是独立自主的？
就是因为我们坚持有中国特色的社会主义道路。"④ "中国人民珍惜同其
他国家和人民的友谊和合作，更加珍惜自己经过长期奋斗而得来的独立
自立的权利。"⑤ 我国的经济要发展，必须实行对外开放的政策，不能
把自己孤立起来，不能搞成封闭的国家。但是，也一定要坚持独立自
立、自力更生的原则。

第二，要把国家的主权和安全放在第一位。1989 年 12 月 1 日，邓
小平同志在会见外宾时指出，1989 年发生的动乱从反面教育了我们，
要始终把国家的主权、安全放在第一位，对这一点我们比过去更清楚。
对西方的制裁，我们不怕。"任何违反国际关系准则的行动，中国人民
永远不会接受，也不会在压力下屈服。"⑥ 用"一国两制"来解决祖国

---

① 邓小平. 邓小平文选：第三卷 ［M］. 北京：人民出版社，1993：229.
② 邓小平. 邓小平文选：第三卷 ［M］. 北京：人民出版社，1993：311.
③ 邓小平. 邓小平文选：第三卷 ［M］. 北京：人民出版社，1993：379.
④ 邓小平. 邓小平文选：第三卷 ［M］. 北京：人民出版社，1993：311.
⑤ 邓小平. 邓小平文选：第三卷 ［M］. 北京：人民出版社，1993：3.
⑥ 邓小平. 邓小平文选：第三卷 ［M］. 北京：人民出版社，1993：348.

统一问题，是我们党的创举，但"中国的主体必须是社会主义"。香港、澳门的回归，主权问题不容谈判；台湾的自治可以更宽些，但"条件是不能损害统一的国家的利益"。要实行统一，"万万不可让外国插手，那样意味着中国还未独立，后患无穷"①。他多次强调，我们不干涉别国的内政，也永远不会接受别人干涉我们的内政。

第三，面对风云变幻的国际形势，要冷静观察，稳住阵脚，沉着应付，集中精力把自己的事情办好。1989年，我们国内发生了动乱，国际上苏联、东欧社会主义国家也发生了巨变。面对复杂的国际形势，邓小平同志指出："对于国际形势，概括起来就是三句话：第一句话，冷静观察；第二句话，稳住阵脚；第三句话，沉着应付。""要冷静、冷静、再冷静，埋头苦干，做好一件事，我们自己的事。"② 这为我们观察国际形势提供了指导方针。他一再强调要集中精力把我们自己的事情办好。"首先中国自己不要乱，认真地真正地把改革开放搞下去。……中国只要这样搞下去，旗帜不倒，就会有很大影响。"③ 反之，中国自己的事情办不好，西方资本主义国家就会有机可乘。在1990年7月的一次谈话中，他又指出：中国不能乱，乱了"首先受影响的是现在世界上最有希望的亚太地区。这就会是世界性的灾难。所以，中国不能把自己搞乱，这当然是对中国自己负责，同时也是对全世界、全人类负责"④。

第四，坚持社会主义，坚持维护世界和平，永远不称霸。邓小平同志反复指出，我们必须集中精力搞四个现代化，着眼于振兴中华民族。"没有四个现代化，中国在世界上就没有应有的地位。我们搞四个现代化，是社会主义的四个现代化。只有社会主义，才能有凝聚力，才能解决大家的困难，才能避免两极分化，逐步实现共同富裕。"⑤ 坚持社会主义，在对外政策上必然是反对霸权主义，维护世界和平。"我们对外政策还是两条，第一条是反对霸权主义、强权政治，维护世界和平；第二条是建立国际政治新秩序和经济新秩序。"⑥ 他还指出："中国永远站在第三世界一边，中国永远不称霸，中国也永远不当头。"⑦ 邓小平同

---

① 邓小平. 邓小平文选：第三卷 ［M］. 北京：人民出版社，1993：31.
② 邓小平. 邓小平文选：第三卷 ［M］. 北京：人民出版社，1993：321.
③ 邓小平. 邓小平文选：第三卷 ［M］. 北京：人民出版社，1993：320.
④ 邓小平. 邓小平文选：第三卷 ［M］. 北京：人民出版社，1993：361.
⑤ 邓小平. 邓小平文选：第三卷 ［M］. 北京：人民出版社，1993：357.
⑥ 邓小平. 邓小平文选：第三卷 ［M］. 北京：人民出版社，1993：353.
⑦ 邓小平. 邓小平文选：第三卷 ［M］. 北京：人民出版社，1993：363.

志用战略家的眼光指出，中国必须既坚持社会主义，又坚持维护世界和平。"坚持社会主义，是中国一个很重要的问题。如果十亿人的中国走资本主义道路，对世界是个灾难，是把历史拉向后退，要倒退好多年。如果十亿人的中国不坚持和平政策，不反对霸权主义，或者是随着经济的发展自己搞霸权主义，那对世界也是一个灾难，也是历史的倒退。十亿人的中国坚持社会主义，十亿人的中国坚持和平政策，做到这两条，我们的路就走对了，就可能对人类有比较大的贡献。"①

［原文发表于《信阳师范学院学报（哲学社会科学版）》，1994 年第 1 期］

---

① 邓小平．邓小平文选：第三卷［M］．北京：人民出版社，1993：158.

全面理解加强党的执政能力建设的总目标

《中共中央关于加强党的执政能力建设的决定》（后文简称为《决定》）指出："加强党的能力建设的总体目标是：通过全党共同努力，使党始终成为立党为公、执政为民的执政党，成为科学执政、民主执政、依法执政的执政党，成为求真务实、开拓创新、勤政高效、清正廉洁的执政党，归根到底成为始终做到'三个代表'、永远保持先进性、经得住各种风浪考验的马克思主义执政党。"这一总目标，全面、深刻的从建设什么样的执政党、怎样建设执政党的角度进行了高度概括，既是对我党执政经验的总结，又体现着我党对执政规律的进一步认识和把握。

1. 为谁执政、靠谁执政——立党为公、执政为民

为了谁、依靠谁，是否站在最广大人民群众的立场上，既是唯物史观和唯心史观的分水岭，也是共产党和剥削阶级政党执政理念的根本区别。唯物史观认为，人民群众是物质和精神财富的创造者，是社会变革的决定力量。中国共产党的执政地位不是与生俱来的。中国共产党之所以能够取得执政地位，其根本原因在于人民的支持和拥护；中国共产党能否长期执政，执政地位是否巩固，也同样取决于人民是否支持和拥护。人民群众的这种历史主人翁地位决定了中国共产党执政必须为人民执政、靠人民执政。

政党作为阶级矛盾的产物和政治斗争的工具，执政是其奋斗和追求的直接目标。作为一个执政党必须解决的首要问题就是如何巩固执政地位，这就必然要研究和探索执政的特点和规律，以树立科学、正确的执政理念。中国共产党执政后究竟应该确立什么样的执政理念，不仅是党必然面临的和必须解决的"为谁执政""靠谁执政""怎样执政"的根本问题，而且是关系到执政的前途和命运的重大课题。《决定》对这一问题做出了明确回答，"立党为公、执政为民"，从而确立了我们党科学、正确的执政理念。

立党为公、执政为民集中体现了中国共产党的性质和宗旨。中国共

产党是中国工人阶级的先锋队，同时是中国人民和中华民族的先锋队。中国共产党的宗旨是全心全意为人民服务，这就要求我们党必须牢固树立群众史观，坚持一切依靠群众，一切为了群众，从群众中来，到群众中去的群众路线。深入群众中去，调查研究，从群众中汲取智慧和力量。坚持人民利益高于一切的原则，始终实现好、维护好、发展好人民群众的利益，把人民拥护不拥护、赞成不赞成、高兴不高兴、答应不答应作为评价我们一切执政行为的最高标准。马克思主义唯物史观和我们党的性质决定了我们必须牢固树立立党为公、执政为民的意识，党的全部政策和实践活动都必须以工人阶级和最广大人民群众的根本利益为出发点和落脚点。

立党为公、执政为民集中体现了"三个代表"重要思想的科学内涵。党之所以要始终代表中国先进生产力的发展要求，是因为只有不断解放和发展生产力，增强国家的经济实力，才能为建设中国特色社会主义文化和实现人民群众的根本利益提供雄厚的物质基础；党之所以要代表中国先进文化的前进方向，是因为只有不断发展和繁荣社会主义文化，才能不断满足人民群众精神文化生活需要，才能为发展先进生产力提供强大的精神动力和智力支持。先进生产力是基础和前提，先进文化是旗帜和方向，而党要始终代表最广大人民的根本利益则是目的和归宿。人民群众既是先进生产力和先进文化的创造者，又是其成果的享有者。"三个代表"重要思想不仅提出了坚持立党为公、执政为民的根本要求，而且指明了实现立党为公、执政为民的根本途径。

执政为民深刻体现了中国共产党执政的庄严历史使命和神圣责任。坚持执政为民，就是要承担起推动中国社会发展的历史使命，发展先进生产力和先进文化，推动社会全面进步。能否执政为民，事关党的执政地位的巩固与否。在20世纪80年代和90年代初，世界上一些长期执政的党相继丧失执政地位，丢失政权，一个重要的原因就是在于其执政后权力发生异化，执政不为民，严重脱离人民群众，因此失去了人心，也失去了执政的根基。历史证明，无论是一个政党还是一个政权，其执政地位的巩固与否，根本上取决于是否执政为民。我们党执政55年的历史和实践也证明，中国共产党能够成为执政党，是历史的选择、人民的选择。同时我们也应该清楚地认识到，党的执政地位不是与生俱来的，也不是一劳永逸的。我们党必须始终成为立党为公、执政为民的执政党，坚持为人民执政，靠人民执政，为人民服务，让人民幸福。

2. 怎样执政、靠什么执政——科学执政、民主执政、依法执政

《决定》关于党的执政能力建设的总体目标不仅回答了"为谁执政","靠谁执政"的问题,而且创造性地回答了"怎样执政","如何执政","靠什么执政"的问题。《决定》指出,要把我们党建设成为"科学执政、民主执政、依法执政的执政党"。这一重要提法是我党关于执政方式问题上的重大创新。尊重和运用科学规律,发扬民主,依法执政、依法行政、依法办事,这些提法和概念,我们党过去都提过,但是把它们作为一个整体与执政联系起来,并且作为执政党建设的目标之一,系统地、鲜明地提出来,这还是第一次。这说明我们党在长期的执政实践中已经积累了丰富的执政经验,对执政党的执政规律已经有了比较深刻的把握。

科学执政,就是党要按照科学的思想、理论和科学的制度、方法来执政,进一步认识和把握共产党执政规律、社会主义建设规律和人类社会发展规律,把加强党的执政能力建设建立在更加自觉地运用客观规律的基础之上。要做到科学执政,首先要有科学的执政思想和科学的执政理论。马克思主义理论体系中具有丰富的执政思想、理论,对此我们要认真研究,深入挖掘,科学分析,更要根据当今时代的特点和我党长期执政面临的严峻考验,不断总结执政经验,与时俱进,推进理论创新,丰富和发展马克思主义执政理论。要做到科学执政,还要在科学的思想和理论的指导下建立科学的制度、运用科学的方法。资产阶级政党已经有几百年的历史,其执政党在执政过程中虽然为资本主义统治服务,但也形成了一整套行之有效的制度和方法,对其中包含的符合政党执政一般规律的科学的制度和方法,我们要敢于和善于吸纳和借鉴,并结合我国国情创造性地加以运用。

民主执政,就是要进一步贯彻落实全心全意为人民服务的宗旨,坚持为人民执政、靠人民执政,支持和保证人民当家做主,发展社会主义民主政治,团结一切可以团结的力量,调动一切积极因素,巩固和壮大最广泛的爱国统一战线,充分调动人民群众的积极性、主动性、创造性,不断把人民群众的智慧和力量转化为推动中国特色社会主义事业发展的强大力量。民主执政既体现了中国共产党立党为公、执政为民的执政理念和执政目的,同时也体现了中国共产党执政的方式和手段,实现了民主作为目的和手段的统一。邓小平说过,没有民主就没有社会主义。江泽民也进一步指出:"无论在什么情况下,我们都要牢牢掌握社

会主义民主的旗帜。"① 还说，"共产党执政，就是领导和支持人民掌握和行使管理国家的权力，实行民主选举、民主决策、民主管理、民主监督，保证人民依法享有广泛的权利和自由"②。这就清楚地说明，从执政理念、执政目的上讲，民主执政就是支持和保证人民当家做主，体现了中国共产党执政和人民当家做主的一致性；从执政的手段、方式、方法上讲，民主执政就是民主选举、民主决策、民主管理、民主监督，就是充分调动人民群众的积极性、主动性、创造性，推进中国特色社会主义事业，巩固党的执政地位。

依法执政，就是党要始终坚持依法治国的基本方略，坚持依法执政的基本方式，完善社会主义法制，建设社会主义法治国家。依法执政是实现人民当家做主的基本保证。人民取得的民主权利，如果不上升为制度和法律，并使这种法律和制度具有稳定性、连续性和权威性，人民的民主权利就没有保障。只有实行依法执政，严格按照宪法和法律规范的国家权力运行，才能保证人民更好地行使国家权力和真正享有广泛的公民权利，实现建设社会主义法治国家的目标。依法执政是发展社会主义市场经济的客观需要。一个比较成熟的市场经济必然要求并具有完备的法制，从一定意义上说，市场经济应该是一种法治经济。一定要从我国的实际出发，按照市场经济发展的客观规律，建立和健全对市场实施宏观调控和管理的法律制度。依法执政是社会文明进步的标志。依法治国作为治理国家的基本方略，是伴随着工业文明的兴起而出现的，经过几百年的发展，已成为现代化国家的基本形式，实行和坚持依法治国是社会主义国家的必然选择。依法执政也是国家长治久安的重要保证。国家的长治久安不能靠人治而要靠法治。实行人治最大的弊端就是把国家的安危寄托在个人或少数人身上，国家权力的运行和社会秩序的维系缺乏相应的制度和法律的控制，往往会导致人亡政息和社会动荡。因此，必须靠法治。总之，依法执政，就是要紧紧抓住制度建设这个最具根本性、全局性、稳定性、长期性的重要环节，坚持领导立法，带头守法，保证执法，不断推进国家经济、政治、文化、社会生活的法制化、规范化，善于使党的主张通过法定程序成为国家意志，从制度上、法律上保证党的路线方针政策的贯彻实施，使这种法律和制度不因领导人的改变

---

① 中共中央文献研究室．江泽民论有中国特色社会主义（专题摘编）［M］．北京：中共文献出版社，2002：298.

② 中共中央文献研究室．江泽民论有中国特色社会主义（专题摘编）［M］．北京：中共文献出版社，2002：301–302.

而改变，不因领导人看法和注意力的改变而改变。

3. 执政形象——求真务实、开拓创新、勤政高效、清正廉洁

《决定》关于党的执政能力建设的总体目标提出，要把党建设"成为求真务实、开拓创新、勤政高效、清正廉洁的执政党"，这是从我们党要始终保持先进性、坚定性、纯洁性的角度所做的概括，也就是要把我们党建设成为一个什么形象的执政党。这一目标顺应历史潮流，体现了党崭新的执政形象。

党的作风是党的形象，是党的性质、宗旨、纲领、路线的重要体现，是党的创造力、战斗力和凝聚力的重要内容。我们党是一个由6 800万党员组成，领导12亿人民建设中国特色社会主义的执政党，党的作风状况，关系党的生死存亡，关系国家的前途命运。中国共产党在长期革命和建设实践中形成的求真务实的作风是我党执政能力不断提高的重要保证。求真务实是马克思主义认识论的本质体现，是对马克思主义认识论精神实质的精辟概括。"求真"就是不断地认识事物的本质，把握事物的规律。"务实"则是在这种规律性的认识的指导下进行实践。求真要以务实为前提，不从客观实际出发，难以做到对客观规律的正确把握，只有务实才能求真。但求真本身不是目的，必须用对客观规律的真理性的认识去指导务实，从而达到改造客观世界的目的。求真与务实的统一，是改造主观世界与改造客观世界的统一。求真务实是执政党必须具备的品质和作风，没有这种作风，就不能求我国社会主义初级阶段基本国情之真，务长期艰苦奋斗之实；就不能求社会主义建设规律和人类社会发展规律之真，务抓好发展这个党执政兴国的第一要务之实；就不能求人民群众的历史地位和作用之真，务发展最广大人民根本利益之实；就不能求共产党执政规律之真，务全面加强和改进党的建设之实。总之，做不到求真务实，就不可能充分代表人民利益，也不可能实现党提出的执政目标。

开拓创新是我们党在新的历史条件下所必须保持的一种精神状态、一种进取精神。创新是一个民族进步的灵魂，是一个国家兴旺发达的不竭动力，也是一个政党永葆生机的源泉。目前，我国的各项改革事业正处于关键时期，改革过程中一些深层次的问题日益暴露，新矛盾、新问题不断出现。从党自身的建设来看，党发生了"两个根本性转变"，也就是，我们党历经革命、建设和改革，已经从领导人民为夺取全国政权而奋斗的党，成为领导人民掌握全国政权并长期执政的党；已经从受到外部封锁和实行计划经济条件下领导国家建设的党，成为对外开放和发

展社会主义市场经济条件下领导国家建设的党。党的这种历史方位的变化，使党面临着三个方面的严峻挑战与考验：一是党所肩负的历史任务和历史使命对执政能力提出的挑战，二是复杂多变的国际环境和时代要求对党的执政能力的挑战，三是党自身存在的一些状况也使党的执政能力面临严峻考验。要应对这些挑战，经受住这些考验，我们党必须牢牢坚持解放思想，实事求是，与时俱进；坚持在建设中国特色社会主义事业中创新、创新、再创新。创新，包括理论创新、制度创新、科技创新、文化创新以及其他各方面的创新。其中理论创新是前提，是关键，其他一切创新都是在理论创新的指导和推动下进行的。要使党和国家的事业不停顿，首先理论上不能停顿。如果因循守旧，停滞不前，我们就会落伍，我们党就有丧失先进性和执政资格的危险。实践基础上的理论创新是社会发展和变革的先导，通过理论创新推动制度创新、科技创新、文化创新以及其他各方面的创新，不断在实践中开拓进取，永不自满，永不懈怠，这是我们要长期坚持的治党治国之道。

勤政高效是新的历史条件下时代对执政党执政效能提出的新要求。手中掌握政权，是党更好地为人民服务的前提和条件。掌权本身不是目的。运用权力杠杆推动中国先进生产力和先进文化的发展，为中国最广大人民谋利益，才能实现党全心全意为人民服务的宗旨。党对国家和社会的领导是否有效，关键是看党能否始终做到"三个代表"。党的执政能力建设和党的其他各项建设一样，是为实现这一目标服务的，最终要在执政效率上体现出来。如果不能做到勤政高效，就不能适应新形势、新任务的要求，完成好人民赋予的执政重任。

清正廉洁是"以人民群众为本"价值观的重要体现。提高党的执政能力，关键在于搞好党的建设，必须坚持党要管党、从严治党的方针，坚持不懈地发展反腐败斗争。党风廉政建设和反腐败斗争关系党的生死存亡。党越是长期执政，反腐倡廉的任务就越艰巨，越要坚定不移地反对腐败，越要提高拒腐防变的能力。在反腐败斗争这个问题上，旗帜必须鲜明，态度必须坚决，工作必须锲而不舍。既要充分认识反腐斗争的紧迫性，又要充分认识其长期性，毫不动摇地把党风廉政建设和反腐败斗争进行到底。坚持标本兼治、综合治理，惩防并举、注重预防的方针，逐步加大治本的力度，从源头上预防和解决腐败问题。不坚决惩治腐败，党和人民群众的血肉联系就会受到严重损害，党的执政地位就有丧失的危险，党就有可能走向自我毁灭。

总之，《决定》所概括的党的执政能力建设的总目标，体现了党执政的本质，体现了党的执政理念，体现了党的执政形象，体现了"三个代表"重要思想的根本要求，对于进一步提高党的执政能力，巩固党的执政地位，具有重大意义。

（原文发表于《社会主义研究》，2004 年第 6 期）

后　记

    教书30多年，陆续发表过一些文章，林林总总，算来也有近百篇。研究领域主要涉及哲学、教育管理和管理科学，不仅与自己的专业相关，也与自己的工作相关。说来惭愧，回过头来看这些文章，大多水平不高，甚至让我为之脸红。但无论如何毕竟是自己的心血之作，因此从正式发表的哲学类的文章中选出39篇结集出版，聊作总结。

    30多年来，我国经济社会生活发生了巨大变化，学术研究亦是如此。所收录的文章的观点，在今天看来也许早已时过境迁，但那是时代留下的痕迹。因此，为再现思想轨迹，除订正个别错讹之外，一律保持文章原貌，未做任何修改。

刘明贵
2016 年 9 月于岭南师范学院